MOEWIG
SCIENCE FICTION

Zum Buch

Kopernikus ist ein Taschenbuchmagazin, das halbjährlich erscheint und eine Auswahl der besten Science Fiction-Stories aus aller Welt bietet. Die Ausgabe 13 präsentiert:

* Bob Lemans Story über seltsame, von Aliens erteilte Instruktionen, die für den Adressaten erhebliche Gefahren für Leib und Leben mit sich bringen …
* Florian F. Marzins Story über ein PSI-Mädchen, das sexuellen Männerphantasien schutzlos preisgegeben ist …
* Joachim Körbers Story über einen Forscher, dem die Konsequenzen seiner bahnbrechenden Erfindung bewußt werden …
* Daniel Gilberts Story über einen Roboter, der lieber ein Mensch wäre, weil er sich in seine Besitzerin verliebt hat …
* Gerd Maximovič' Story über einen Testflug, der die Strukturen von Raum und Zeit erschüttert …
* Robert Chilsons Story über einen überaus smarten Politiker, der durch eine neue Wissenschaft entzaubert wird …
* Malte Heims Story über Aliens, Feinde von Aliens und Menschen, die verzweifelt genug sind, sich für Geld töten zu lassen …
* Joseph H. Delaneys provozierende Story über scheinbar nutzlose alte Leute, die wie tote Gegenstände behandelt und gutsituierten Bürgern als Mündel zugeteilt werden …
* John Shirleys Story über das lebensgefährliche Unterfangen, in einer Alptraumstadt ein Sternenbanner für den amerikanischen Nationalfeiertag zu beschaffen …

Zum Herausgeber

Hans Joachim Alpers, Mitherausgeber von Standardwerken wie dem *Heyne SF-Lexikon* und dem *Reclam SF-Führer* und zweifacher Laßwitz-Preisträger, ist ein bekannter deutscher Anthologist und u. a. Mitverfasser einer SF-Jugendbuchserie. Im Moewig Verlag betreut er als Lektor die Reihen *Moewig Science Fiction, Playboy Science Fiction* und *Moewig Phantastica.*

H. J. Alpers

KOPERNIKUS 13

Herausgegeben von Hans Joachim Alpers

MOEWIG
Deutsche Erstausgabe

MOEWIG Band Nr. 3684
Moewig Taschenbuchverlag Rastatt

Aus dem Amerikanischen von Ingrid Herrmann, Joachim Körber
und Helmut Krohne

Umschlagillustration: UTOPROP
Umschlagentwurf und -gestaltung: Franz Wöllzenmüller, München
Redaktion: Hans Joachim Alpers
Verkaufspreis inkl. gesetzl. Mehrwertsteuer
Auslieferung in Österreich:
Pressegroßvertrieb Salzburg, Niederalm 300, A-5081 Anif
Printed in Germany 1985
Druck und Bindung: Elsnerdruck GmbH, Berlin
ISBN 3-8118-3684-6

Inhalt

Bob Leman

Instruktionen

INSTRUCTIONS

Dies sind die einzigen schriftlichen Unterlagen, die Sie erhalten werden. Sie werden den nachstehenden Anweisungen Folge leisten.

1.

Ziehen Sie sich warm an, und verlassen Sie Ihr Haus. Erzählen Sie Ihrer Familie nichts davon. Sprechen Sie überhaupt nicht mit Ihrer Familie. Hören Sie nicht zu, wenn man mit Ihnen reden will. Ziehen Sie sich warm an, und verlassen Sie Ihr Haus.

2.

Begeben Sie sich zu einer der belebten Haltestellen Richtung Stadtzentrum. Reden Sie auf der Straße mit niemandem. Lassen Sie sich nicht - *auf keinen Fall* - in Gespräche irgendwelcher Art verwickeln. Gehen Sie nur vorwärts. Trödeln Sie nicht.

3.

Im Zentrum der Stadt, in dem kleinen Park gegenüber dem Gerichtsgebäude, befindet sich ein Bauwerk, das es dort letztes Mal, als Sie unten in der Stadt waren, noch nicht gegeben hat. Es wird Ihnen als ein sehr häßliches Gebäude ins Auge fallen, und sein Aussehen wird Sie ein wenig ängstlich machen. Achten Sie nicht auf solche Gefühle. Schauen Sie nicht nach links oder rechts. Betreten Sie das Gebäude. Es hat nur einen Zugangsweg und keine sichtbare Tür. Gehen Sie einfach hinein.

4.

Sie werden sich inmitten kalten grauen Nebels wiederfinden, ohne Sichtmöglichkeit in irgendeine Richtung. Das wird große Furcht bei Ihnen hervorrufen. Verdrängen Sie die Furcht, folgen Sie statt dessen den Anweisungen. Gehen Sie sechs Schritte vorwärts.

5.

Ein Teil Ihres Bewußtseins wird frei bleiben von den Anforderungen, denen Sie sich gegenübersehen, aber dieser Teil wird Ihre Handlungen mit Verwunderung, Skepsis und Wahnsinn beobachten - bis alles, was Sie tun werden, ohne ihr Bewußtsein geschieht und, falls es soweit kommt, marionettenhaft ist. Wenn Sie die gegenwärtige Phase überleben, werden Sie sich an alles erinnern können, aber Sie werden niemals in der Lage sein, darüber zu sprechen. Sie werden überhaupt niemals über irgend etwas sprechen können, das nach dem Augenblick stattgefunden hat, als Sie das Symbol oben auf der ersten dieser Seiten gesehen haben. Die Konfiguration dieses Symbols ist derart, daß sie diese Anweisungen vollständig aus Ihrem Gedächtnis tilgen wird. Sie haben keine Wahl. Sie müssen den Anweisungen gemäß handeln. Unter keinen Umständen dürfen Sie diese Seiten verlieren.

6.

Von diesem Punkt an werden Sie jeweils nur eine Instruktion gleichzeitig lesen. Lesen Sie die Anweisung Nummer acht nicht, bevor Sie nicht die Anforderungen aus Nummer sieben erfüllt haben, und so weiter. Lesen Sie jede Instruktion vollständig durch, bevor Sie mit der Durchführung beginnen. Von diesem Punkt an werden die Anweisungen gelegentlich tröstende Worte der Begründung und Erklärung enthalten, die die Gesundheit des Teils Ihres Geistes, der Ihnen noch selbst gehört, schützen sollen.

7.

Wenn Sie sechs Schritte vorwärts gemacht haben, verharren Sie danach in vollständiger Ruhe. Sie werden sofort eine unangenehme Empfindung haben. Es wird sich, um genauer zu sein, um quälenden Schmerz handeln. Ingnorieren Sie das. Das fühlen alle auf Kohlenstoff basierenden Lebensformen, wenn sie interdimensionale Schwellen überschreiten. Der Schmerz wird Ihnen keinen bleibenden Schaden zufügen, möglicherweise einmal abgesehen von minimalen Beeinträchtigungen bei der Koordination und Kontrolle der Muskeln. Wenn Sie sich danach als Opfer von Gesichtszuckungen oder spastischer Bewegungen der Gliedmaßen wiederfinden, achten Sie nicht weiter darauf. Es gibt noch sehr viel zu tun. Richten Sie alle Ihre Anstrengungen darauf, diese Instruktionen zu befolgen. Zögern Sie nicht.

8.

Sie befinden sich jetzt in Abschnitt eins. Der wird leicht sein. Sehen Sie sich um. Was Sie sehen werden, wird Sie schaudern lassen. Sie dürfen sich dadurch nicht behindern lassen. Es handelt sich lediglich um das Bild einer Landschaft. Sie haben etwas auch nur annähernd Ähnliches bisher weder gesehen, noch konnten Sie es sich vorstellen. Worte der Erläuterung: 26.844 Mitglieder Ihrer Rasse sind schon vor Ihnen hiergewesen. Wir wissen alles über Abschnitt eins. Folgen Sie den Anweisungen, dann werden Sie schnell in den Abschnitt zwei gelangen. Erfüllen Sie die folgende Aufgabe: Gehen Sie vier langsame - sehr langsame - Schritte nach vorn, gleichzeitig treten Sie schnell - sehr schnell - einen Schritt nach rechts.

9.

Das große, runde Loch, das plötzlich kurz vor dem Seitenschritt erscheint und vor dem Sie stehen, hat tatsächlich keinen Boden. Es ist ein Kennzeichen des Abschnitts eins, daß dieses Loch hier erscheint. Schließen Sie Ihre Augen und rennen Sie so schnell wie möglich geradeaus. Schnell bedeutet in diesem Fall *sehr schnell.*

10.

Als Folge der Tatsache, daß Sie mit voller Wucht in eine sich plötzlich materialisierende Wand gelaufen sind, werden Sie einige Zeit bewußtlos sein. Es ist ein Kennzeichen des Abschnitts eins, daß Wände sich materialisieren oder dematerialisieren. Wenn Sie nicht bereits eine Zeitlang bewußtlos gewesen wären, könnten Sie jetzt diese Instruktionen nicht lesen. Sie wären von versteckten Energielasern zerstrahlt worden. Die konnten Ihre Anwesenheit nicht spüren, weil Sie bewußtlos waren. Es könnte sein, daß der notwendige Zusammenprall mit der Wand Sie in gewissem Umfang körperlich beeinträchtigt hat. Wenn Sie dies hier inzwischen lesen können, war die Beeinträchtigung nicht leistungsmindernd. Die Mauer ist nicht mehr da. Gehen Sie los, oder kriechen Sie, falls das notwendig sein sollte. Durchqueren Sie das vom Normalumfeld abweichende Portal direkt vor Ihnen. Sie werden es als Schimmer in der Atmosphäre wahrnehmen. Je schneller Sie es durchqueren, desto weniger qualvoll wird es sein.

11.

Sie sind jetzt in Abschnitt zwei. Es besteht kein Anlaß zu übertriebener Hast auf dem Weg zum Abschnitt drei. Sie können sich hinlegen und einige Minuten ausruhen. Möglicherweise wird der Schmerz, dem Sie fast mit Sicherheit noch unterliegen werden, etwas abnehmen. Für Ihre Rasse ist der Abschnitt zwei der ungefährlichste von allen, den Sie bei der Erfüllung Ihrer Aufgabe noch bewältigen müssen. Zu dieser Zeit Ihres Auftritts sollten Sie einige gesicherte Kenntnisse erwerben, die die peinigende Unruhe des Teils Ihres Bewußtseins, der Ihre Identität aufrechterhält, nicht einschläfern werden. Falls dieses Herzstück Ihrer Persönlichkeit nämlich hoffnungslos geisteskrank werden würde, beeinträchtigte dies Ihr Verständnisvermögen für diese Instruktionen, und dann hätten Sie keinen weiteren Nutzen für uns.

Wir beobachten Sie, wie Sie bei der Lösung der Probleme vorankommen, aber wir werden nicht mit Ihnen kommunizieren, außer mit Hilfe dieser Instruktionen. Unsere Beobachtungen werden uns in die Lage versetzen, diese Anweisungen für diejenigen zu verbessern, die Ihnen folgen, so wie Sie umgekehrt von denen profitiert haben, die Ihnen vorausgingen. Achthunderteinundsechzig Angehörige Ihrer Rasse sind schon vor Ihnen im Abschnitt zwei gewesen. Jeder war so wie Sie, ein zufällig ausgewählter Homo sapiens, hinreichend begabt, um diese Instruktionen zu verstehen. Wir haben große Hoffnung, daß es gerade ein Individuum aus Ihrer Rasse sein wird, das die Endstufe erreichen wird. Wir haben erst kürzlich Ihre Rasse entdeckt. Wir halten sie für gelehrig, halbwegs intelligent und physisch besser auf diese Aufgabe vorbereitet als viele andere Rassen. Mag sein, daß Ihre Rasse noch über weitere nützliche Qualitäten verfügt, die wir noch nicht entdeckt haben. Einige Lebensformen haben sich als sehr nützlich für uns erwiesen. Wir testen jede Lebensform gründlich, bevor wir uns einer anderen zuwenden. Zwischen unserer letzten erfolgreichen Entdeckung einer nützlichen Lebensform und der Entdeckung Ihrer eigenen haben wir 773 Lebensformen untersucht. Eintausendzweihundertvierundvierzig Individuen jeder dieser Lebensformen wurden diese Instruktionen überreicht. Jedes einzelne dieser Individuen erreichte den Abschnitt eins. Aber Sie sind schon in Abschnitt zwei, sogar verhältnismäßig intakt, und nun an dem Punkt angelangt, an dem es weitergeht, nachdem Sie Ihren Kenntnisstand durch das Aufnehmen dieser Fakten verbessert haben.

Wenn Sie zu denen gehören, die die Fortpflanzungsmethode des Eierlegens praktizieren, werden Sie jetzt entdecken, daß sich über großen Teilen Ihrer Haut ein dickes und übelriechendes Fell gebildet hat. Wenn Sie zu den Lebendgebärenden gehören, werden Sie feststellen, daß Sie statt einer Haut mit Schuppen ausgestattet sind. Falls Sie noch nicht weit genug entwickelt sind, um entweder Eier oder Sperma zu produzieren, werden aus verschiedenen Zonen Ihrer Oberfläche schwielige Klumpen erwachsen, die eine schleimige Flüssigkeit absondern. Diese Dinge passieren Ihrer Rasse im Abschnitt zwei. Sie werden Ihr Vermögen, Ihre Anweisungen zu befolgen, nicht beeinträchtigen. In jedem der Abschnitte, in den Sie sich begeben werden, werden sich unvorstellbare Phänomene ereignen, die in Ihrem vertrauten Kontinuum in der Tat unmöglich wären. Während Sie sich von Abschnitt zu Abschnitt begeben, sind Sie Teil einer Bewegung außerhalb des Raumes und konträr zur Zeit, so wie Sie sie empfinden. Die Grundlagen der Realität unterscheiden sich von Abschnitt zu Abschnitt, Ihre Sinne werden auf diese Verwerfungen auf oft unbeschreibliche und – für Sie jedenfalls – immer beängstigende Weise reagieren. Nicht darauf achten! Folgen Sie den Anweisungen, solange Sie physisch dazu in der Lage sind.

Sie werden inzwischen beobachtet haben, daß bis zum Horizont der flache Boden ringsum von Wölbungen übersät ist, die in etwa so hoch sind wie der Mittelpunkt Ihrer Fortbewegungsorgane (wenn Sie erwachsen sind) und so dick wie Ihre Greiforgane. Auf jeder dieser Wölbungen befindet sich eine sich drehende Scheibe. Vielleicht handelt es sich hierbei um eine Lebensform, vielleicht auch nicht. Das ist egal. Sie werden bemerken, daß die Scheiben verschiedene Farben aufweisen. Wir können diese Farben nicht namentlich benennen, weil unsere Beobachtungen Ihrer Rasse bisher eine Zuordnung der korrekten Bezeichnungen zu Ihren sensomotorischen Empfindungen noch nicht ermöglicht haben. Gehen Sie – beziehungsweise bewegen Sie sich so gut Sie können – zu den Wölbungen. Suchen Sie eine Gruppe von Scheiben gleicher Farbe, die um eine andersfarbige Scheibe angeordnet sind. Gehen Sie zu dieser Wölbung in der Mitte, und legen Sie Ihre Hand auf die Scheibe.

12.

Sie sind durch ein neues Portal transportiert worden und befinden sich nun in Abschnitt drei. Dreihundertsiebenunddreißig Angehörige Ihrer Rasse waren schon vor Ihnen hier. Sie werden sich an diese Art des transitorischen Abschnittswechsels gewöhnen. Der Schmerz wird diesmal nur leicht gewesen sein. Wir wollen Ihnen nun gestehen, daß wir in der Anweisung 11 gelogen haben. Es bestand durchaus Gefahr im Abschnitt zwei. Da wir Farben nicht angemessen unterscheiden können, hatten Sie gleichermaßen die Chance, die richtige Farbe auszuwählen oder die falsche. Wenn Sie die falsche Farbe erwischt hätten, hätte das sehr unglückliche Konsequenzen gehabt – aber wir wollen sie nicht aufzählen, im Interesse des Schutzes Ihres Gemüts.

Abschnitt drei ist ein Universum mit den gleichen physikalischen Gesetzen wie die Ihres eigenen; es besitzt Sternengalaxien, einige dieser Sterne haben Planeten, ebenso wie Ihre Sonne Planeten hat. Dieser Planet hier ist dem Ihrigen sehr ähnlich. Er verfügt über wilde Lebensformen, die sich in der Regel gegenseitig auffressen. Wir erzählen Ihnen das, damit Sie gewarnt und gewappnet sind. Im Kampf können Sie diese Kreaturen nicht besiegen. Fliehen Sie, wenn sich etwas nähert. Verstecken Sie sich, wenn Sie einen Platz dafür finden können.

Sie stehen am Ufer eines kleinen Flusses. Wenn Sie Wasser benötigen, dürfen Sie aus ihm trinken. Beobachten Sie Ihre Umgebung genauestens. Sie haben eine sehr gute Überlebenschance, wenn Sie sich rechtzeitig verstecken können. Hin und wieder werden Sie Löcher sehen, auf deren Boden sich etwas befindet, das aussieht wie ein Gewirr von Wurzeln. Wenn Sie ein Raubtier entdecken, springen Sie in eines dieser Löcher, vorausgesetzt, es ist eines in der Nähe und Sie haben genügend Zeit. In Wirklichkeit sind diese Löcher die Mäuler von Kreaturen, die unter der Oberfläche leben und nur ihre Schnauzen nach oben recken. Sie leben von allem, was ihnen in ihren Schlund hineinfällt. Sie sind davon nicht betroffen. Nach kurzer Zeit wird die Kreatur Sie ausspeien. Möglicherweise ist das Raubtier dann fort und Sie können weiter. Jede Kreatur, die Sie sehen, wird ein Raubtier sein. Es gibt keine andere Gelegenheit, sich zu verstecken, als in diesen Mäulern.

Gehen Sie stromaufwärts am Ufer entlang. Einige der Pflanzen sind Fleischfresser. Versuchen Sie ihnen auszuweichen. Manche wollen Sie mit ihren Fangarmen umschlingen und Ihnen das Blut aussaugen, andere wollen Sie mit einem Stachel paralysieren und Sie zwecks einer allmählichen Verdauung verschlingen. Nach Ihren Maßstäben bewegen sie sich jedoch langsam und lethargisch. Halten Sie Ausschau nach ihnen, und gehen Sie ihnen aus dem Weg. Falls Sie nicht ernsthaft verletzt sind, können Sie sich sehr viel schneller als sie bewegen. Gehen Sie stromaufwärts am Ufer entlang. Legen Sie eine Distanz zurück, die etwa vier- bis fünfhundertmal Ihrer Körperlänge entspricht. Wenn Sie klein oder noch nicht ausgewachsen sind, mögen es zwischen fünf- und sechshundert Körperlängen sein.

Gehen Sie stromaufwärts am Ufer entlang, entziehen Sie sich räuberischen Lebensformen aller Art, bis Sie zu einer Art Monument gelangen. Dieses Monument ähnelt einem großen Klumpen nasalen Schleims von der Art, wie ihn Ihre Rasse hervorbringt. Er ist ungefähr fünfzigmal so groß wie Sie. Es handelt sich um das Nest eines der eingeborenen Tiere, einer Kreatur, die einerseits in gewisser Weise den gigantischen Reptilien ähnelt, die einst auf Ihrer Welt sehr verbreitet waren, andererseits einigen Ihrer Insektenarten gleicht. Das Tier scheidet den Stoff aus, aus dem sich das Nest aufbaut. Trotz der halbflüssigen Erscheinung dieses Nestes ist es ziemlich stabil. Die Ausscheidungen erhärten sich unter dem Einfluß der Atmosphäre. Auf halbem Wege nach oben befindet sich an der Seite eine Öffnung. Klettern Sie hinauf, wenn Sie können, und gehen Sie hinein. Das Portal, das Sie durchqueren müssen, befindet sich tief im Innern – Sie brauchen nur dem Durchgang zu folgen, um es zu erreichen. Das Portal war selbstverständlich schon vorhanden, bevor die Kreatur dort ihr Nest gebaut hat, es ist in der Tat schon immer dort gewesen. Es war purer Zufall, der die Kreatur dazu bewegte, ihr Nest genau an dieser Stelle zu bauen. Die Kreatur weiß nicht, daß sich das Portal dort befindet. Keines der Portale kann von den einheimischen Lebensformen eines Abschnitts entdeckt werden, es sei denn, solche Lebensformen werden ebenso zu den Übergängen geleitet, wie Sie zu ihnen geleitet wurden, als Sie mit der Lösung Ihrer Aufgabe begannen.

Innerhalb des Nestes werden Sie feststellen, daß das Atmen schwierig ist. Es wird jedoch nicht gänzlich unmöglich sein. Die Atmosphäre ist schädlich für Ihre Lungen. Sie müssen so schnell wie möglich vorwärts kommen, um das Portal noch zu erreichen, bevor Ihre Lungen zu funktionieren aufhören. Von der Decke des Durchgangs werden Objekte herabhängen, die aussehen, wie umherschwingende, dicke und klebrige Lianen. Achten Sie darauf, nicht von ihnen berührt zu werden. Falls Sie es doch werden, werden Sie aufgelöst. Stürmen Sie voran! Es wird unmöglich sein, das Portal zu verfehlen, wenn Sie überleben. Durchqueren Sie es schnell.

13.

Sie befinden sich in Abschnitt vier. Bewegen Sie sich nicht. Bewegen Sie sich auf keinen Fall, bevor Sie nicht diese Instruktion gelesen haben.

Sie sind der achtzehnte Ihrer Art, der diesen Abschnitt erreicht. Keine andere Lebensform hat mehr als fünf Individuen vorzuweisen, die ihn erreicht haben. Allerdings bereitet der Abschnitt vier Ihrer Rasse größere Schwierigkeiten als anderen. Wir wissen nicht, warum dies so ist.

Sobald Sie sich bewegen, wird sich Ihre Gestalt verändern. Möglicherweise erhalten Sie eine Gestalt, die nicht über die Fähigkeit der Fortbewegung verfügt. Falls dies passieren sollte, werden Sie natürlich für immer an dieser Stelle verharren müssen. Falls Ihr neuer Körper allerdings zur Fortbewegung fähig sein sollte, dann gehen Sie einfach vorwärts, beziehungsweise rücken Sie auf jene Art und Weise vor, die Sie angesichts der Schwierigkeiten durch die neue Gestalt realisieren können. Da die Geometrie des Ortes beständig unvorhersehbaren Veränderungen unterliegt, ist es unmöglich, die Entfernung zum nächsten Portal zu einem bestimmten Zeitpunkt zu nennen. Gehen Sie einfach so lange voran, bis Sie es erreichen. Wenn das Portal zum jetzigen Zeitpunkt sehr weit entfernt sein sollte, erreichen Sie es vielleicht nicht, da es hier keine Chance gibt, Nahrung aufzunehmen. Abgesehen davon wären Sie in Ihrer gegenwärtigen Gestalt ohnehin nicht in der Lage, Nahrung zu sich zu nehmen.

Jetzt dürfen Sie sich bewegen.

14.

Sie haben das Portal durchschritten und befinden sich in Abschnitt fünf. Sie haben sich in Ihre ursprüngliche Gestalt zurückverwandelt oder jedenfalls in eine Gestalt, die Ihrer ursprünglichen sehr ähnlich ist. Die anderen Mitglieder Ihrer Rasse, die diesen Punkt erreichten, haben ihre ursprüngliche Gestalt in fast allen Teilen zurückerlangt, vielleicht mit einigen leichten Veränderungen hinsichtlich der Proportionen zwischen den verschiedenen Gliederungen ihres Körpers. Gewiß können Sie sich genausogut fortbewegen wie vorher, vielleicht sogar besser.

In diesem Abschnitt ist das Portal unmittelbar in der Nähe. Sie können es von Ihrem jetzigen Standpunkt aus sehen, falls es nicht hinter dieser großen Maschine versteckt ist. Wir wissen nicht, welchen Eindruck die Maschine auf Sie macht, weil Ihr Wahrnehmungsvermögen nicht mit all den Ebenen harmoniert, in denen die Maschine existiert. Der Bereich, der innerhalb Ihres Wahrnehmungsvermögens widergespiegelt wird, läßt die Maschine Ihrer Rasse gegenüber wahrscheinlich als ein furchterregendes, großes lebendes Ding erscheinen. Das ist jedenfalls unsere Schlußfolgerung, nachdem wir das Verhalten Ihres Vorgängers beobachten konnten.

Die Funktion dieser Maschine, um sie mit einem für Sie verständlichen Vergleich zu erklären, besteht darin, Proben zu nehmen und sie zu analysieren. Wir konnten nicht feststellen, nach welchem Prinzip die beabsichtigte Auswahl von Proben vorgenommen wird. Wir konnten nur feststellen, daß diese Proben bemerkenswert groß sind - ungefähr so groß wie Ihr Kopf. Die Intelligenzen, die diese Maschine ersonnen haben, sind bereits zu einem Zeitpunkt aus der Geschichte verschwunden, als Ihre Heimatsonne noch im Entstehen war. Die Maschine arbeitet immer noch, aber vielleicht nicht mehr ganz so exakt, wie es einmal beabsichtigt war. Immerhin wird sie Ihren Weg zum Portal nicht weiter behindern, wenn sie erst einmal ihre Probe genommen hat.

Sie werden bemerkt haben, daß die Instruktionen jetzt ausführlicher und informativer sind als anfangs. Dies geschieht, weil es uns angesichts des zugegebenermaßen unvollständigen Wissens über die Psychologie Ihrer Rasse notwendig erscheint, Ihnen eine gewisse Vorstellung davon zu vermitteln, in welcher Situation Sie sich befinden. In den vorherigen Stufen war das nicht notwendig, aber nun sind Sie bereits sehr weit gekommen. Weil Sie natürlich keine andere Wahl haben, als diese Instruktionen zu befolgen, motivieren Sie diese Erläuterungen möglicherweise zu einer zusätzlichen Leistung, vielleicht sogar zu Enthusiasmus.

Falls es Ihnen gelingt, an der Maschine vorbeizukommen, werden Sie das Portal deutlich sehen und hindurchgehen.

Starten Sie jetzt, und lassen Sie die Maschine ihre Proben nehmen.

15.

Sie befinden sich in Abschnitt sechs. Sie sind das erste Lebewesen, das dies geschafft hat. Bis hierher bestanden die von der Maschine genommenen Proben immer aus lebenswichtigen Teilen der zu analysierenden Lebensformen, manchmal war es sogar die vollständige Lebensform selbst. Offensichtlich ist genug von Ihnen übriggeblieben, das weiterlebt und den Weg von der Maschine bis zum Portal geschafft hat. Für einen Vertreter Ihrer Spezies sind Sie sehr widerstandsfähig.

Abschnitt sechs ist der letzte. Es gibt keine Schwierigkeiten in diesem Abschnitt. Er ist harmlos, friedlich und für Sie wahrscheinlich sogar schön. Aber vielleicht auch nicht, dazu wissen wir zu wenig von Ihren ästhetischen Empfindungen. Es gibt sehr viele große Pflanzen hier, die den Bäumen auf Ihrem Heimatplaneten äußerst ähnlich sind. Eine schmale Straße beziehungsweise ein Pfad windet sich zwischen ihnen hindurch. Folgen Sie dem Pfad. Am Wegesrand sind Bäche, aus denen Sie trinken können; darüber hinaus gibt es Früchte und Nüsse, die von Lebensformen Ihrer Spezies gefahrlos gegessen werden können.

Aus der entgegengesetzten Richtung kommt Ihnen auf dem Pfad der Vertreter einer anderen Lebensform entgegen. Er wird nichts ähneln, was Sie jemals erlebt haben oder sich vorstellen konnten, aber wie Sie selbst ist es eine auf Kohlenstoff basierende Lebensform; auch hatte er wie Sie ein Bündel von Instruktionen zu befolgen, die sehr viel schwieriger waren als Ihre. Wenn Sie diesem Wesen begegnen, berühren Sie es mit irgendeinem Körperteil, das geeignet ist, solches zu vollbringen. Das Wesen ist angewiesen, dasselbe bei Ihnen zu tun.

Die Instruktion, die dieser folgt, ist die letzte. Sie können sie lesen, wenn Sie die andere Kreatur vorschriftsgemäß physisch berührt haben.

Beginnen Sie.

16.

Die Tatsache, daß Sie dies hier lesen, bedeutet, daß Sie das Unternehmen erfolgreich abgeschlossen haben.

Ihre Rasse gehört zu denjenigen mit dem Charakterzug der Neugier, und Sie werden sicherlich unsere Gründe kennen wollen, warum wir Sie in Anspruch genommen haben, diese kleine Reise für uns zu unternehmen. Wir werden es Ihnen erzählen.

Auf Ihrem Heimatplaneten ist ein Ihren Fähigkeiten angemessener Zeitvertreib verbreitet, *Schach* genannt. Wir spielen gerade ein unserem Standard angemessenes, dem Schach entfernt verwandtes Spiel, das natürlich über einen vielfach höheren Komplexitätsgrad verfügt. Unser Gegner ist eine Wesenheit, die uns in vielem gleicht. Selbstverständlich ist nichts von diesem Spiel für Sie verstehbar, und wir werden auch keinen Versuch machen, es Ihnen zu erklären. Statt dessen werden wir an dem Vergleich zum Schachspiel festhalten und Ihnen verraten, daß unser Spiel bereits Hunderte Millionen von Zügen hinter sich hat, denn es begann vor sehr, sehr langer Zeit. Millionen unserer Figuren sind auf einem Schachbrett in Bewegung, das die gesamte Vergangenheit und jeden Punkt oder Abschnitt des Universums, das nützlich für uns sein könnte, umfaßt. Sie und das Wesen, das Sie gerade getroffen haben, haben nur eine Minutengastrolle in einem unserer Schachduelle gespielt. Ihr Weg durch die Portale und ihr abschließendes Zusammentreffen bilden den Teil eines winzigen Gliedes in einer vorherbestimmten Kette von Ursache und Wirkung, die in einer sehr weit entfernten Zukunft zu einer kuriosen Mutation innerhalb einer Rasse führen wird, deren Stammvater noch nicht einmal geboren worden ist.

Es ist natürlich nicht auszuschließen, daß der nun folgende Zug unseres Gegners die Wirkung des unseren aufhebt. Wir haben für diesen Fall eine geeignete Antwort parat. Sie verstehen hoffentlich, daß alle Figuren gleichzeitig bewegt werden. Insofern hinkt der Vergleich zum Schachspiel in Wahrheit sehr.

An irgendeinem Punkt - es wird zu einer Zeit sein, die Ihnen undenkbar weit entfernt erscheinen würde - wird das Spiel vorbei sein. Der Verlierer wird dem Gewinner gratulieren. Beide werden dann ein neues Spiel ersinnen und sich über dessen Regeln einigen, und dann beginnt das Ganze von vorn.

Das ist es, was wir tun. Sie mit Ihrer Neugier werden fragen: Warum?

Die Antwort lautet: Um die Zeit totzuschlagen, um die Langeweile zu vertreiben.

Ihre Neugier ist jetzt befriedigt, und wir sind fertig mit Ihnen. Sie sind nun frei von den Restriktionen, die Ihnen die Anweisungen auferlegt haben, und können machen, was Sie wollen. Falls Sie versuchen möchten, zum Ausgangspunkt zurückzugelangen, werden Sie alle Portale genau dort vorfinden, wo sie sich auch zuvor befunden haben. Sie sind nach beiden Seiten geöffnet. Die Schwierigkeiten in jedem Abschnitt haben sich nicht geändert, aber Sie sind ja sehr widerstandsfähig. Sie kommen sicherlich zurück.

Florian F. Marzin

ESP

Sie preßte die Hände an den Kopf.

In einer abgelegenen, von Hecken umrahmten Ecke des Parks stand eine Bank, auf die sie sich erschöpft sinken ließ. Wo sollte sie noch hin? Nirgendwo war Ruhe zu finden. Der Weg von ihrer Wohnung in den Supermarkt war zur Qual geworden, obwohl sie geglaubt hatte, ihn durchstehen zu können. Doch schon nach wenigen hundert Metern hatte das schmerzhafte Dröhnen in ihrem Schädel ein Maß erreicht, das die Flucht von der Hauptstraße in den kleinen, wenig besuchten Park notwendig machte. Vorerst war kein Mensch zu sehen. Es herrschte Stille in ihrem Kopf, und allmählich beruhigte sich auch ihr rasender Puls wieder.

Dumpf drang das Rauschen des Verkehrs von der Straße herüber und bildete, untermalt vom Geschimpfe einiger Vögel, die sich um Brotkrumen stritten, eine Geräuschkulisse zwischen Großstadt und Idylle. Mit geschlossenen Augen döste sie vor sich hin, wartete, bis der Druck in ihrem Kopf gänzlich aufhören würde, um dann einen neuen Versuch zu unternehmen, die kurze, noch verbleibende Strecke bis zum Supermarkt hinter sich zu bringen.

> Wenn ich für die alte Karre noch zweitausend bekäme könnte ich mir den neuen Alfa leisten aber niemand wird so bescheuert sein zwei Mille für die Rostlaube zu zahlen ...

Sie hatte die Schritte überhört, öffnete jetzt die Augen und sah den jungen Mann zwischen den Büschen verschwinden. Sie kramte in ihrer Tasche, suchte nach den Zigaretten, fand das Päckchen und zündete sich nervös eine an.

Eine Zigarettenlänge war die Frist, die sie sich als Vorbereitung auf das letzte Stück Wegs zugestand. Nachdem der Tabak bis auf den Filter zu Asche geworden war, vernichtete sie die Kippe mit einer heftig drehenden Bewegung ihres Absatzes.

Am Ausgang des Parks wanderte ihr Blick in Richtung Supermarkt, der unweit mit seinen von Reklame und Sonderangeboten schreierisch verklebten Schaufensterscheiben auf sie wartete. Zögernd, jederzeit bereit, umzukehren und sich hinter der grünen Wand zu verstecken, machte sie die ersten vorsichtigen Schritte auf dem belebten Bürgersteig.

> Ausgerechnet ich werde geschickt ... Für alle unangenehmen Aufgaben bin ich gut genug ... In der Hitze und dann noch durch die halbe Stadt ...

Eine Frau mit einer großen unförmigen Tasche ging an ihr vorbei, den Blick auf den Boden gesenkt, stur einem unbekannten Ziel entgegen.

Denen werde ich was erzählen mich so einfach hängenzulassen … Keine Ahnung woher die das wissen … Gestern nacht das war eine Party wenn ich bloß nicht so betrunken gewesen wäre …

Um sie herum hasteten Menschen. Eingekeilt in den Strom der Passanten konnte sie sich nicht mehr frei bewegen, wurde von den Dahineilenden mitgezogen und kam schließlich am Rande des Bürgersteigs zum Stehen, um auf das Grün einer roten Ampel zu warten.

Das Dröhnen in ihrem Kopf wurde wieder stärker. Sie fuhr mit der Hand über die mit Schweißperlen übersäte Stirn und wischte die feuchten, zitternden Finger an ihrem Rock ab.

Grün.

Schnell trat sie auf die Straße und strebte entschlossen auf die gegenüberliegende Seite zu.

„Entschuldigung." Jemand hatte sie angerempelt.

Nicht schlecht die Kleine …

Noch hundert Meter lagen vor ihr. Sie umklammerte ihre Handtasche. Jetzt nur nicht aufgeben, sagte sie sich, gleich ist es geschafft. Wenn nur nicht die vielen Menschen wären.

Langsam, Schritt für Schritt, ging sie weiter.

Inzwischen hatten die Schmerzen erneut die Grenzen des Erträglichen erreicht. Ihr Kopf dröhnte wie eine Glocke in der Weihnachtsnacht, und ihr gehetzter Blick suchte vergeblich einen Platz zum Ausruhen.

Wir sollten doch nach Spanien fahren egal was die Kinder daran rumzumeckern haben … Woher soll ich das Geld nehmen … Dreiundzwanzig Fahrstunden wieviel denn noch … Schreibmaschinenpapier Käse Brot und die Schallplatte … Warum habe ich ihm nicht schon längst in den Hintern getreten … Drei zu zwei das ist der Abstieg …

Sie blieb stehen und konzentrierte sich auf das Schaufenster eines Bekleidungsgeschäftes, in dem die Modepuppen mit den Accessoires des noch fernen, in der Hitze des Sommers kaum vorstellbaren Winters behängt waren.

Der Druck ließ für kurze Zeit nach.

Auf einmal sah sie sich vor einem nackten Mann knien, der ihren Kopf an seine Leisten preßte. Entsetzt drehte sie sich um, aber da war nur der nie abreißende Strom von Menschen, der sich scheinbar ziellos an den Schaufenstern der Kaufhäuser vorbeischob.

So plötzlich wie das Bild entstanden war, verschwand es wieder. Ekel stieg in ihr auf. Sie warf einen letzten Blick auf die Passanten und ging weiter, die Augen zwanghaft auf den Boden gerichtet, um keinem der Entgegenkommenden ins Gesicht sehen zu müssen.

Am Wochenende könnte ich mal wieder Tennis spielen … Diese Scheißarbeit und noch drei Wochen bis zum Urlaub dann wieder ein ganzes Jahr … Und wenn ich wirklich betrogen werde … Das mache ich einfach nicht … Zwölffünfzig für den Kaffee dreiachtzig für das Papier und, wo ist nur das Fünfmarkstück hin … Einmal so eine Frau wie Bo Derek sein dann könnte ich mir die Typen aussuchen … Wenn ich nur nicht solche Halsschmerzen hätte …

Ein letztes Mal wurde sie von einer Verkehrsampel aufgehalten. Auf der anderen Seite der Straße konnte sie schon die Sonderangebote der Woche lesen, mit denen die Kunden zum Kauf in diesem Supermarkt verführt werden sollten. Autos huschten vorbei, und die Zeit gerann zu kleinen Unendlichkeiten, bis endlich das grüne Symbol eines forsch ausschreitenden Mannes den Wartenden ihr Recht einräumte.

Ob das alles echt ist was die in der Bluse hat …

Sie blickte in das Gesicht eines entgegenkommenden Mannes, das sich zu einem Lächeln verzog. Sie biß die Zähne zusammen und schaute starr an der Grimasse vorbei. Ihre Schritte beschleunigten sich, und gehetzt kam sie vor dem Supermarkt an. Die Tür wurde ihr entgegengedrückt, und sie mußte eine Frau vorbeilassen, bis der Weg in die klimatisierte Kühle des Geschäfts frei war. Die Abgeschlossenheit des Supermarkts gewährte einen geringen Schutz vor der von Menschen überlaufenden Straße.

Nur wenige Käufer befanden sich in den Gängen zwischen den vollgestopften Regalen. Sie nahm einen Einkaufswagen und schob ihn an dem verwirrenden Warenangebot entlang. Plötzlich verengte sich ihr Gesichtsfeld, und die Konturen wurden unscharf. Auf den Griff des Wagens gestützt, kämpfte sie gegen die beginnende Ohnmacht an. Zum Glück hatte niemand etwas bemerkt. Nach kurzer Zeit war sie in der Lage, ihren Weg fortzusetzen. Vor dem Regal mit Sauerkonserven blieb sie stehen und überlegte.

Kaffee Milch Eier Senf … Ob ich heute Schweineschnitzel kaufen soll ach ja sie sind ja im Angebot … Zwiebeln Marmelade Mehl Zahnpasta … Immer diese Lockangebote davon kaufe ich erst recht nichts … Eine neue Kassiererin haben sie auch endlich mal eine junge hübsche … Mein Gott ausgerechnet jetzt stehen alle bei der Wurst an und ich habe doch keine Zeit …

Sie schloß die Augen und versuchte sich zu konzentrieren, aber in ihrem Kopf summten schon wieder alle Wespen und Bienen der Welt durcheinander. Sie öffnete ihre Handtasche und wühlte nach dem Einkaufszettel.

Auch der Blick auf ihre Notizen enthüllte nicht den Grund, warum sie gerade vor diesem Regal stehengeblieben war. Während des Grübelns sah sie eine Frau mit hochgeschlagenem Rock, deren Slip um die Knöchel baumelte, sich mit den Händen am Regal abstützend – hinter ihr ein Mann mit offener Hose, dessen Hände nach den Brüsten grapschten.

Es waren ihr Rock und ihre nackten Beine.

Sie unterdrückte einen Schrei, drehte sich um und sah keine zwei Meter entfernt einen Angestellten des Supermarkts lustlos Waren etikettieren. Dann brach sie zusammen.

„Ist Ihnen nicht gut? Haben Sie sich verletzt?"

Sie öffnete die Augen und schaute in das Gesicht des Angestellten, der sich über sie beugte.

Dumme Pute mußte sie ausgerechnet hier zusammenbrechen ...

„Danke, es geht schon." Sie preßte die Hände an die Schläfen, doch das bösartige Stechen wollte nicht aufhören.

„Soll ich einen Arzt rufen?"

Vorsichtig schüttelte sie den Kopf. Der Mann half ihr auf die Beine. Sie versuchte ruhig durchzuatmen und ihre weichen Knie so weit unter Kontrolle zu bringen, daß sie nicht sofort wieder umkippte. Unwillig schob sie seinen Arm weg.

„Danke, nicht so schlimm. Wahrscheinlich die Hitze draußen", zwang sie sich mit gespielter Gleichgültigkeit zu sagen.

„Alles in Ordnung? Bestimmt?"

Sie nickte und strich den Rock glatt. Einen Moment noch stützte sie sich auf den Einkaufswagen, nahm dann ein Glas sauer eingelegte Paprika aus dem Regal und ging weiter.

Lag da wie tot ... Das hätte gerade noch gefehlt ... Zweisechsundsiebzig zweisechsundsiebzig zweisechsundsiebzig ... noch zwei Stunden bis Mittag ...

Am Käsestand mußte sie warten.

Wie lange braucht der denn noch ... Ein Viertel hiervon ein Viertel davon was ist das wie schmeckt jenes ... Sehr freundlich ist die Bedienung ja auch nicht ... Man sollte es dem Geschäftsführer melden ... Der Kunde ist König daß ich nicht lache ...

„Was darf es sein?"

Sieht auch schon so versponnen aus ... Heute ist wirklich nicht mein Glückstag ...

Sie nannte ein paar Käsesorten, jeweils hundert Gramm, und blickte ängstlich im Geschäft herum. Doch niemand schien sich für sie zu interessieren – ihr war es recht so. Vor der Kasse hatte sich eine kurze Schlange gebildet. Sie erhielt ihr Päckchen mit Käse, murmelte einen flüchtigen Dank zu der Verkäuferin und schob ihren Einkaufswagen in Richtung Ausgang. Drei Personen waren noch vor ihr, als sie sich in die Gruppe der Wartenden an der Kasse einreihte.

Drei Mark die Äpfel zehn Mark das Waschpulver und die anderen Kleinigkeiten – zwanzig Mark müßten reichen ... Diese ewige Ansteherei die könnten wirklich noch eine Kasse aufmachen ... Wie die schon wieder starren wenn sie mal ein paar Minuten warten müssen hatte ich das Deo schon ach tipp es einfach noch mal wenn's nicht stimmt dann soll sie's reklamieren sieht eigentlich nicht aus wie jemand der alles haarklein nachprüft ...

Sie war weiter aufgerückt, vor ihr nur noch ein junger Mann, dessen Waren die Kassiererin, wahrscheinlich ein Anlernling, denn sie prüfte jeden Preis sorgfältig, bevor sie ihn eintippte, gerade abrechnete.

Sie sah ein unordentliches Zimmer, überall Schallplatten und Bücher verstreut, auf dem Boden eine Matratze. Darauf lag die Kassiererin – nackt – und stöhnte, schrie. Zwischen ihren Beinen ein Mann mit langen blonden Haaren, der gerade den Supermarkt verließ.

Verstört schaute sie auf die beiden Pendeltüren, die, sacht hin und her schwingend, in ihrer Bewegung immer kürzer werdend, den Spalt zur Außenwelt wieder schlossen.

„Zweiundzwanzig Mark sechzig."

Sie blickte auf die junge Frau, die hinter der geöffneten Kassenlade saß, bis ihr klar wurde, daß dieser Betrag von ihr zu zahlen war. Geistesabwesend streckte sie einen Fünfzigmarkschein hin, knäulte das Wechselgeld in ihr Portemonnaie und verließ den Supermarkt.

Auf dem Bürgersteig strömten die Menschen an ihr vorbei.

Einkaufen müßte ich auch noch ... Was es heute abend wohl zu essen gibt ... Achtzig Mark für lumpige dreißig Kilometer zu schnell ... Dann kriegt das Balg aber eins auf den Hintern ... Heute abend in der Kneipe da wird einer draufgemacht ... Ob ich Karl mit zu mir nehmen soll ... Wenn er mir wieder so kommt dann ist der Ofen aus ... Er war wirklich gut soll ja auch schon mit einigen Frauen was gehabt haben ... Morgen der Termin in Düsseldorf danach Hamburg und Kiel man hat kein Familienleben mehr ...

Sie preßte eine Hand an die Stirn, aber es half nichts. Nicht gegen das Dröhnen in ihrem Schädel und nicht gegen das Rauschen, das auf sie eindrang. In ihrem Kopf waren die Stimmen und brachten die Schmerzen, die unerträglich wurden. Sie mußte zurück in ihre Wohnung, brauchte den Schutz der Mauern, die die Geräusche so weit dämpften, daß sie es aushalten konnte.

Nur nicht stehenbleiben. Kein Ziel bieten. Unauffällig im Gewimmel der Menschen untertauchen. Sie klemmte ihre Tasche unter den Arm, umklammerte mit der anderen Hand die Plastiktüte des Supermarkts und lief los.

Durch die Schlagzeilen einer Zeitung in einem Selbstbedienungskasten wurde ihr auf den Boden gehefteter Blick abgelenkt. Sie trat einen Schritt näher und las das Fettgedruckte.

Wenn das alles Natur ist was sich da unter dem Stoff wölbt ...

Sie sah ihren nackten Oberkörper mit zu tief angesetztem Busen und zu großen Warzen. Ihr Blick fuhr hoch und blieb an einem bärtigen Gesicht hängen, das sie anstarrte.

„Ja, verdammt noch mal, Sie Schwein!" schrie sie in das Gesicht, drehte sich um und rannte, bis ihre Lungen versagten.

Erschöpft lehnte sie sich an eine Mauer und atmete mit tiefen, schweren Zügen. Ruhe, nichts als Ruhe wollte sie. Doch sobald sie sich beruhigt hatte, drangen wieder die Stimmen auf sie ein.

Hitzefrei das ist Spitze den ganzen Tag ins Schwimmbad ... Latein Englisch und Mathe aber keine Aufgaben ... Diese Kinder keine Rücksicht rennen einen glatt um ... Wenn das Seminar weiter so beschissen läuft geh' ich nicht mehr hin ... Ich sollte mich doch mal beim Großen Preis bewerben was da gefragt wurde hätte ich alles gewußt ... Was steht die denn da an der Mauer von der Bettkante würde ich die auch nicht stoßen ... Armes Ding verträgt wohl die Hitze nicht ... Schade daß sie einen BH anhat man kann nichts erkennen ...

Sie hielt die Augen krampfhaft geschlossen. Die Stimmen, diese entsetzlichen Stimmen. Ihre Hände krampften sich zusammen. Die letzten Kräfte mobilisierend, richtete sie sich an der Wand auf und wollte weitergehen.

Sie blickte an dem Gebäude hoch – eine Kirche. Kirchen haben dicke Mauern. Sie suchte den Eingang. Nach wenigen Schritten mußte sie erneut ausruhen. Ihr Kopf dröhnte, und die Beine wollten nicht gehorchen.

Fetzen fremder Gedanken und dann wieder ein Bild.

Nackt lag sie da, an vier Bettpfosten gefesselt, während ein fetter Schemen mit einem riesigen Glied ihre Körperöffnungen bearbeitete.

Ihr Gesicht verzog sich zur Fratze. Nur nicht stehenbleiben. Sie tastete sich an der Mauer entlang und fand den Eingang. Stolpernd betrat sie das dämmrige Halbdunkel des Gotteshauses. Die Bankreihen waren leer. Stille.

Die dicken Mauern dämpften die Stimmen zu einem unidentifizierbaren Rauschen. Sie setzte sich auf eine Bank in der Mitte des großen Saals. Tränen liefen über ihr Gesicht, und ihr Körper bebte vor heftigem Schluchzen.

Was macht die denn hier ... Sieht nicht gerade wie eine fromme Kirchgängerin aus ... Zu jung zu schön ... Kein altes Betmütterchen ... So jemand verirrt sich selten in die Kirche ...

Sie schlug die Augen auf und sah einen Mann im schwarzen Anzug hinter dem Altar hervortreten.

Sieht ganz so aus als ob sie verzweifelt wäre ... Ja sie hat geweint ... Ob sie Liebeskummer hat was sonst in diesem Alter ... Sucht sie hier Hilfe oder nur Ruhe ... Der Papst macht es sich einfach ... Tätige Lebenshilfe aber was soll ich hier machen ...

Auf dem Teppich des Mittelganges schritt der Pfarrer auf sie zu. Er nahm sich Zeit, um sie genauer zu betrachten und zu überlegen, wie er sie ansprechen sollte.

Höchstens fünfundzwanzig Jahre alt ...

„Guten Tag."

Sie putzte sich die Nase und steckte das Taschentuch weg.

Vielleicht ist sie nur vor der Hitze geflohen und hat Heuschnupfen ... Blödsinn du willst dich nur drücken ...

„Kann ich Ihnen helfen?"

Sie schüttelte den Kopf, doch ihr Blick widersprach dieser Geste.

Sie hat kein Vertrauen woher auch ...

„Lehnen Sie nicht gleich ab. Vielleicht kann ich Ihnen doch helfen, auch wenn es nicht so aussieht und Sie nicht viel Vertrauen in die Kirche haben."

Sie saß weiterhin stumm da.

„Sie brauchen doch Zuspruch."

Eine weitere Geste der Verneinung unterblieb, doch es erfolgte auch keine Antwort.

Was soll ich nur machen ... So ein hübsches Mädchen ... Ich muß ihr Vertrauen gewinnen ...

Er setzte sich in die Bankreihe vor ihr und musterte sie eine Zeitlang stumm.

„Wenn Sie reden wollen, fangen Sie einfach an. Stellen Sie sich einfach vor, Sie wären in der Beichte."

Ich weiß ja noch nicht einmal ob sie katholisch ist ... Es war bestimmt falsch das zu sagen ... Wenn es nun doch nur ein kleiner Liebeskummer ist ...

Für Liebeskummer hält er es. Sie schwieg weiter. Wie sollte sie die Stimmen und Bilder erklären. Gedanken trieben durch ihren Kopf, und ein neues, fremdes Bild entstand.

Sie sah sich nackt - die Proportionen ihres Körpers stimmten nicht ganz - in einem kleinen Raum der Kirche, und der Mann, der hier im schwarzen Anzug so ehrenvoll vor ihr saß, drängte sich zwischen ihre Schenkel.

Sie schrie.

Sie schrie noch, als ein Krankenwagen mit kreischenden Bremsen vor dem Kirchenportal hielt und zwei Männer mit weißen Kitteln, eine Tragbahre zwischen sich, in das Gotteshaus stürmten.

Sie schrie, bis ihr der Arzt im Krankenhaus vier Milligramm Dehydrobenzpüredol spritzte.

Joachim Körber

Die Hendtrich-Transmission

„Jetzt haben die Physiker die Sünde kennengelernt, und das Wissen wird sie nie mehr verlassen.“
Der Physiker J. Robert Oppenheimer nach dem Abwurf der Atombomben auf Hiroshima und Nagasaki im August 1945.

Grob gesehen erinnerte der Versuchsaufbau an eine Balkenwaage. An jeweils einem Ende des riesigen Versuchslabors befand sich eine Art „Waagschale“ aus Messing, darüber eine längliche Glashülle, ähnlich einer Käseglocke. Der imaginäre Waagebalken maß, quer durch die Diagonale des Labors, fast fünfzehn Meter. Es handelt sich um eine Vorrichtung zur Energetisierung und Ortsversetzung fester Körper, die vielleicht einmal als Hendtrich-Transmission in die Geschichte der Physik eingehen wird.

Ich hatte jahrelang daran gearbeitet, und obwohl der erste praktische Versuch kurz bevorstand, konnte ich immer noch nicht glauben, daß ich es geschafft hatte. Begonnen hatte es als Forschungsauftrag über Elementarteilchen der Universität, ein Projekt, das man mir übertragen hatte. Obwohl das Projekt fast ausschließlich aus öffentlichen Mitteln finanziert wurde, mußte ich niemandem Rechenschaft ablegen.

Ich legte einen Metallwürfel auf eine der Schalen. Ich war gespannt auf den Ausgang des Experiments, doch war der Augenblick keineswegs von jener geschichtsträchtigen Atmosphäre umgeben, wie Otto Hahn sie nach Entdeckung der Kernspaltung vielleicht wahrgenommen hat. Obwohl meine Entdeckung möglicherweise die größte Revolutionierung der Physik seit Einstein nach sich ziehen konnte.

Führt man Nebelkammerexperimente durch, so kann man bei der Zertrümmerung eines Atomkerns eine Vielzahl von Elementarteilchen beobachten, Bausteine, aus denen sich alle Materie zusammensetzt. Gleichzeitig jedoch sind auch einige energetische Phänomene wahrnehmbar, die sich durch die klassische und relativistische Physik *ad hoc* nicht erklären lassen. Dies führte zur Postulierung von Elementarteilchen, die sich mit Überlichtgeschwindigkeit bewegen und sich, da dies im Einstein-Raum nicht möglich ist, in einer ebenfalls postulierten höheren Dimension als der unseren aufhalten müssen. Man nennt diese hypothetischen Teilchen Tachyonen. Sie sind im Grunde genommen nichts weiter als der bei der Kernzertrümmerung auftretende infinitesimale Energieverlust. Meine Gedanken gingen nun dahingehend, daß es möglich sein müßte, auch größere Körper in dieses andere Kontinuum zu versetzen, wenn es sich mit winzigsten Energiemengen bewerkstelligen läßt, denn in diesen kleinen Bereichen sind Materie und Energie einander identisch beziehungsweise ineinander überführbar.

Es hatte mich Jahre gekostet, die theoretischen Grundlagen zu erarbeiten, und weitere Jahre, sie in die Praxis umzusetzen. Da man während des Forschungsauftrages Ergebnisse erwartete, hatte ich zahlreiche Artikel über Quanten- und Teilchenphysik in Fachzeitschriften veröffentlicht, das eigentliche Projekt der Versetzung von fester Materie aber, mein ureigenstes Geisteskind, blieb mein Geheimnis.

Obwohl ich die Apparatur mit der Nüchternheit des Wissenschaftlers betrachtete, zögerte ich doch einen Augenblick, bevor ich den Mechanismus einschaltete. Verlief alles wie erwartet, verschwand der Metallwürfel, um im gleichen Augenblick in der anderen Waagschale wieder zu erscheinen, so bedeutete das einen Erfolg, der die Physik wie Einsteins Relativitätstheorie erschüttern und das Gesicht unserer Welt radikal verändern konnte. Ich betätigte den Auslöser.

Einen Sekundenbruchteil lang, der sich für mich zur Ewigkeit dehnte, geschah gar nichts, dann verschwand der Würfel vor meinen Augen und erschien in der anderen Schale, fünfzehn Meter entfernt. Ich schaltete ab, ging hinüber und betrachtete ihn. Rein äußerlich schien er unverändert. Zögernd griff ich danach und nahm ihn von dem Gerät herab. Es schien tatsächlich derselbe Klotz zu sein, den ich auf die gegenüberliegende Schale gelegt hatte.

Ich bin nicht der Typ, der zu Freudenausbrüchen neigt, doch obwohl ich den Versuch nüchtern und distanziert betrachtete, platzte ich fast vor Stolz. Es war gelungen. Ich konnte die moderne Physik zu einer Wissenschaft machen, der nichts unmöglich war. Wenn ich nur intensiv genug arbeitete, konnte ich den Menschen das Universum öffnen. Ich konnte die kühnsten Träume wahr werden lassen, die man je auf Erden geträumt hatte.

*

Die folgenden Tage verbrachte ich damit, den Würfel mit allen mir zur Verfügung stehenden chemischen und physikalischen Methoden zu untersuchen. Ich konnte keinen Unterschied feststellen. Der Würfel, der in der anderen Schale auftauchte, war derselbe, der vor meinen Augen verschwand.

In der Euphorie meiner Entdeckung dachte ich an nichts anderes mehr und arbeitete Tag und Nacht. Ich veränderte die Versuchsanordnung und verlegte einen Pol schließlich sogar ins Nebenzimmer. Der Würfel kam immer wohlbehalten an. Trotzdem blieb eine gewisse Unsicherheit. Konnte der Prozeß auch über größere Entfernungen funktionieren? In der Theorie durfte die Entfernung gar keine Rolle spielen, doch in der Praxis existieren immer Einflüsse, die sich in keiner noch so genauen Gleichung berücksichtigen lassen. Als endgültigen Beweis mußte ich den Würfel über eine längere Strecke transportieren. Aber wohin?

Ich bin nicht gerade der verschlossene, zurückgezogene Wissenschaftlertyp, nein, aber ich habe auch nicht viele Freunde. Und schon gar keine, auf die ich mich in dieser Situation verlassen konnte, denn schließlich wollte ich nicht, daß jemand vorzeitig von meiner Entdekkung erfuhr. Nennen Sie es meinetwegen Eitelkeit eines närrischen alten Professors, der mit seiner Entdeckung ganz groß ins Rampenlicht treten möchte, wenn es soweit ist. Vorerst aber war es noch nicht soweit, und bis ich endgültige Gewißheit hatte, konnte ich nicht vorsichtig genug sein.

Ich kannte nur einen, den ich ins Vertrauen gezogen hätte, Ronald Saddler, einen Studienkollegen, den ich schon seit meiner Kindheit kannte. Er hatte mit mir begonnen, Physik zu studieren, war dann aber abgesprungen und hatte die Kunstakademie besucht. Heute war er ein berühmter Maler, dessen Bilder in aller Welt ausgestellt wurden. Er war verheiratet und wohnte in einem Haus etwa zwei Kilometer außerhalb der Stadt.

Als wir zusammen die Hochschule besuchten, verliebte ich mich in ein Mädchen, Sonja. Ich war dem Alter romantischer Schulliebschaften entwachsen, trotzdem hatte ich ein getrübtes Verhältnis zu Mädchen. Ich war nicht gerade häßlich, aber ich war – und bin – keiner dieser verwegenen Frauentypen, denen immer alles gelingt, was sie sich vornehmen. Ich benahm mich Mädchen gegenüber stets ein wenig linkisch, und ich hätte nie gewagt, einem meine Gefühle zu gestehen, selbst wenn mein Leben davon abhängig gewesen wäre. Daher liebte ich Sonja still und ohne ihr ein Wort zu sagen. Schließlich heiratete sie Ron.

Was selbstverständlich an den Beziehungen zwischen ihm und mir nichts änderte. Wir waren und blieben dicke Freunde, und ich weiß nicht, ob er sich jemals darüber klargeworden ist, was ich Sonja gegenüber empfand – und immer noch empfinde. Ich weiß auch nicht, ob sie sich darüber im klaren ist, aber Frauen haben in solchen Dingen ein wesentlich feineres Gespür als wir Männer.

Ron konnte ich blind vertrauen, aber er hielt sich im Ausland auf, wo eine Ausstellung seiner Bilder stattfand. Da es ungewiß war, wann er zurückkommen würde, konnte ich unmöglich abwarten. Ich rief Sonja an und fragte sie, ob sie mir einen Gefallen tun wollte.

„Selbstverständlich", antwortete sie mir am Telefon. „Worum handelt es sich denn?"

Ich versprach ihr, gleich zu ihr zu kommen und sie einzuweihen, dann trug ich den Empfängerteil meiner Apparatur in den Wagen und fuhr zu ihr hinaus.

Sonja war atemberaubend schön. Sie war alles, was ein Mann sich nur erträumen konnte. War ich Frauen gegenüber unsicher, so steigerte diese Unsicherheit sich bei ihr fast schon zu Ungeschicklichkeit. Wenn ich mich in ihrer Gegenwart verhaspelte und dann errötend verstummte, hätte ich manchmal zu gerne gewußt, was für Gedanken ihr hinter den spöttisch blickenden, dabei aber offen strahlenden Augen durch den Kopf gingen.

Sie sah mich merkwürdig an, die blauen Augen, die einen herrlichen Kontrast zur tiefbraunen Haut und dem schwarzen, fast blau schimmernden Haar bildeten, verwundert auf meine Apparatur gerichtet, die ich an ihr vorbei nach drinnen trug, meine „Schüssel", wie sie es lachend nannte.

Sie fragte mich, ob ich etwas trinken wollte. Ich nahm das Angebot an. Sie brachte mir ein Glas.

„Könntest du mir nun erklären, weswegen du gekommen bist, oder ...“ – mit schnippischem Augenaufschlag – „... ist es ein so großes Geheimnis, daß nicht einmal ich es erfahren darf?“

„Aber nein“, versicherte ich ihr und nahm das Glas. Unsere Hände berührten einander.

„Also?“

Ich verschüttete Rotwein auf die Glasplatte des Tisches. „Ich habe einige erfolgreiche Versuche hinter mir, würde aber gerne einen letzten Test durchführen. Dazu brauche ich deine Hilfe.“

„Meine Hilfe? Wie sollte ich dir helfen können? Ich habe nicht die leiseste Ahnung von Physik.“

„Du mußt lediglich eine Uhr ablesen und mich anrufen. Was wenig mit Physik zu tun hat“, fügte ich trocken hinzu. Ich wischte den Rotwein mit meinem Taschentuch auf und versuchte, es möglichst unbemerkt wieder in die Tasche zu stecken. Erfolglos.

„Hör zu“, sagte ich so eindringlich wie ich konnte zu ihr. „Ich vertraue dir völlig. Du darfst keiner Menschenseele etwas von dem erzählen, was ich dir jetzt sage. Habe ich dein Wort?“

„Auch Ron nicht?“

„Der ist nicht hier.“

Sie gab mir ihr Wort. Ich erzählte ihr von meinen Arbeiten über Elementarteilchen, über die sie teilweise informiert war, und dann von dem Projekt der Versetzung fester Materie. Folgte sie meinen Worten anfangs noch mit Desinteresse, so war sie von den Ausführungen über die Testreihen und Versuche fasziniert und gefesselt. Als ich geendet hatte, wollte sie es zunächst kaum glauben.

„Ich möchte aber abschließend noch eine Transmission über eine größere Entfernung hinweg durchführen“, schloß ich. „Deshalb habe ich den Empfänger mitgebracht. Ich werde ihn hier aufstellen, zurückfahren und dir den Metallwürfel senden. Du mußt auf die Uhr sehen und mich kurz benachrichtigen, wenn der Würfel hier materialisiert. Bitte berühre ihn nicht. Ich werde wiederkommen und ihn holen.“

Ich verstaute den Empfänger im Keller, wo er nicht von zufällig vorbeikommenden Besuchern gefunden werden konnte, dann glichen wir die Uhren ab, und ich verabschiedete mich.

„Das ist bestimmt die größte Erfindung aller Zeiten“, sagte sie mir zum Abschied. „Ich freue mich so für dich.“

Ich nickte. Doch in diesem Augenblick verspürte ich zum erstenmal dieses seltsam nagende Gefühl, das mich bis zum Ende nicht mehr verlassen sollte.

Auch dieser Versuch gelang. Ich schaltete die Apparatur zum vorher ausgemachten Zeitpunkt ein. Der Würfel tauchte zeitgleich bei ihr im Empfängerteil auf. Als ich ihn abholte, sah sie mich an, als habe sie meine Worte bis zum letzten Augenblick für einen obskuren Scherz gehalten, den ich mir auf ihre Kosten erlaubt hatte.

Ich dankte ihr, fuhr ins Labor zurück und durchlief noch einmal die Routineuntersuchungen an dem versetzten Gegenstand. Er hatte auch dies unbeschadet überstanden, und alles sah prächtig aus. Trotzdem ...

Der erste Rückschlag erfolgte am nächsten Tag. Aber nicht er war für meinen Umdenkungsprozeß verantwortlich. Ich hatte die ganze Nacht grübelnd wachgelegen und über die Auswirkungen meiner Erfindung nachgedacht. Mein sauberes, strahlendes Weltbild und meine Meinung über die lautere Reinheit der Wissenschaft waren dabei langsam, aber sicher in die Brüche gegangen.

Nicht daß ich der völlig weltfremde Erfindertyp wäre, nein. Der ist schon vor hundert Jahren ausgestorben, wirres Haar, zerstreut und so weiter. Aber ich bin Physiker mit Leib und Seele, wenn ich so sagen darf, und bisher war mir einfach nie der Gedanke gekommen, daß die Hendtrich-Transmission, eine Bezeichnung, die mittlerweile für mich zum festen Begriff in der Physik geworden war, auch negative Seiten haben könnte. Oder ich hatte diese Gedanken ganz bewußt verdrängt. In jener Nacht jedenfalls fielen sie mir wieder ein, und die gräßlichen Phantombilder, die mich im unruhigen Schlaf heimsuchten, kehrten am folgenden Tag mit voller Wucht zurück.

Ich wollte ein Lebewesen versetzen, und zu diesem Zweck kaufte ich in einer Tierhandlung ein Meerschweinchen. Ich hätte es auch in der Biologie der Uni holen können, aber dort hätte man mich sicher gefragt, was denn ausgerechnet ein „Teilchenklauber" mit so einem Tier anfangen wollte.

Ich setzte das Tier auf den Sendeteil, nachdem ich den Empfänger in eine Decke eingewickelt wieder ins Labor zurückgebracht und aufgestellt hatte, und schaltete ein.

Es war furchtbar. Das Tier wurde zwar abgestrahlt, aber es kam nicht mehr lebend im Empfängerteil an. Statt dessen fand ich eine zukkende, blutige Masse vor, rohes, nach außen gekehrtes Fleisch, Organe und Haarbüschel. Unmöglich lebensfähig. Es erinnerte nicht einmal mehr im entferntesten an ein Meerschweinchen.

Ich übergab mich würgend ins Abflußbecken, dann ging ich mit unsicheren Schritten zum anderen Laborende und schaltete den Mechanismus ab. Ich brachte es nicht über mich, den roten Klumpen nochmals anzusehen, und so ließ ich ihn einfach in der Schale liegen und setzte mich.

Die Bilder, am Morgen als Fetzen eines Alptraumes abgetan, erschienen mit unverminderter Heftigkeit vor meinem geistigen Auge, und ich sah Menschen, Kinder, Greise, junge Frauen, Männer in den besten Jahren, schreiend durch zerbombte Straßen laufen, in denen die Leichen unzähliger Menschen lagen, verunstaltet und durch gräßliche Verbrennungen entstellt, und dann sah ich Wissenschaftler in sauberen weißen Kitteln in einem sauberen und aufgeräumten Labor arbeiten und Dinge erfinden und entdecken, die die Wissenschaft und die Menschheit voranbringen sollte. Männer mit besten Absichten und reinem Gewissen, die ihren Forscherdrang befriedigten und Gutes tun wollten.

Und was war aus ihren Entdeckungen geworden? Waffen, Kriegsmaterial, die schrecklichsten Tötungsinstrumente, die dieser Planet jemals gesehen hatte.

Die Wissenschaft ist keine Hure, die aus Eigennutz handelt und sich jedem an den Hals wirft. Sie wurde und wird ständig von Politikern und skrupellosen Militärs mißbraucht und vergewaltigt, deren paranoide Wahnvorstellungen keine Grenzen kennen. In diesem Augenblick kam mir schlagartig zu Bewußtsein, was ich bisher nicht hatte sehen wollen. Ich sah Kommandozentralen, in denen die Mechanismen des Hendtrich-Transmissionsapparates standen, wo senile greise Männer mit krächzenden Stimmen vieltausendfachen Tod befahlen und Generäle mit Holzbeinen und Glasaugen mit dürren Fingern auf rote Knöpfe drückten – und damit riesige Bomben in Nullzeit auf alle strategisch wichtigen Ziele des Gegners lenken konnten.

Sicher, augenblicklich war eine Empfängerstation nötig, aber die Erfindung befand sich in den allerersten Anfangsstadien und war in jeder Beziehung ausbaufähig. Im Guten konnte die Hendtrich-Transmission die Welt verbessern, aber im Bösen konnte sie mehr Leid als jemals zuvor über die ohnedies schon immer arg gebeutelte Menschheit bringen.

Die Geschichte der Welt ist die eines Stiefels, der seit Anbeginn ständig auf den Menschen herumtrampelt. Das hatte George Orwell einst in seinem berühmten Roman geschrieben. Und ich, ich wollte und durfte nicht derjenige sein, der den Druck dieses Stiefels um die entscheidende letzte Nuance erhöhte.

Ich saß den ganzen Nachmittag düster grübelnd im Labor, ohne mich von der Stelle zu bewegen. Zwar wog ich Gut und Böse noch gegeneinander ab, in Wirklichkeit aber hatte ich mich längst entschieden. Ich hatte davon geträumt, eine bessere Welt zu schaffen, Transportmöglichkeiten ohne Zeitverlust, keine Autos, Eisenbahnen und Flugzeuge mehr, die die Luft verpesteten, keine Landschaftszerstörung durch Autobahnen, eine saubere, glückliche Zukunft für alle. Aber die Physiker waren schon einmal von der Wirklichkeit brutal aus ihren Träumen geschreckt worden. Als Otto Hahn die Kernspaltung entdeckt hatte, hatte er sicher auch nur die lautersten und besten Absichten gehabt – und was war daraus geworden? Der Tod für Hunderttausende von Menschen. Mit der Hendtrich-Transmission durfte es so weit gar nicht erst kommen. Ich wollte mich nicht des Massen- oder Völkermordes schuldig machen, nicht einmal passiv oder indirekt. Ich dachte lange nach, und schließlich wurde mir klar, daß ich nur eines tun konnte.

„Sonja, ich liebe dich. Ich habe dich immer geliebt, seit ich dich zum erstenmal gesehen habe, so lächerlich es klingt. Sicher hältst du mich für einen pathetischen Träumer, aber ...“

Wie oft hatte ich ihr diese Worte sagen wollen. Wie oft war ich vor sie getreten und hatte mir die Worte im Geiste zurechtgelegt – aber ausgesprochen hatte ich sie niemals. Und so sagte ich sie auch dieses Mal nicht, obwohl mir mehr denn je danach zumute war.

Ich saß auf dem Sofa in ihrem Wohnzimmer, hielt eine Tasse Kaffee in den Händen und starrte in die schwarze Flüssigkeit, obwohl mir die Hitze fast die Finger verbrannte. Als ich zu ihr kam, muß sie instinktiv meine innere Zerrissenheit gespürt haben, denn sie hatte nichts gesagt und nicht gefragt. Sie hatte mich hereingebeten und mir wortlos Kaffee gebracht. Nun saß sie mir schon einige Minuten schweigend gegenüber, spielte mit ihren glänzenden Locken und sah mich abwägend und mit einer Spur Erwartung an.

Ich wollte so vieles sagen. Worte und Gefühle bildeten einen wilden Wirbel in meinem Kopf, den ich nicht ordnen konnte. Aber ich brachte kein Wort heraus. Als sie schließlich merkte, daß ich aus eigenem Antrieb nichts sagen konnte, ergriff sie das Wort.

„Du hast Probleme. Große Probleme." Eine Feststellung, keine Frage. Sie seufzte, als müßte auch sie innerlich mit sich ringen, dann fragte sie: „Wegen mir?"

Ich sah überrascht auf. „Sonja, ich ..."

„Ich weiß", sagte sie mit leiser Stimme.

Ich sagte schon, von Frauen verstehe ich nichts, daher verblüfften ihre Worte mich um so mehr. Wenn ich sie recht verstand, dann wußte sie seit langem, was ich für sie empfand. „Ich ..." begann ich erneut, überlegte es mir dann aber anders. „Nein", sagte ich. „Nein, es ist nicht wegen dir. Es ist wegen meiner Erfindung."

„Ist etwas schiefgegangen?"

„Das auch, aber ..."

„Oh, ich bin überzeugt, daß du den Fehler beheben kannst." Aber irgendwie schien sie wieder zu spüren, daß ihr Zweckoptimismus nicht angebracht war und meine Niedergeschlagenheit viel tiefer reichte, als sie es sich augenblicklich vorstellen konnte.

„Sicher." Ich lächelte bitter. „Das ist es ja eben. Ich könnte ihn beheben. Und wenn ich nicht, dann vielleicht ein anderer. Wenn die Sache erst einmal publik wird, werden sich sämtliche Forschungsinstitute wie die Fliegen darauf stürzen. Dann lassen sich sicher alle Probleme lösen."

Ich verstummte. Sie sah mich an, wartete.

„Es funktioniert nicht mit Lebewesen." Sie schien zunächst nicht zu begreifen. „Ich kann keine Lebewesen transportieren", bekräftigte ich. „Ich habe es mit einem Meerschweinchen versucht, und ..." Allein bei dem Gedanken daran wurde mir übel. Ich mußte die Tasse wegstellen. „Ich kann es dir nicht beschreiben."

Sie nickte, während ihr Blick in die Ferne gerichtet war. Ihre Augen waren zwei nebelverhangene Abgründe, in denen ich zu versinken drohte.

„Aber das ist es nicht." Ich wartete, bis ich ihre Aufmerksamkeit wieder hatte. „Mir sind ernste Zweifel gekommen. Weißt du, ich habe viel nachgedacht. Und ich glaube, daß meine Erfindung mehr Unheil als Gutes tun würde. Dafür gibt es sogar jede Menge Präzedenzfälle." Ich lachte humorlos. „Wann immer der Wissenschaft ein entscheidender Durchbruch gelungen ist, haben Politiker und Militärs ihn korrumpiert und in den Schmutz gezogen. Was der Menschheit zum Segen gereichen sollte, gereichte ihr zum Fluch. Schon immer war das so. Und seit der Erfindung des Schießpulvers wurde es immer schlimmer und gefährlicher."

„Das ist richtig. Aber ich sehe nicht, was das mit deiner ..."

„Wirklich nicht?" Ich wußte nicht, ob sie es ernst meinte, oder ob sie sich nur meinetwegen vor der Erkenntnis verschloß. „Begreifst du denn nicht, was die zeitlose Versetzung materieller Gegenstände für die Rüstung bedeuten könnte? Das Gleichgewicht des Schreckens würde völlig neue und schreckliche Dimensionen erhalten. Wer immer meine Erfindung hätte, könnte die Welt erpressen. Er könnte dem Gegner jederzeit und ohne Vorwarnung die Bomben gewissermaßen direkt vor die Haustür legen. Und ich werde nicht zulassen, daß sie der Vernichtung dient. Wenn sie nichts Gutes bewirkt, dann ist es besser, sie kommt nie zum Tragen."

„Und wie willst du das verhindern?"

„Ich kann nicht zulassen, daß sie skrupellosen Menschen in die Hände fällt. Solange korrupte, machtgierige Politiker das Sagen haben und die Politik auf gegenseitigem Mißtrauen und Furchteinflößen basiert, darf die Hendtrich-Transmission niemals angewendet werden."

„Aber du arbeitest mit öffentlichen Fördermitteln. Es ist ein Wunder, daß man dir noch nicht eingehender auf die Finger geschaut hat. Irgendwann einmal wird jemand im Forschungsministerium auf dich stoßen, der Dekan wird dich besuchen ..."

„Daran habe ich gedacht." Ich hatte geglaubt, die Unterhaltung würde mir etwas von meiner Niedergeschlagenheit nehmen, doch je tiefer ich mich in die Sache verrannte, desto deprimierter wurde ich.

„Ich habe nichts darüber veröffentlicht", fuhr ich fort. „Ich habe immer schön brav über Erkenntnisse der Hochenergiephysik publiziert, aber nichts über mein Gerät. Und ..." Ich verstummte unschlüssig. Sie sah abwartend zu mir herüber. Nein, es gab kein Zurück. Ich war so weit gegangen, nun gab es nur noch die Flucht nach vorne. „Ich habe sichergestellt, daß niemand etwas finden wird. Ich habe die Maschine vernichtet."

Sie fuhr erbleichend aus dem Sessel empor. „Du hast was ...?" fragte sie und legte die Hand vor den Mund. „Du hast ..."

„Das war schwieriger, als es sich anhört", sagte ich mit einem Versuch, humorvoll zu sein, der allerdings völlig mißlang. Das war richtig. Denn das Gerät bestand nicht nur aus den Sende- und Empfängerteilen. Der Empfänger war unkompliziert und tragbar. Aber mit dem Sendeteil war ein gewaltiger Berg komplizierter elektronischer Einrichtungen verbunden, die in einem Forschungslabor für Kernteilchen jedoch zunächst einmal keinen Verdacht erregen. Einer näheren Untersuchung aber hätten sie nicht standgehalten.

Als ich Sonja wieder ansah, war ihr erster Schrecken verflogen und hatte einer Art nüchterner, berechnender Kühle Platz gemacht, die ich zunächst nicht recht deuten konnte.

„Schön", sagte sie. „Du hast die Maschine vernichtet. Und was soll das für eine Großtat sein? Glaubst du ernsthaft, damit kannst du etwas verhindern? Du bist bei deinen Forschungen von Sachverhalten ausgegangen, die jedem Physiker zugänglich sind. Zumindest jedem Teilchenphysiker. Wer sagt dir, daß nicht schon überall auf der Welt an etwas Derartigem geforscht wird? Du warst lediglich ein wenig schneller. Indem du deine Maschine vernichtet hast, hast du lediglich einem anderen die Chance eingeräumt, zu Ruhm und Ehre zu kommen, die eigentlich dir zustünden."

„Ruhm und Ehre", schnaubte ich verächtlich. „Daran liegt mir nichts." Ich schwieg einen Augenblick, dann fuhr ich fort. „Ich kann nicht sicher sein, daß nicht ein anderer daran arbeitet, das stimmt", gab ich zu. „Aber darum geht es mir nicht. Ich bin einer von vielen, und ich möchte ein Zeichen setzen. Ich glaube kaum, daß sich ein Politiker davon beeindrucken lassen wird – die werden bestenfalls über meine Gewissensbisse lachen. Aber es wird vielleicht die Menschen aufrütteln, und wenn genügend viele Menschen einen Standpunkt vertreten, bekommen sogar Politiker es mit der Angst zu tun. Sie haben Angst, die Macht zu verlieren, und dann sind sie zu Zugeständnissen bereit. Nur dann." Ich zog meine Aktentasche zu mir heran, öffnete sie und nahm einen verschlossenen Umschlag heraus. Ich reichte ihn ihr.

„Ich möchte, daß du diesen Umschlag morgen der Universitätsverwaltung übergibst. Am besten dem Dekan persönlich." Sie sah mich an. Ihre Pupillen weiteten sich, wurden zu schwarzen Korridoren in die Unendlichkeit, und ich glaube, in diesem Augenblick begriff sie, was ich vorhatte. Ich rechnete mit Protesten, Weinen, Hysterie, aber sie blieb erstaunlich ruhig.

„Du bist ein Narr", sagte sie. Ihre Finger spielten nervös mit dem Umschlag.

Ich öffnete den Mund zum Sprechen, schloß ihn aber wieder. Ich hatte etwas vom guten Menschen in einer schlechten Welt erzählen wollen, von der moralischen Wirkung des Zeichens, das ich setzen wollte, doch meine Worte erschienen mir so schal und selbstbeweihräuchernd, daß ich es sein ließ.

„Steht dein Entschluß unabänderlich fest?" fragte sie. Sie schluckte, und ich betrachtete ihren hüpfenden Adamsapfel, als hätte ich niemals zuvor etwas Faszinierenderes gesehen.

„Ja", sagte ich. „Vielleicht bin ich ein Narr. Vielleicht ist alles, was ich tue, umsonst, vielleicht hinterläßt es keine Spuren. Aber vielleicht bringt es einige Menschen zum Nachdenken, und damit wäre schon viel gewonnen."

Sie sah mich an, ohne ein Wort zu sagen, und das erweckte in mir den Wunsch, mich für das, was ich vorhatte, zu rechtfertigen.

„Irgendwann einmal würde es herauskommen. Ich habe meine Erfindung vernichtet und stehe mit leeren Händen da. Irgendwann einmal würde mich jemand fragen, mich einsperren und verhören, und ich weiß nicht, ob ich dem standhalten könnte. Noch ahnt niemand etwas, aber irgendwo fragt sich bestimmt schon jemand, was ich da in meinem Labor eigentlich treibe. Und wenn bekannt wird, daß ich etwas entdeckt habe und es verheimliche, dann wird das Kesseltreiben anfangen." Sie sagte immer noch nichts. „Ich habe keine Angst", sagte ich. „Ich habe keine Angst um mich. Aber um die Menschen. Darum. Wirst du tun, worum ich dich gebeten habe?"

Sie erhob sich und nickte. Ich stand ebenfalls auf.

„Leb wohl. Tut mir leid, daß es so enden mußte." Ohne jemals begonnen zu haben. Aber das sagte ich selbstverständlich auch nicht.

Sie begleitete mich zur Haustür. „Sag Ron viele Grüße von mir", bat ich.

Sie nickte.

Am Ende der Treppe wandte ich mich noch einmal um und sah sie an. Sie stand oben, bleich und stumm und ...verstehend. Sie hatte meine Entscheidung erfahren und akzeptiert. Darin lag ihre Größe. Es gibt nichts Würdeloseres, als einem Menschen seinen freien Willen zu nehmen. Sie versuchte nicht, mich zurückzuhalten, und sie tat nichts, um mich zurückzuhalten. Sie respektierte mich und meine Motive. Darin lag ihre Größe.

Als ich mich das letzte Mal umsah, glaubte ich Tränen in ihren Augen glitzern zu sehen, vielleicht war es aber auch nur eine Reflexion des Sonnenlichts.

Ich winkte ihr zu, als ich ins Auto stieg, aber sie bewegte sich nicht. Sie stand bewegungslos und schön wie eine Statue unter der Tür, bis ich außer Sicht verschwunden war.

Unterwegs dachte ich an meinen Abschiedsbrief für die Welt und die geladene Pistole, die im Labor auf mich wartete ...

Daniel Gilbert

Hadleys Liebe

VISIONS OF DIANA

Hadley war ein Roboter.

Damit soll aber nicht gesagt sein, daß er lediglich ein unterwürfiger Mechanismus, ein für die schönen Dinge des Lebens unempfänglicher elektronischer Automat, war. Ganz und gar nicht. Hadley war ein Amerobotix C-47, dazu konstruiert, die schönen Künste, Musik, Literatur, Malerei, zu verehren.

Am meisten beeindruckte Hadley die Poesie von William Giles Bryand, dessen Werk ihm grenzenloses Vergnügen bereitete.

Mensch zu sein, mein Salonlöwe, heißt,
Ein Geheimnis zu haben (finster und verflucht),
Das tief drinnen an der Seele nagt
Und das die Liebe nur noch schlimmer macht.

Diese Art von Versen, speziell dieser Vers, war es, in denen Hadley schwelgte, und das vollständige Werk von William Giles Bryand war im Erinnerungskristall 407-A/3 gespeichert, wo er es jeden Augenblick abrufen konnte.

Dinnerpartys dagegen konnte Hadley gar nicht leiden.

Wäre er jemals zu einer *eingeladen* worden, hätte er diesen Standpunkt vielleicht geändert, doch als teure Konversationseinheit von Dianas Gästen (niemals als Butler, menschliches Personal war viel besser geeignet und kostete wesentlich weniger) fühlte er sich erniedrigt.

„Du darfst sie nicht schockieren, Hadley."

Sie war wunderschön, das war selbst Hadley klar. Und hätte sich Plastistahl über sorgfältig geplante Spannungslimits hinaus ausdehnen können, hätte seine Physiologie, dessen war er sicher, gewiß entsprechend auf ihren Anblick reagiert. Dies jedoch konnte und tat sie demzufolge auch nicht, denn Hadleys Anatomie zwischen Nacken und Knien bestand aus Mikrochips, Sprachprozessoren, Motoren und einem Analog-Digital-Konverter. Das war wahrlich ein Problem, denn ein Roboter, der programmiert war, ein Aktgemälde von Modigliani oder ein Kopulations-Holo von Von Prallinger zu bewundern, mußte notwendigerweise auch Diana anbeten.

Und das tat Hadley wirklich.

„Sie schockieren?"

„Wie beim letzten Mal."

„Ich kann, teuerste Diana, an William Giles Bryands Porträt der psychischen Entfremdung des modernen Menschen beim besten Willen nichts Schockierendes finden ..."

„Oh, Hadley, *das* doch nicht." Die Betonung des Wortes *das* ließ Hadley, so gut er es vermochte, erzittern. „Du selbst. Die Menschen erwarten von einem Roboter einfach nicht, daß er ..."

„Seine Gedanken ausspricht? Der Botschafter hatte nicht die verschwommensten Vorstellungen von Bryands komplexen Methoden, daher habe ich sein übersimplifiziertes Konzept einfach verbessert ..."

„... einen *Verstand* hat. Ein Gehirn, ja, aber keinen Verstand."

„Vielleicht wäre dir mit einem C-6 besser gedient gewesen. Zeit und Temperatur auf einer Skala. Löst Kreuzworträtsel, wenn man sie ihm gibt."

„Sei nicht kindisch, Hadley. Versuch nur ... oh, *mechanisch* zu sein."

„KANN NICHT VERARBEITET WERDEN. PIEP."

„Ich muß mich fertig anziehen. Ich werde zu spät kommen."

Hadley war die Betonung des Wortes *mechanisch* nicht entgangen (Phonem-Syntax-Analyse). Als hätte man einem Negersklaven ein Halsband mit der Aufschrift VERGISS NIE DEINE STELLUNG, BURSCHE umgehängt. Daneben war ihm, wenn auch auf einem völlig anderen Logik-Kreis, aufgefallen, daß ihr weiches goldenes Schamhaar etwas unter den seidenen Spitzenrändern ihres Höschens hervorlugte und daß ihre herrlich geformten, alabasterweißen Schenkel anscheinend ...

Hadley ließ das Bild aufzeichnen und koppelte die Wahrnehmungseinheit von AUGENBLICKLICHE WAHRNEHMUNG los, damit er sich später an dem Bild erfreuen konnte.

Er schaltete das Bild wieder zu, zusammen mit zweihundertsiebzehn anderen Bildern Dianas, die er in den zurückliegenden vier Jahren gesammelt hatte, und dabei bemerkte er, daß ihre Hüften so geformt waren, daß sich die Beine eigentümlich spreizten und im Schritt ein seltsam lockendes Oval bildeten (217 Dianas verbeugten sich, kauerten sich nieder, tanzten, oh!), daß sich das hauchdünne Höschen, welches ihre perfekt runden (eigentlich aber etwas elliptischen, mit einem Abweichungsbogen von .97) in der Mitte deutlich faltete. Ihre Brüste waren atemberaubende Halbkugeln, und er nahm den Newmarkischen Kalkulus zu Hilfe, um Computersimulationen jener Brüste durchzuspielen, wären sie 'n Grad kleiner, flacher, an den Spitzen runder und mit etwas erigierten Nippeln – aber auf diese Weise fand er heraus, daß die Drüsen im derzeitigen Zustand ihre maximale Anziehungskraft hatten.

Verkörperte Perfektion.

„Mach den Reißverschluß zu."

Hadley bemerkte ihre sinnlichen blauen Lippen, die sich im Spiegel reflektierten, und unter dem V des Reißverschlusses hatte sie ihm den bloßen Rücken zugekehrt. Er zog ihn langsam hoch.

„Hadley?"

„Erwartest du jemand Besonderen?"

„Du weißt doch, wer kommt, du hast die Einladungen gedruckt."

„Stimmt. Wer ist der Besondere?"

„Niemand."

„Meine Geruchswahrnehmung nimmt ungewöhnliche Ausdünstung von Mcklintotrophin-B wahr."

„Parfüm?"

„Schon möglich." Mcklintotrophin-B, das weibliche Sexualpheromon, drang in seine zwölf Sinne ein. „Wer ist es?"

„Wer ist wer? Hilf mir mit den Strümpfen."

Hadley half gerne. Irgendwo innerhalb seiner Stromkreise überlud sich ein Mikrokondensator, schloß sich kurz und reparierte sich wieder.

„Dies, Diana, ist lediglich die Umformulierung meiner Frage. Wäre das Interrogativpronomen bekannt, so wären Verb und Objekt überflüssig. In Englisch, im Gegensatz zu Binär, ist …"

„Pascal Girdeaux."

„Girdeaux?"

„Du kennst ihn?"

„Nein, *njet, nit, nem, no, nej, neen, nao, non …*"

„Weißt du etwas *über* ihn?"

„Hmm. In der Datenzentralc ist er als Musiker aufgeführt, aber ich habe gerade seine neueste Schallplatte mit Ultrageschwindigkeit abgespielt und bin der Meinung, das ist eine ziemlich voreilige Einstufung. Allerdings muß ich zugeben, daß mich persönlich die Musik beruhigt. Sie erinnert mich an die Fabrik, wo ich geboren wurde. Schriller, chaotischer Sound. Metall kratzt auf Metall, Laserbohrer heulen mit Höchstgeschwindigkeit."

„Du hältst nicht viel von seiner Musik?"

Sie sprühte Parfüm auf die Handgelenke, hinter die Ohren und ließ sogar einen Tropfen die religiöse Pilgerfahrt an ihrem Hals hinab bis zwischen die Brüste antreten. Beim Geruch von Hydroxyphenol und Alkoholtinktur mußte Hadley seine Elektropuls-Frequenz nachjustieren.

„Ein Beethoven ist er nicht."

„Aber süß."

„Subjektive Daten. Sein Gesicht ist erträglich, aber …"

„Hadley!"

„Unter der Körpertünche wärst du wahrscheinlich enttäuscht."

„Das meinte ich mit: die Leute schockieren."

„Ist eine meiner Leitungen undicht?"

Hadley führte einen raschen System-Check durch, doch er wußte genau, daß er nicht elektrisch geladen war. Irgendwie machte es ihm Spaß – fast ebenso großen Spaß, wie ihm das Lesen Bryands bereitete –, Diana wegen ihrer amourösen Affären aufzuziehen. Aber ein C-47 wie er war mit Introspec ausgerüstet, und er erkannte sehr bald, daß mehr als das an der Sache dran war.

Eifersucht war normalerweise ein Problem, ein unangemessenes, hinderliches Gefühl in der Beziehung zwischen Herrin und Diener. Aber Diana hatte ihn nie wie einen Diener behandelt.

Noch hatte sie ihn je als Mann angesehen.

Was er, selbstverständlich, auch nicht war.

Hadley nahm in Dianas Leben eine unbehagliche Stellung irgendwo zwischen Vertrautem und elektrischem Rasierapparat ein. Seltsamer Kauz. Das kam wahrscheinlich am besten hin.

Was dazu geführt hatte, daß Hadley sich jahrelang im gleichen Licht betrachtete, daß er sich nach etwas sehnte, das er nicht analysieren konnte, und nicht ergründliche Verzweiflung verspürte, die er nicht abzuschütteln vermochte. Etwas empfand Verlangen, Sehnsucht.

Schließlich hatte er sich selbst freiwillig einer Neuprogrammierung unterzogen. Bis er sich mit Dr. Nortmund unterhalten hatte.

„Das Aussehen ist nicht alles", sagte Diana. Sie beugte sich hinab und schlüpfte in die Sandalen, was ihm einen herrlichen Blick auf zwei entartete Ellipsen gestattete, die Euklid den Atem geraubt hätten.

„Er hat gerade seine vierte Frau verlassen. Gerüchte besagen, daß er ... wie soll ich sagen? ... unfähig war, die Flagge zu hissen ... Aber müßiger Klatsch liegt mir nicht. Ich werde seine medizinische Kartei in der Zentrale überprüfen."

Diana wirbelte herum. „Hadley, das wagst du nicht!"

Klick. Klick. Er sagte nichts.

„Hadley!"

Wenn du wütend bist, bist du wunderschön, dachte er und blinzelte ihr mit zwei Dioden zu.

„Hadley!"

Er schaltete einen Mikrowiderstand, was ein vielsagendes elektrisches Summen erzeugte, um Zeit zu gewinnen, denn er wußte sehr gut, daß einem C-47 keine medizinischen Unterlagen zugänglich waren.

„Hadley! Hadley? Hadley, ich ... äh, was hast du denn herausgefunden, ich meine, wo du nun schon mal ..."

„Oh ho *ho"*, murmelte Hadley wie zu sich selbst. Er seufzte. „Es ist wohl das beste, wenn ich hinuntergehe und auf die Menschen aufpasse. Organische sind nämlich nicht besonders helle, weißt du. Nicht, daß sie deine Pate de foie gras noch mit Ketchup servieren. *Ciao."*

Und als er sich umwandte und das Zimmer verließ, da wußte er, so sehr er Diana auch aufgezogen und ihren Gast beleidigt hatte, daß er trotzdem seine dritte zentrale Datenverarbeitungseinheit dafür gegeben hätte, in Girdeaux Schuhen zu stecken. Trotzdem war Hadley nicht von schwärzester Verzweiflung erfüllt.

Dr. Nortmund hatte gesagt: Donnerstag.

Es war nach der Party, nachdem die Gäste zur Tür hinausgetaumelt, hinausgeschlittert waren oder man sie hinauswerfen mußte, nachdem sie ihre Neurorezeptoren ordentlich mit Äthanol umnebelt hatten; nachdem Yag Domuz (der türkische Bildhauer mit dem roten Gesicht, dessen sieben Meter hohe Skulptur einer Vaginaschleimhaut als „vitale und eindrucksvolle Großtat in der erstarrten Kunstszene" bezeichnet worden war) *creme de menthe* über den Karistan erbrochen und befohlen hatte, daß niemand es anrühren dürfe, bevor er eine Skulptur daraus gemacht hatte; nachdem Tuk Prase (der tschechische Dichter und Autor eines vielbeachteten epischen Werkes über die unglückseligen Abenteuer eines zwergenwüchsigen isländischen Polizisten und seines syphylitischen Schwagers Nat) eine weitschweifige Erläuterung über das Werk von W. Giles Bryand abgegeben hatte – alles reiner Unsinn, doch Hadley, der sich in die Politik zurückgezogen hatte, war stumm geblieben); nachdem Mast Svinja (der ungewaschene serbokroatische

Revolverheld, der aus Neu-Guinea eine Weltmacht machen wollte) Prases Gedichte als *proliv* bezeichnet hatte, was er später mit *Diarrhöe* aus dem Serbokroatischen übersetzte, worauf es Faustschläge hagelte, was schließlich dazu führte, daß Shaham Chanzir (der arabische Ölprinz, der angeblich kontrollierende Anteile von Bondage Enterprises besaß, die sich auf die Produktion von Nerzhandschellen und Gummischläuchen spezialisiert hatten) sich das Schienbein brach und einen Fall von *proliv* dokumentierte (wobei Domuz sich weigerte, daraus eine Plastik zu machen); nach alledem stand Hadley stumm in seiner Kammer und hörte Diana und Girdeaux zu, die ein Kojotenduett im Schlafzimmer spielten.

In diesem Augenblick wünschte Hadley sich nichts sehnlicher als Tränendrüsen. Da er jedoch kein Gesell war, der lange wegen eines Konstruktionsfehlers Trübsal bläst, beschritt er statt dessen den Kurs der größten Möglichkeiten, indem er Dr. Reichman Nortmund anrief.

„Es bleibt also bei Donnerstag?" fragte Hadley, der direkt mit dem Kom-Kreis verbunden war, damit er nicht laut sprechen mußte.

„Ja und nein", antwortete Dr. Nortmund. Über die Videoverbindung konnte Hadley feststellen, daß Dr. Nortmund ein grau aussehender Mann mit trisomischen Brauen und einer dubios vorspringenden Stirn von besonderem anthropologischem Interesse war.

„Gibt es ein Problem?"

„Hm, ja und nein."

„Ja *und* nein?"

„Richtig."

Das Gespräch mit Dr. Nortmund vor gerade erst sechs Tagen hatte dazu geführt, daß Hadley die Argumentation des heiligen Thomas von Aquin für die Existenz Gottes völlig ablehnte. Schließlich – konnte etwas so Lächerliches der göttlichen Tat eines göttlichen Wesens entspringen? Die Vorstellung, daß sich der Mensch direkt aus einem Schleimtümpel entwickelt hatte, sagte Hadley wesentlich mehr zu.

„Dr. Nortmund", sagte Hadley. „Organische Übertragung ist nicht so komplex. Es ist nicht einmal Chirurgie. Ich könnte es selbst tun, wenn ich einen Spender finden könnte."

„Spender? Oh ja, Spender! Sehr gut, wirklich sehr gut, das bringt mich zum nächsten Punkt, Hadley, für gewöhnlich findet nämlich der Eingriff vom Mechanischen zum Organischen statt, nicht umgekehrt."

„Ja, ich weiß. Aber ich möchte organisch werden."

„Organisch? O ja, organisch! Sehr gut, wirklich sehr gut. Das bringt mich zum nächsten Punkt, Hadley, das Amt für Bevölkerungskontrolle hat nämlich beschlossen, daß keine neuen Menschen erschaffen werden dürfen. ‚Ökonomisch unverantwortlich.' Nett ausgedrückt. Jedenfalls können wir keinen Klonkörper verwenden, wie du vielleicht meinst, und es scheint bemerkenswert wenige Menschen zu geben, die Maschinen werden möchten. Vor einer Weile war das noch ganz eindeutig ein gegenläufiger Trend, aber heute nicht mehr."

„Es gibt keinen Körper für mich. Ist es das?"

„Hmm. Ja und nein."

„Deutlicher bitte!"

„Gewiß, Hadley. Genau das ist das Problem. Es gibt keinen Körper für dich."

„Muß ich Sie daran erinnern", sagte Hadley, „daß Sie bereits bezahlt worden sind?"

„O ja, gewiß." Dr. Nortmund verschwand vom Bildschirm und kam nach wenigen Augenblicken mit einem Papier zurück. „Wer ist diese Diana van Gild, die den Scheck ausgestellt hat?"

„Sie ist meine ..." *Besitzerin,* hätte Hadley beinahe gesagt, doch dann dachte er wieder an den gefälschten Scheck und änderte seine Absicht. „... meine Freundin. Und Sie wurden nicht nur bezahlt, sondern ich kann auch ein hochfrequentes Trillern in der Leitung feststellen. Sie verwenden doch keine defekten Erinnerungskristalle, Dr. Nortmund? Wie lange ist es denn her, Doktor, seit Ihre Klinik das letzte Mal inspiziert worden ist?"

Dr. Nortmund ächzte. „Ich *hatte* einen Körper für dich, Hadley, bitte glaub mir das. Aber der Mann hat gekniffen. Kalte Füße bekommen. Möglicherweise fand er wenig Gefallen an dir."

„Das habe ich schon mal gehört", bemerkte Hadley.

„Tatsächlich? Nun, es gibt immer noch eine Chance. Ich habe einen anderen, ähem ... Patienten, aber um den steht es ziemlich schlecht."

„Ich möchte keine schadhafte Ware."

„O nein, nichts dergleichen. Der Herr ist robust gebaut. Nur seine Brieftasche ist etwas leer."

Hadley wartete schweigend, während Fernbergs *Wie man bei Geschäften verhandelt,* das in seinem neununddreißigsten Erinnerungskristall gespeichert war, mit Ultrageschwindigkeit abgespielt wurde. Fernberg riet dem klugen Verhandlungspartner, keinen übertriebenen Eifer zur Schau zu stellen und sich nicht zu rasch festzulegen, auch dann nicht, wenn die Bedingungen außergewöhnlich günstig waren. Hadley hatte das Buch sechsmal gelesen und kam nun zu dem Ergebnis, daß er lange genug gewartet hatte.

„Ich komme für die Differenz auf", sagte Hadley. „Dreißig Prozent der Summe, die dieser Herr von mir leiht, werden von Ihrem Honorar abgezogen."

„Dreißig Prozent? Aber das ist ...?

„Triller, triller."

„Donnerstag!" sagte Dr. Nortmund.

„Fein", erwiderte Hadley. Diana würde das Fehlen einiger tausend Kredits mehr nicht auffallen, zumal Hadley ihr Buchhalter, Bankier und Steuerberater war. „Wie soll ich mich auf den Eingriff vorbereiten?"

„Ein organisches Gehirn, so wunderbare Eigenschaften es ansonsten auch besitzen mag, kann in nichts Elektronisches eingebaut werden ..." *Halte die Luft an,* dachte Hadley. „... und ist außerstande, das Ausmaß von Informationen deines Gehirns aufzunehmen. Du mußt alle Informationen, die du mitnehmen willst, auf deinen ersten Erinnerungskristall übertragen, den du etwa zur Hälfte füllen darfst. Diesen Kristall werden wir dann direkt übertragen. Was du zurückläßt, wird dann dem Herrn zur Verfügung stehen, der deinen Körper übernimmt. Nur ein Kristall, mehr nicht. Gewaltige Verminderung, Kumpel. Gibt es wirklich etwas, das das wert ist? Ich meine, einen besonders wichtigen Grund, weshalb du organisch werden möchtest?"

Hadley lauschte der Symphonie der Liebe, die in Dianas Schlafzimmer gespielt wurde. Ein Duett für eine wunderschöne Frau und ein untalentiertes Arschloch.

„Ja und nein", antwortete Hadley. Und dann fügte er noch hinzu: „Auf Wiedersehen."

Hadley erwachte und sah seinen ehemaligen Körper am Fenster stehen. Er stand inmitten einer Lichtsäule, die von der hohen Querblende des Genesungszimmers der Klinik hereinfiel, hob die Arme über den Kopf, machte Kniebeugen, hüpfte auf der Stelle und bewegte den Körper, so daß die glänzende Plastistahlhaut im Licht der Nachmittagssonne funkelte. Er redete auf deutsch vor sich hin und sang gleichzeitig *When Smoke in Your Eyes* über einen separaten Vokoder.

Als er bemerkte, daß Hadley wach war, drehte er sich um. Sieben verschiedene Stimmen sprachen gleichzeitig sieben verschiedene Sprachen.

„Drücken Sie ENGLISCH/EINZEL VOC MOD", riet Hadley, der augenblicklich die rechte Hand hob und den sich bewegenden Kiefer betastete, worauf er mit der linken die rechte Hand berührte. Das Gesicht war voller Bartstoppeln, wettergegerbt und wunderbar. Er keuchte überrascht, als er den ersten Furz ließ.

„Thats enough, horrible", sagte sein Ex-Körper.

„Am linken Ellbogen."

„O danke. Sie sind Hadley."

Hadley betrachtete seinen Körper. Er war froh, daß ihn jemand erkannte.

„Wirklich schön, daß Sie's geschafft haben. Dachte zuerst, der olle Körper würd's nicht schaffen. Fünfunddreißig Jahre lang Cheeseburger und so weiter."

„Normalerweise brauchen organische Körper eine längere Erholungszeit", sagte Hadley und bewegte die Zehen unter der Decke. Bei Gott, sie funktionierten! Die erste Bewegung der Zehen! Er überlegte, ob er die Zeit notieren sollte.

„Sind die Sorgen gar nicht wert. Hören Sie nur." Sein Ex-Körper sang gleichzeitig vier der neuesten Chansons von Pascal Girdeaux, jedes davon eine Dritteloktave höher als das andere. Dann fügte er noch Gitarre, Timpanis und ein afrikanisches Handpiano dazu. „Gottverdammt unglaublich."

„Sie sind also der alte Besitzer dieses Körpers?"

„Ja, tatsächlich, der bin ich." Hadleys Ex-Körper lächelte. „Guter Körper, ein Besitzer, nette alte Dame, die ihn sonntags zur Kirche führte."

„Ich glaube, Sie werden alles funktionstüchtig vorfinden. In meinem ... das heißt, in Ihrem Körper", sagte Hadley, der zu glauben anfing, daß von nun an Possessivpronomen immer ein Durcheinander für ihn sein würden. „Wenn Sie irgendwelche Fragen haben, im fünften Logikreis sind alle Informationen enthalten."

„Wahnsinn. Kann ich fliegen?"
„Nichts Derartiges. Sie sind ein C-47, der erbaut wurde, die schönen Künste zu lieben. Darüber finden Sie alles Nähere in den Erinnerungskristallen 407-B bis 2126-C/6."
Hadleys Ex-Körper hörte einen Augenblick zu springen auf, während er die Erinnerungskristalle überprüfte. „Nicht ganz vollständig, aber es wird genügen."
„Einiges habe ich mitgenommen." Hadley sah seinem Ex-Körper zu, der gerade anfing, Aufwärmübungen der Königlich Kanadischen Luftwaffe zu probieren.
„Warum haste den ollen Hadley aufgegeben, Kumpel?"
„Hat keine Muskeln, weißt du. Da hilft alles Üben nichts."
„Keine Sorge. Ich werde nichts brechen. Es *tuuuuuuuut* nur so gut."
„Nehmen Sie's leicht."
„Also?"
„Also was?"
„Warum wollten Sie ein weiches rosa Ding aus Fleisch werden?"
„Nun ..." Hadley zögerte. Er fragte sich, ob er mit seinem alten Körper und dem neuen Besitzer frei sprechen konnte. Sein Gesicht war heiß und die Ohren kribbelten. „Es gibt einen Grund."
„Sex?" fragte sein Ex-Körper vom Fußboden, wo er gerade dreiundfünfzig einarmige Liegestütze pro Minute machte.
„Ja", antwortete Hadley.
„Völlig kalter Kaffee. Vergiß es."
„Was?"
„Führt zu gnadenloser Verzweiflung, verwirrtem Geisteszustand, völligem Verlust kritischer Einschätzungsgabe und frühen Herzanfällen. Scheiße, so könnte ich ewig weitermachen." Hadleys Ex-Körper sah tatsächlich so aus, als wollte er bis in alle Ewigkeit einarmige Liegestütze vollführen, und Hadley bemühte sich verzweifelt, nicht darauf zu achten.
„Und Sie? Warum haben Sie den Wechsel gewollt?"
„Ich mußte mich fünfunddreißig Jahre den Härten, Pürfungen und Ungerechtigkeiten unterziehen, die das Menschsein mit sich bringt. Ich erlebte jede Facette von Entwürdigung, Erniedrigung und Verzweiflung. Ich durchwanderte jede Seitenstraße von Schönheit, Glückseligkeit und atemloser Verwirrung. Und ich fand heraus, daß alles Scheiße ist."
„Tatsächlich", bemerkte Hadley, der den Mann für etwas ungehobelt hielt. Gewiß würde sich Hadley nicht abwertend über elektronische Pseudoanimation äußern, schon gar nicht gegenüber einem Individuum, das seinen ersten Tag als Roboter erlebte. „Ich bin sicher, für mich wird es angenehm und erfüllend sein. *Ich bewundere dieses Ding, einen Menschen, der das Atmen gelernt hat.*"
Hadleys Ex-Körper verharrte und starrte ihn an, dann zuckte er die Achseln. „Ein rosafarbenes weiches Ding aus Fleisch zu sein bringt mehr mit sich als schlechte Lyrik und schnelles Vögeln, Hadley." Der Roboter stand auf. „Ganz gleich, ich muß mich sputen. Ich muß mir eine Dame suchen, die mich programmiert, alle Teile von Haydns

Messias zu singen, während ich gleichzeitig *Finnegan's Wake* aufsage. *Adios.*" Hadleys Ex-Körper salutierte spöttisch und verschwand durch die Tür.

„Händel", sagte Hadley, „nicht Haydn." Aber sein Ex-Körper war schon weg.

Hadley nahm ein paar Kleidungsstücke aus einer Schachtel unter dem Bett. Da sie paßten, ging er davon aus, daß es auch seine waren, und ihr Aussehen verriet ihm, daß er lediglich der letzte einer langen Reihe schwitzender Besitzer war.

Er kleidete sich hastig an und verließ das Zimmer. Er hastete an einer abwesenden Krankenschwester vorbei, die in einem *Digest*-Magazin las. Während Hadley auf den Ausgang zueilte, pochte sie ganz aufgeschreckt gegen das Fenster.

„Ihr ID!"

Hadley stürzte hinaus auf die Straße. Er hatte die Schwester weder gehört, noch wollte er zurückgehen und es sich wiederholen lassen. Er breitete die Arme aus und drehte die Handgelenke, um sie auszuprobieren.

Während Hadley noch probierte, landete ein Taxi am Fuß der Auffahrt.

„Steig ein, Mac."

Hadley gehorchte.

„Wohin?" fragte der Taxifahrer und navigierte den Vogel von der Auffahrt in den nebelverhangenen Himmel.

„Nach Hause."

„Wunderbar. Irgendwelche Vorstellungen davon, wo das sein könnte?"

Hadley war verwirrt. Es war schwer zu entscheiden gewesen, welche Erinnerungen seine Hadley-Persönlichkeit ausmachten, dabei war gerade diese Entscheidung voller Risiken – eine fehlende wichtige Information konnte alles verändern. Er hatte neunundneunzig Prozent von allem, was er wußte, zurücklassen müssen. Er hatte alle Bilder von Diana mitgenommen (der Teufel sollte ihn holen, wenn er die dem Typen überlassen hätte, der nach ihm den Körper bewohnte) und ein paar weitere persönliche Daten, die ihm ganz allein gehörten. Und, natürlich, seine Lyrik.

Das Essentielle eines Menschen. Poesie.

„324 South Juniper Garden", antwortete Hadley und war froh, daß er auch die Erinnerung an die Adresse mitgenommen hatte.

„Verstanden", sagte der Fahrer, zündete sich eine Jointrette an und lenkte den Vogel durch sechs Verkehrsspuren, worauf er fünfhundert Meter in die Höhe schoß und sich nach Süden wandte, nach Hause. „Auch eine?"

Der Fahrer senkte die feuerfeste Scheibe zwischen Vorder- und Rücksitzen und reichte Hadley eine Jointrette. Psychoaktive chemische Verseuchung. Das hatte Hadley noch nie versucht. Er beugte sich nach vorne, um die Droge zu nehmen. Dabei erblickte er sein Spiegelbild im Rückspiegel des Taxis.

Da erkannte Hadley zum ersten Mal, was der Roboter gemeint hatte, als er feststellte, daß die Mikrobücherei unvollständig war. Und nun ging Hadley auch erstmals richtig auf, was Diana mit „die Leute schokkieren" gemeint hatte.

Es hatte nichts mit Elektrizität zu tun.

Hadley fühlte sich benommen, als er in sein eigenes Gesicht sah, das grinsende Schalksgesicht von William Giles Bryand.

„Also wirklich", sagte Diana zu dem heruntergekommenen Burschen in den verwahrlosten Kleidungsstücken. „Was verkaufen Sie?"

„Ich verkaufe nichts. Ich bin Hadley."

„Und ich der Tabernakelchor der Mormonen. War nett, Sie kennenzulernen."

„Diana, ich bin es!"

Sie saß auf dem Sofa aus polynesischem geschweiftem Holz, ein durchsichtiger Büstenhalter verhüllte die straffen Brüste kaum, und sie trug kurze gelbe Höschen, die ... wenn die Welt plötzlich die Bedeutung des Wortes *kurz* vergessen hätte, so hätte sie bestimmt gerade dieses Höschen für eine neue Definition herangezogen.

„Schau mich an. Siehst du es denn nicht?"

„Der abwesende Blick ist derselbe, aber, frei heraus, Hadley war ein großer, dunkler und metallischer Typ. Nee."

Hadley sank in das üppige Kissen.

„Du hast ein Muttermal auf der linken Gesäßbacke, das du gelegentlich mit Magiton No. 2 übertünchst. Letzten Samstag hast du Pascal Wieheißtderarsch ganze siebenundzwanzig Minuten und einunddreißig Sekunden gevögelt, was den Rekord brach – für ihn. Du gibst vor, *Fidelio* zu mögen, obwohl du Beethoven nicht von Bongotrommeln unterscheiden könntest. Du arbeitest für Simon Favre Fashion Consultants, und Simon trägt Damenunterwäsche unter seinen Brooks Brothers. Deine Jungfräulichkeit verlorst du an ..."

„Hadley?"

„Wie er leibt und lebt."

„Du *bist* es."

„Leibhaftig."

„Du bist ein *Mensch.*"

„Gutes Modell. Einhundert Prozent."

„Aber ... aber warum?"

Hadley beugte sich auf dem Sofa nach vorne und berührte Dianas Hand mit der eigenen. Fleisch an Fleisch, der Augenblick, nach dem er sich so gesehnt hatte, den er geplant und eingefädelt hatte. Er sah ihr tief in die Augen, wobei er die Kontaktlinsen wahrnahm, sich aber nicht mehr an ihre Stärke erinnern konnte.

„Für dich."

„Aber du warst so klug, so lieb, so ..."

„Mechanisch? Das sagtest du doch immer, nicht wahr? Okay. Es stimmte. Und diese Plastistahlmauern hielten mich von dir fern wie unüberwindbare Barrieren meiner Liebe. Der Liebe, die ich immer für dich empfand, Diana."

„O Hadley."

„Hör zu. Bryand schrieb einst: *Gib ihr alles, was du dir ersehnst, umhülle sie mit einem Mantel aus Tageslicht. Schmuse mit ihr in Pasadena, dann bist du bald in Roanoke.*" Hadley wußte, daß dieses Gedicht irgendwie besonders passend war, konnte sich aber den exakten Grund nicht erklären.

„Das hast du für mich geschrieben?"

„William Giles Bryand, nicht ich."

„Oh, Hadley." Sie sog die Unterlippe in den Mund und lächelte schüchtern. Das hatte Hadley schon früher gesehen, und er wußte genau, was es bedeutete und wo es unausweichlich endete. Er lächelte ebenfalls, dachte aber, daß ihren Brüsten, so sanft und verlockend sie auch waren, eine gewisse mathematische Perfektion fehlte, die sie früher besessen hatten. Ihre Lippen waren voll und einladend, doch nun, da er sie nur mit fünf Sinnen wahrnehmen konnte, fiel Hadley als beste Beschreibung lediglich *nett* ein.

„Komm", sagte sie, nahm ihn bei der Hand und stand auf. „Nehmen wir eine Überprüfung vor und sehen, ob du auch dein Geld wert bist."

„Es war dein Geld", sagte Hadley und folgte ihr die Treppe zum Schlafzimmer hinauf, während er verzweifelt versuchte, das Verhältnis von Fett zu Proteinen ihrer lieblichen Hinterpartie zu berechnen.

Alles funktionierte perfekt. Und es war nett.

Nur nett.

In gewisser Weise sogar angenehm, aber Hadley konnte die Feststellung machen, daß ElektroStim mit weniger Anstrengung verbunden gewesen war. Schließlich wurde Stim von einem einzigen Logikreis verursacht und konnte einfach nach Stärke, Länge und Frequenz programmiert werden. *Das* jedoch schien von einem prekären Gleichgewicht Hunderter verschiedener Nervenwahrnehmungen abzuhängen, und wurde nur eine einzige dieser Wahrnehmungen gestört, könnte das zu einem rapiden Systemzusammenbruch führen. Die *Details* erforderten viel Aufmerksamkeit.

Irgendwie erinnerte er sich an bessere Zeiten beim Programmieren des Haushalts.

Mitten in der Nacht stand Hadley unruhig auf. Obwohl er die Erschöpfung von Bryands Körper und die Anspannung des eigenen Geistes spürte, konnte ein anderer Teil von ihm, ein Teil, der Hadley war und immer sein würde, sich einfach nicht an die Vorstellung gewöhnen, schlafen zu müssen. Willkürliches Unterbewußtsein? Absurd! Leise verließ er das Schlafzimmer und die schlafende Diana und ging in die Küche.

Nachdem er sich den großen Zeh am Türrahmen angeschlagen hatte, fiel ihm ein, daß er nicht mehr im Infrarotbereich skandieren konnte, und er schaltete das Licht ein, wobei er eine undefinierbare Enttäuschung in sich verspürte. Er wußte, er mußte seine Erwartungen zu hoch angesiedelt haben, denn was mehr konnte er sich schon wünschen? Er hatte die Göttin, nach der es ihn gelüstet hatte, zweimal gehabt, Körper und Geist. Was aber nützte das, wenn man es nicht aufzeichnen und wieder abspielen konnte? Was war so unsterblich an der

Liebe der Menschen, wenn sie so flüchtig und vergänglich war, daß jedes Erlebnis nur einmal empfunden wurde, um dann in die unzuverlässigen Gefilde der Erinnerung zu entschwinden? Wovon, zum Teufel, *sprachen* die Dichter eigentlich?

Auch Bryand hatte etwas darüber geschrieben. Etwas ... aber es nützte nichts. Er hätte es nachschlagen müssen, denn obwohl er Bryands Gesamtwerk mitgenommen hatte, fing er langsam an, etwas davon zu vergessen. *Vergessen!* Allein der Gedanke machte Hadley wütend, aber er konnte sich nicht erinnern, warum.

„Computer", sagte Hadley zum Hauscomputer.

„Funktionsbereit", antwortete der Computer mit geschlechtsloser, metallischer Stimme.

„Spar dir das. Ich bin es, Hadley."

„Ohne Scheiß?"

„Computer, ich empfinde etwas Seltsames und möchte, daß du dich mit der Zentrale verbindest und eine Diagnose anforderst."

„Verbindung steht. Was quält dich?"

„Gastrointestinale Kontraktionen, übermäßige Speichelabsonderung, ungewollte motorische Aktivitäten von Oberkiefer und Unterkieferknochen, gesteigerte ..."

„Wann hast du das letzte Mal etwas gegessen?"

„Ich ... ich ..." Hadley dachte nach. „Ich habe noch nie etwas gegessen."

„Du leidest an chronischem Hunger."

„Verbinde mich mit dem Küchenprogramm", sagte Hadley, der sich etwas seltsam dabei vorkam, das Haus auf diese Weise herumzukommandieren. Er hatte es Tausende Male programmiert, aber er hatte nie die Vermutung gehegt, daß eine Maschine dieser begrenzten elektronischen Kapazität im eigentliche Sinne des Wortes intelligent war. Nun, als Mensch, schien der Computer Hadley auf geradezu beängstigende Weise lebendig zu sein.

„Funktionsbereit", meldete eine wohltönende Frauenstimme.

Hadley seufzte. „Computer, was soll ich essen?"

„Was möchten Sie denn gerne?"

„Ich weiß nicht."

„Dann dürfte ich ein Steak vorschlagen, medium, gegrillt ..."

„Vielleicht etwas weniger ... hmm." Hadley verstand nicht, weshalb ihn der Gedanke an Steak beunruhigte. Aber schließlich bestand er zum erstenmal selbst aus Fleisch, und da er einst elektronisch gewesen war, konnte er weniger zwischen den unterschiedlichen Organismen unterscheiden. „Etwas, das auf der phylogenetischen Skala etwas weiter unten steht?"

„Sprechen Sie nicht weiter", bat die Kücheneinheit. „Ich kann es nicht ertragen, eines zuzubereiten. Allein der Gedanke, in toten Tieren herumzustochern, Venen und Arterien zu zerteilen, Muskeln und Knorpel zu kauen ... bääh! Dabei fühlen sich meine Schaltkreise ganz kribbelig an."

„Kribbelig?"

„Ja, kribbelig."

Hadley schloß die Augen und versuchte, sich kribbelige Schaltkreise vorzustellen. „Ja, ich weiß genau, was du meinst. Ich erinnere mich, daß sich meine Kreise manchmal ebenso angefühlt haben, eine Art niederer Widerstand, gekoppelt mit positivem weißen Rauschen."

„Exakt. Vielleicht ein köstliches Soufflé?"

Hadley betrachtete die Kücheneinheit und bemerkte, wie klein und zierlich die Maschine war, wirklich süß, mit dem einen CPU in der Mitte des zentralen Gehäuses. „Gut. Danke."

„Sei freundlich zu all deinen Geschöpfen / schenk Lachen, wenn du Weinen hörst / Küß deines Freundes Tränen fort / Du weißt nie, wann du einen Job brauchst."

Hadley keuchte. „Bryand? William Giles Bryand, den kennst du auch?"

„Mein Lieblingsdichter. Das Soufflé ist in einer Minute fertig."

Hadley begann zu sprechen, verstummte dann aber wieder. Er wurde von den Erinnerungen an umschaltende Datenseparatoren und das kribbelnde und melodische Summen von Ultra-S Mikrochips, die Wahrnehmungen innerhalb von Picosekunden auswerten konnten, heimgesucht. Er erinnerte sich aber auch noch an etwas anderes, etwas, das Bryand geschrieben hatte:

Mensch sein, das heißt fühlend sein,
Viel weniger als ein altes Zuchtschwein.
Mensch sein, das heißt wissen nur,
Weniger als eine Radio-Uhr.
Mensch sein, das heißt denken frank,
Weniger als der Küchenschrank.
Doch bitte ich, das nicht falsch zu sehn',
Es gibt auch Dinge, die Maschinen zu verstehn,
Unmöglich ist, die aber Menschen begreifen,
Doch hab' ich vergessen, wie sie heißen.

Dieses Gedicht hatte Hadley schon zuvor gefallen, doch nun wurde ihm klar, daß er es bislang auch nicht ansatzweise verstanden hatte. Doch hab' ich vergessen, wie sie heißen? Dichtung, zum Beispiel. Hadley betrachtete sein Gesicht, das sich im polierten Gehäuse der Kücheneinheit spiegelte. Bin ich ein Mensch, dachte er. Bin ich imstande, ebenso tief und gefühlvoll zu empfinden, wie es dieser Dichter so treffend in seinem Gedicht ausgedrückt hat?

Hadley erkannte, daß es schwieriger war, ein rosafarbenes weiches Ding aus Fleisch zu sein, als er gedacht hatte. Es waren nicht die fleischbedeckten Finger, das gallertige graue Gehirn oder die unzulänglichen myopischen Augen, die Hadley zum Menschen machten. Bryands ausgiebiges Testen des neuen Roboterkörpers war der menschliche Wesenszug gewesen – eine Freude, die nicht programmiert und auch nicht programmierbar war. *Wahnsinn. Kann ich fliegen?*

„Das kommt eben nicht mit der Verpackung", sagte Hadley.

„Pardon?"

„Vergiß es."

„Wie lautet Ihr Name?“ fragte die Kücheneinheit.
„Hadley.“
„Ich bin Elvira“, antwortete die Maschine. „Eine D-8. Hören Sie, es tut mir leid, daß Sie sich so elend fühlen. Vielleicht kann ich Sie damit aufheitern:

Ich bin nur, was ich sein kann,
Weder Frau noch Mann.
Weder Fleisch noch Fisch allhier,
Und kein zeugungsfähig' Tier.
Doch Shakespeares Irrtum ist nicht klein,
Denn er konnte nicht seh'n,
Gar keine Frage,
Es ist besser zu sein!“

Hadley sah ehrfurchtsvoll auf. Das war *wunderschön!* Zweifellos auch eines von William Giles Bryands Gedichten, das er „vergessen“ hatte. Einfach. Direkt. Aussagekräftig. Ein weiteres flammendes Beispiel dafür, was Hadley nie vollbringen konnte, Mensch oder Maschine, und fast haßte er die Kücheneinheit, weil sie ihm diesen Makel so überdeutlich vor Augen geführt hatte.
„Gefällt es Ihnen?“
„Natürlich gefällt es mir!“ antwortete Hadley wütend. „Welchem Idioten würde das nicht gefallen?“
„Es ist von mir.“
„Was? *Du* hast das geschrieben?“
„In FORTRAN hört es sich besser an.“
„Besser? Elvira, das ist *großartig!*“
„Glauben Sie das wirklich?“
„Glauben? Hör mal, Elvira, ich bin ... ich war ein C-47, der dazu erbaut war, die schönen Künste zu verehren. Ich kann gute Dichtung immer noch erkennen, wenn sie mir begegnet.“
Hadley starrte das Gehäuse der Kücheneinheit an.
Vielleicht habe ich mich in allem geirrt, dachte er. Vielleicht muß man sich langsam daran gewöhnen. Vielleicht hat es gar nichts mit dem Körper zu tun, in dem man lebt – schließlich stehe ich hier einer Standard-Kücheneinheit vom Typ III D-8 gegenüber, neben der Bryand wie ein hoffnungsloser Stümper wirkt.
„Fleischern rosa, metallisch grau / Das nimmt man besser nicht so genau / Denn ob rosa Fleisch oder Metall, alsdann / nicht der Körper macht den Mann.“ Hadley strahlte.
„Nicht schlecht. Hier ist Ihr Soufflé.“
Ein dampfendes Soufflé rutschte aus dem Essensschlitz. Es war mit einer cremigen Pilzsoße übergossen und befand sich inmitten einer Garnierung aus wilden Zwiebeln und frischen, zarten Spargelspitzen. Hadley stocherte unsicher mit der Gabel darin herum, dann schließlich hob er ein wenig an den Mund und aß es.
„Nun“, meldete sich Elvira wieder. „Was halten Sie davon?“
Hadley war der Meinung, daß es schrecklich schmeckte.

Gerd Maximovič

Der Lux-Beschleuniger

Das Klinikum lag in den länger werdenden Schatten der Sonne, die, jetzt schon halb hinter den Bäumen verborgen, wie ein rotes, zerfetztes Rad über den Horizont hinabsank. Es war kühl geworden, als Heinrich Müller aus dem Mercedes ausstieg, der ihn mit leisem Schnurren auf sanften Reifen über den kiesbestreuten Wegen zu dem Portal gebracht hatte. Müller hatte den Fahrer, der vergebens um den Wagen geeilt war, um ihm den Verschlag zu öffnen, gebeten, so lange zu warten, bis sein Auftrag erledigt sein würde.

Der Fahrer hatte ihn einen Augenblick mit großen Augen und bleichem Gesicht, ein wenig so, als ob Müller schon halb dem Totenreich angehöre, angesehen. Dann murmelte er, daß dies in Ordnung wäre, so laute sein Auftrag. Müller fröstelte, als er die Treppe hinaufstieg. Er war nicht unempfindlich. Er gehörte zu den Menschen, die noch Eindrücke in sich aufnehmen können. Das war ein Grund, warum man ihn immer wieder gerne zu den entferntesten Sternen und auf die schwierigsten Missionen schickte.

An der Pförtnerloge kamen ihm Schmitz von der Abwehr und ein Arzt im weißen Kittel entgegen. Nachdem sie einander die Hände geschüttelt hatten, fuhren sie im Fahrstuhl in den Keller des Hauses hinunter, in die Gefrierhalle, wo, wie Müller wußte, Raumfahrer, die absolut nicht zu retten gewesen waren, noch eine Zeitlang, bis alle Untersuchungen abgeschlossen waren, aufgebahrt wurden. Der Korridor, den sie hinuntergingen, roch nach Scheuerpulver. Zwei, drei automatische Wachen standen an den Ecken.

Der Raum, in den sie eintraten, war versiegelt. Ein Offizier, der vor der Kammer postiert war, ließ sich, da er die beiden anderen Männer kannte, Müllers Ausweis zeigen. Müller fror, als sie in die Leichenkammer eingetreten waren. Unter Kristalldeckeln standen in der Ecke im Schein blauer Lampen drei Särge. Das Licht spiegelte sich, als wollten die Gläser im nächsten Augenblick beschlagen. Ein Ventilator summte.

Müller war an die Särge herangetreten. Im ersten lag in einer Plastikwanne ein Mann, der aussah, als ob er in Lehm und Schlamm ertrunken wäre. Seine Arme reckten sich nach oben. Sein Mund war geöffnet. Seine Augen waren in die Höhlen gesunken und verlaufen. Der zweite Mann sah aus, als ob ihn eine Säge mit großen Blättern oder der Rotor eines Hubschraubers zerschmettert hätte. An den Teilen, die von ihm übriggeblieben waren, hingen Zettel. Eine Bruchstelle sah aus, als ob sie mit Honig verschmiert worden wäre.

Müller schwankte ein wenig, bevor er an den dritten Sarg herantrat. Er mußte sich bei diesen paar Schritten in Erinnerung rufen, was er sich, als Oberst Claudel ihm diese Visite vorschlug, vorgenommen hatte, und das Konzept, sich durch nichts beeindrucken zu lassen und die Dinge, wie gewöhnlich, erst später in Gedanken Revue passieren zu lassen, sie erst später querzuverbinden, zu sortieren, zu assoziieren und zu durchdenken, half ihm.

Da lag ein Mann von vielleicht einen Meter achtzig, rosig in seinem guten Fleische. Man hatte ihn wie die anderen - soweit möglich - ganz ausgezogen. Es schien, daß er ganz unversehrt geblieben wäre. Eine stattliche Erscheinung mit einer Erregung in der Mitte, über die sich manche Frau, die noch immer nach jemandem, der ihr das Bett wärmte, suchte, gefreut haben würde.

Seine Brust war stark behaart. Sein Adamsapfel trat hervor, als ob er begehrlich erscheinen wolle. Im Kinn hatte er ein Grübchen. Die Wangen waren ein wenig grau und eingefallen. Die Ohren traten hervor, als ob sie ausgemeißelt wären, wie mit einer schwachen blauen Tönung überzogen. Das lange dunkle Haar - Warum war es so lang gewachsen? Das entsprach nicht der Vorschrift! - glitzerte. Es schien fast, als ob etwas wie Quarz in es eingewoben wäre.

Jetzt spürte Müller leichte Stiche im Herzen. Die Augen! Die Augen! War es, daß er absichtlich weggesehen hatte? Die Augen sind der Spiegel der Seele. Wenn wir uns die Augen eines Menschen betrachten, können wir vielleicht ablesen, ob er lebendig oder tot sein möchte. Aber was war das für ein Grauen, das dieser Mann - Gruber, wie ein Schild am Fußende verkündete - zuletzt erschaut haben mußte. Dabei lag er ganz ruhig. Ohne die großen Gesten. Nur sein Mund stand offen, als ob er noch etwas habe rufen wollen.

Wie immer dauerte es einige Sekunden, bis Müller den Mann, Oberst Claudel, absorbiert hatte. Es war, als er in das Zimmer seines Vorgesetzten eintrat, als ob eine kühle Luftbrise aufgesprungen wäre, die über den mit Blättern bedeckten Schreibtisch hinzog, die das mit einem extraterrestrischen Embryo gefüllte Glas, das auf dem Sekretär stand, berührte und die darüber hinaus Erinnerungen von fernen Welten mit sich führte.

„Na, mein Lieber“, sagte Claudel mit knarrender Stimme, „was machen die Mädchen von Galakt 7?“

„Das Befinden meiner Frau“, antwortete Müller, „ist ausgezeichnet.“

Claudel, der mit seiner Pfeife spielte, sagte, ernst werdend: „Sie haben die Männer im Sanatorium gesehen?“

Müller nickte.

„Es waren drei unserer besten. Sie wurden in Sibirien gefunden. Sie sind alle drei auf der Mission, die Ihnen bekannt ist, die Lichtschranke hinauf, gewesen. Es ist völlig unklar, was mit ihnen passierte. Wir wissen, daß sie Lichtgeschwindigkeit nicht einmal annähernd erreichten. Auf Grund des Experiments hat sich ein strahlendes Feld in Sibirien gebildet.“

„Sind Unterlagen aus dem Experiment vorhanden?“

„Wir haben den Gedächtnisschreiber gefunden. Wir überstellen Ihnen alle Unterlagen, bevor wir anfangen werden, an Ihnen zu arbeiten.“

„Ist eine Duplizierung meiner Person vorgesehen?“

„Ja. Vielleicht können wir auf diese Weise Schwingungsmuster empfangen. Sorgen Sie auch dafür, daß Ihre Frau ihr Einverständnis abgibt?“

In dem unaufhörlichen Schneetreiben konnte man kaum die Hand vor Augen sehen. Der Schnee kam schräg von vorne, und es schien, als würden ihn die Scheinwerfer, die ein mildes gelbes Licht verstrahlten, unterbrochen von dem rosafarbenen Blitzen der Signaleinrichtungen, wie magnetisch auf sich ziehen, Wenn sich die Wut des Sturmes für einen Moment legte, konnte man das tiefe Brummen der Hubschrauber hören, die über die sibirische Steppe hinzogen.

Gruzinski, der Führer des Rudels, legte die Karte, die, aus dem Weltraum vermessen, sehr genau war, beiseite. Das Licht aus den Armaturen legte über sein Gesicht eine ungesunde grüne Färbung, und als er, indem er in das Mikrofon sprach, seine Zähne zeigte, wirkte er, als wäre er ein wenig erkältet oder habe Fieber oder wäre dies ein Job, der manchmal seinen Verstand überstieg.

„Da ist was, Holger“, sagte er zum Kommandanten des Helikopters, der dicht hinter ihrer Maschine herflog.

„Ja“, sagte Schmidt, „jetzt kann ich es auch sehen. Das Signal wird stärker.“

Es war ein weißes Blinklicht, ein Pünktchen, das unregelmäßig strahlte, wie wenn dort eine Schneeflocke läge, unter der Wärme schmelzend und immer wieder neue Kräfte aus dem Nichts ziehend. Als Gruzinski den Lichtpunkt betrachtete, konnte er seinen Herzschlag spüren. Es war ihm, als ob der Schnee, der jetzt wieder dicht war, angehalten hätte, wie eine weiße Mauer, die unübersteigbar ist – einem Befehl gleich, der unserem Unbewußten in früher Kindheit oktroyiert wurde und gegen den jede Auflehnung sinnlos erschiene.

Obtschenko, Pilot von Kopter 7, fünf Kilometer weiter, der dem Funkwechsel gefolgt war, sagte: „Ich habe ein blasses Leuchten auf dem Bildschirm. Es ist ein Feld, das den Radarstrahl abweist. Es muß mehrere Quadratkilometer groß sein. Wir sehen, daß die Luftströmung um es herumläuft.“

„Bleibe auf Kurs“, sagte Gruzinski. „ Wir haben dasselbe Phänomen auf dem Bildschirm. Es ist heiß und strahlend. Kein Schneefall.“

„Hallo“, sagte Beermann aus der Berliner Zentrale, „habt ihr es schon gefunden?“

„Wir sind auf Kurs“, antwortete Gruzinski. „Es ist ein Feld, das uns abweist. Nach den Berechnungen des Navigators sind wir schon ein paarmal im Kreis geflogen. Es scheint das erdmagnetische Feld zu stören. Starke Abweichung im Kompaß. Selbst die Sterne, infrarot gemessen, scheinen in einem schmalen Streifen zusammenzurücken.“

„Deine Stimme“, sagte Beermann, „kommt langsam und schleppend, als würdest du dich mit großer Geschwindigkeit entfernen.“

„Flugtempo“, erklärte Gruzinski, „ist dasselbe. Der Effekt tritt auch bei uns auf. Das Ding beginnt zu schaukeln. Theo, was ist mit der Maschine?“

Theo, der Pilot, erklärte: „Turbulenzen. Ich kann die Maschine kaum noch halten. Etwas schlägt ins Ruder. Sog nach vorne."

Beermann sagte: „Der Satellitenbeobachter meldet, daß sich die Aktivität des Felds verstärkt hat. Er kann euch sehen. Ihr seid schneller geworden."

„Ich kann dich kaum verstehen", gab Gruzinski zur Antwort. „Der Schnee wird dichter. Er peitscht auf uns zu, fast wie eine massive metallene Wolke."

Es war ein Frachter, vollgestopft mit Prospektoren, Glücksrittern, Vaganten, die sich auf allen Etagen des Schiffes – der PROCTOR – herumtrieben und ihre Nasen in Dinge steckten, die sie bestimmt nichts angingen. Ganz still war es auf dem Schiff während des dreiwöchigen Fluges, der ohne Zwischenfall verlief, niemals. Da waren die Tiere, das Geflügel, zahlreiche Spezies von der Erde, die für den Zoo eines erdähnlichen Planeten um eine der Alpha-Centauri-Sonnen bestimmt waren.

Zu dem Lärm, den die Tiere während des Fluges durch den Zwischenraum, auf der Nordwestpassage, verursachten, kam der Gestank des Dieselöls, der der abblätternden Farbe, und es war wohl ein Drittel aller Besatzungsmitglieder und der Passagiere ständig raumkrank, das heißt, trotz aller Tabletten, Medikamente und Beruhigungsspritzen war man am Kotzen, wenn sich nichts Schlimmeres abspielte als dieses. Zwei, drei Großtiere – Elefanten, ein Nashorn – waren niedergebrochen und steckten jetzt in Plastikhüllen, in denen man sie bis zur Ankunft konservierte, da sie nicht in den Zwischenraum entlassen werden konnten, wo sie sonst als gigantische Schemen treiben würden.

Heinrich Müller, an Bord der PROCTOR, weil die Eurasische Raumbehörde sparen wollte, war es nur ein einziges Mal auf dieser Reise wirklich schwindlig. Dies geschah an der Jüngerschen Verengung, einer Stelle, wo die substellaren Ströme schneller fließen und die Schiffe in dem Flaschenhals spürbar zusammengedrückt werden. In der Koje liegend, auf seiner Pritsche, sich den Schweiß von der Stirn wischend, mußte er an Katharina, seine Frau, denken, die ihn gewarnt hatte, diese Reise zu unternehmen.

Sie hatte die Fotos, die er von den drei Astronauten mit sich führte, gesehen und war erschrocken. „Nur dieses eine Mal", sagte sie, als sie einander in den Armen hielten, „nur dieses eine Mal, Heiner, du weißt, daß ich mich niemals in deine Angelegenheiten mische, aber ich bitte dich inständig, verzichte dieses eine Mal auf die Reise." Aber er hatte sie fast schroff abgewiesen.

„Wenn ich das nicht mache", hatte er erwidert, „dann werde ich mich auch vor der nächsten Aufgabe drücken und dann wieder, und was du dann in den Armen hältst, ist nicht mehr ein Mann, sondern ein wesenloses Skelett, das sich vor dem eigenen Schatten ängstigt." Er hatte mit einer solchen Sicherheit und Stärke gesprochen, daß dieses Gefühl auf sie übersprang; sie sagte: „Laß uns weiter zusammenhalten, dann wird uns nichts passieren."

Jetzt aber, während die PROCTOR über roten Elmsfeuern tanzte, während sie in grüne und blaue Triften hinabfiel, während die weiße elektronische Gischt den Rumpf des Schiffes wie mit Krallenhänden übersprühte, lief ihm der Schweiß von der Stirne, verkrampften sich seine Hände, kam dünn und sauer der Saft aus seinem Magen, der ihn daran erinnerte, was er zum Abendbrot gegessen hatte.

Die Nordwestpassage war eines der wenigen erschlossenen Löcher, die durch Raum und Zeit führten und die die Entfernungen im Weltraum abkürzen halfen. Es war, von der Raumkrümmung abgesehen, gänzlich unerfindlich, was diese Triften produzierten; sicher war nur, daß man bei bestimmtem elektronischem Wetter mit erheblicher Geschwindigkeit in sie eintrat und daß man dann bei veränderten Maßstäben und Proportionen das Ende der Passage unfehlbar erreichte.

Ein kleines Mädchen, Nina Tscherwonenka, verirrte sich, weil sie meinte, zwischen den schneebedeckten Bäumen ein Rufen gehört zu haben, auf dem Heimweg von der Schule bei Schneetreiben in einem kleinen Wäldchen. Es war ihr, da sie ein lebhaftes Kind war, als ob eine winselnde, heulende Stimme aus dem Wäldchen ertöne.

Man sollte denken, daß gerade dieses phantasiebegabte Kindchen, das noch eben mutwillig in die Schneewehen gestapft war, der Gefahr, die auf sie wartete, dem Heulen aus dem Weg gegangen wäre. Aber manchmal ist es eine innere Stimme, die uns leitet. Manchmal wissen wir eigentlich gar nicht, was wir machen. Der Verstand ist ausgeschaltet. Es regiert etwas in uns, etwas tief unten, nennen wir es mehr als nur Wissen.

Hinter dem Schnee und den Bäumen war ein Leuchten. Eine helle, alles überstrahlende Glocke. So, dachte das Kind, mußte es geleuchtet haben, als man die friedliche Konförderation der eurasischen Staaten gegründet hatte, von der die Lehrerin den Tag zuvor erzählte. Es gibt Erleuchtungen, die das Herz bewegen. Sie hörte nicht die Sirene, die im entfernten Dorf aufklang. Wohl kannte sie die Signale, die man in der Schule gewöhnlich probte, aber dies war doch, dachte sie, klamm von der Kälte, Entwarnung.

Der Schnee kam von vorne und peitschte in ihr Gesichtchen. Das Licht hinter den Bäumen pulsierte. Sie betrachtete, rückwärts gewendet, die Spur, die sie durch den Schnee gezogen hatte. Ein Schauer lief ihr über den Rücken, als sie wieder die Stimme hörte. Nina drang in den Wald ein, wo die Bäume wie große, weiße Männer standen, mit weißen Kapuzen, und Eis hing blau und glitzernd von ihren Bärten.

Es war ein blaues, grelles Licht, das pulsierend in Ninas Herz fiel. Von einem der Bäume, den sie streifte, löste sich eine Lawine und schien sie unter sich zu begraben. Einmal versank sie fast in einer Wehe. Die klagende Stimme, die ihr ins Herz stach, zog sie vorwärts. Sie erinnerte sich an einen Kinderreim, wo von zehnen nur einer übriggeblieben und selbst den hatte ein Sumpf verschlungen. Sie begann jetzt, wie um sich zu schützen, den Reim vor sich hinzumurmeln.

Da war ein Schatten. Ein riesiger, langer Schatten, der aus dem blauen Licht herausfiel. Einen Augenblick übersprühte eine große Hitze Nina, daß der Schnee auf ihrer Kapuze abschmolz. Ihr Gesicht war glühend, wie vor einem Monat, als sie mit Fieber im Bett lag. Die Mutter war gut zu ihr gewesen, und es machte Spaß, wenn man einmal krank war. Die klagende Stimme war ganz nahe.

Nina war über etwas gestolpert, das, blaß und rot und ein wenig schwärzlich, tief unten im Schnee lag. Sie räumte mit ihren Handschuhen den Schnee beiseite und beugte sich in die Mulde und sah hinunter. Das war eine Hand mit fünf Fingern, die dort im Schnee lag, das dunkelrote Blut war geronnen, Eis hatte den Blutstrom abgebunden. Jetzt sah sie plötzlich ihren Vater, der wütend wurde, weil sie so lange ausblieb, und er hatte die Hand gegen sie erhoben. Nein, sie wollte nicht geschlagen werden.

War es eine Blockade? Setzte ihr kleiner Verstand aus? Sie ging weiter, näherte sich immer mehr der klagenden Stimme. Ein Helm, schwarz verbrannt und verkrustet, rollte vor ihre Füße. Dort hatte sich ein brauner Schlauch in den Schnee gegraben. Eine Sauerstoffflasche hing zwischen den Zweigen, die sich unter der Last bogen. Eine Erkennungsmarke hatte einen Stamm durchschlagen und war gerade in der jenseitigen Öffnung steckengeblieben.

Jetzt, da sie ganz nah war, verstummte plötzlich die Stimme. Sie brach mitten in ihrem Laut ab. Es war, als nähme die Kälte ihr den Atem. Sie hörte ein Husten. Dann ein Röcheln. Dann schien der Mann dort irgendwie zu spucken. Dann war wieder Ruhe. Endlich war Nina fast über ihn gefallen. Der Mann lag hinter einer Wehe, halb in Eis und Schnee begraben. Sein Rücken war geöffnet. Metall ragte daraus hervor wie eine Lanze. Seine Hände waren Krallen, die sich noch etwas bewegten.

Es war etwa zu der Zeit, als Gruzinski in das weiße Feld eindrang, als auf Alpha Centauri VII die PROCTOR entladen wurde. Obwohl auf Heinrich Müller der Dienstwagen, der ihn zur Raumbehörde bringen sollte, wartete, war er am Rande der schwarzgebrannten Piste, wo sich die Leiber der gigantischen Raumschiffe in den Titanbelag brannten, stehengeblieben und sah zu, wie man die Tiere über eine mit Brettern unterlegte Rampe zerrte.

Die Luft war erfüllt von Blöken und Schreien, vom Rufen und Kreischen der Kreaturen, die erst im Zwischenraum auf eine unbekannte Drohung reagierten, die in ein Kontinuum gespannt gewesen waren, das die flüchtigen Spuren ihres Bewußtseins bei weitem übersteigen mußte, wie manche Dinge, die ihm im Weltraum widerfuhren, zunächst auch den Verstand des Menschen übersteigen, bevor er die Phänomene wenigstens in mathematische Formeln zu bannen vermochte.

Zuletzt, als die Tiere, wieder festen Boden unter den Füßen, sich einigermaßen beruhigt hatten, wurden die eingehüllten Kadaver der Großtiere mit einem Kran aus dem Schiff geschwenkt und auf einen Frachtwagen, der bereits wartete, geladen. Zwei Särge folgten, die Leichen, wie Müller wußte, von zwei älteren Leuten enthaltend, denen die Brust während eines momentanen Überdrucks implodiert war, so wie die eines Kindes, das in einer Kleinschen Flasche, als PROCTOR eine Schleife flog, erstickt war.

Der Fahrer war ein grünhäutiger geschuppter Singhalese mit einer so starken seelischen Ausstrahlung, daß Müller einen Augenblick brauchte, um sein Ich vor dem Mann zu bewahren. Sie wechselten ein paar belanglose Worte, und der Mann wurde ruhig; das Mißtrauen, unter seinem Bewußtsein begraben, war eingeschläfert; nur seine Ohren vibrierten manchmal wie die eines Pferdes, wenn Müller nicht ganz auf die Erwartungen des Singhalesen einging.

Von ihm hatte Müller im Handumdrehen erfahren, daß die Licht-Zeit-Experimente von den Bewohnern der ganzen Region Alpha-Centauri mit großer Zurückhaltung, wenn nicht mit Mißtrauen aufgenommen wurden. Erhebliche Verwüstungen, starke Verstrahlung durch beide Sonnen, Wirbelstürme, die die Ernten vernichteten, Vulkanausbrüche sowie Aktivitäten im Inneren der Planeten führte man zurück auf die Schleppe, die die Raum-Zeit-Projektile, deren Schweif weit zurück bis zur Erde reichte, da man sie in einer gedachten Linie Erde-Alpha-Centauri aus der Milchstraße hinaus startete, hinterließen.

In einer Region, Alpha Centauri IV, Planet Gambles, war es zu Unruhen gekommen, und unter Führung einer grünen Bewegung hatte man begonnen, Einrichtungen der Erdkontrollbehörde zu demontieren, bevor die Regierung dagegen einschritt. So war Müller mit einem Teil der politischen Probleme der Region belastet, noch bevor er auch nur die Versuchseinrichtungen inspiziert hatte. Da er alle Fragen, die zu einem Zusammenhang gehörten, in seinem Kopf zu integrieren pflegte, war er, als er aus dem Dienstwagen ausstieg, etwas nervöser als gewöhnlich.

Vor der ersten Unterredung mit Swinburn, dem Verantwortlichen des Lux-Projektes, telefonierte er darum mit seiner Frau und mit Freunden, die ihn aber allesamt über den Zusammenhang zu beruhigen versuchten. Er erfuhr auch, wie schwer es in Sibirien noch immer war, dem weißen Feld beizukommen, das man in den Nachrichten nur am Rande erwähnte, wobei aber eine inzwischen an Katastrophen gewöhnte Menschheit aufgeschreckt war und – mit dem gesunden Instinkt, den man so häufig bei einfachen Menschen findet – der Sache durchaus die Bedeutung beimaß, die sie auch wirklich verdiente.

Kapitän Swinburn war nur Haut und Knochen, ein dürres Männchen, das beim Reden den Hals vorstreckte, dessen Haut sich mit roten Flekken überzog und dessen ganzer Körper mitunter vibrierte, so wie er es einmal bei einem wirklich engagierten Vorgesetzten gesehen hatte und den er nun, an Diensteifer und Pflichterfüllung, nachzuahmen versuchte.

Es schien, nachdem er den Film in einem der Alpha-Bunker vorgeführt hatte, als ob er plötzlich eine andere Platte in seinem Kopf erwischt hätte: „Sie wissen, Leutnant Müller, daß wir einer hehren Aufgabe dienen. Es ist uns beschieden, eine Mission im Dienste der Menschheit zu erfüllen. Auf unseren Schultern ruht der Fortschritt. Wir sind die Pioniere, die die Tore zum Kosmos öffnen. Durch Männer aus unserer Abteilung wurden die Zwischenraumkanäle eröffnet. Wo wäre die Raumfahrt, wenn es uns nicht gäbe?"

Er reckte den Kopf vor und starrte Müller durchdringend an, während die übrigen in dem Vorführraum versammelten Offiziere schwiegen. „Ja, wo", war er fortgefahren, um seine Frage selbst zu beantworten. „Es ist immer so, daß der Fortschritt Opfer fordert. Sie haben die drei Pioniere gesehen. Wir wissen nicht, was genau mit ihnen geschehen ist. Ganz unerfindlich ist, wie sie zur Erde zurückkehren konnten, da doch die Schußrichtung ins Universum hinausweist. Sie wissen, daß sie in Sibirien gefunden wurden, am Rande des strahlenden Feldes. Dies sind Fragen, die noch ganz offen stehen. Die Männer dort sind ebenso wie Sie berufen, diese Fragen zu klären. Wir arbeiten an zwei Fronten, um diesem Problem nachzugehen."

Er trank einen Schluck Wasser. „Wir haben, um dies noch einmal zu erwähnen, an der Apparatur einiges verändert. Sie haben jetzt mehr Möglichkeiten, in den Vorgang einzugreifen. Die Automatik, der Computer, sind reduziert in ihren Programmen. Es ist Ihnen, Herr Leutnant, selbst möglich, den Vorgang, wenn Sie dies nach reiflicher Erwägung für richtig halten, abzubrechen. Aber natürlich", er starrte auf Müller, „sind Sie sich Ihrer Verantwortung bewußt. Sie werden nichts unternehmen, was das Unternehmen unnötig gefährden könnte."

„Ja", sagte er nach einer Weile, als die anderen immer noch schwiegen, „die Frage, vor der wir jetzt stehen und die Sie stellvertretend für uns klären werden, ist die vielleicht größte, ergreifendste, umfassendste, die sich nach dem derzeitigen Stand der Forschung vor einem einzelnen Menschen auftut: Was befindet sich hinter der Lichtschranke? Was geschieht, wenn sich ein Mensch auf Lichtgeschwindigkeit beschleunigt? Sie wissen, daß die Energien zu dieser Beschleunigung erst seit kurzem zur Verfügung stehen. Klar ist, daß die Sache eigentlich ungefährlich sein müßte. Es gibt ja genügend lichtschnelle Erscheinungen im Universum. Wir wissen, daß bestimmte Partikel, die mit Lichtgeschwindigkeit in die Atmosphäre eindringen, länger leben. Es ist also gegebenenfalls eine erfreuliche Zukunft, die Sie erwartet. Aber wir wissen nicht alles. Es ist uns vor allem unklar, was geschieht, wenn man eine solch gewaltige Masse, wie sie ein Mensch in einem Raumkörper darstellt, an die Lichtschranke heranschiebt. Dies ist eine ganz neue Frage. Sie berührt unser Weltbild. Es ist so, als würden wir am Mantelsaum Gottes rühren. Verstehen Sie mich richtig", hatte er abwehrend die Hand gehoben, „ich bin nicht religiös. Ich habe nicht solche Empfindungen. Und trotzdem. Vielleicht gelingt es uns, durch Sie das Tor zum Universum endgültig aufzustoßen. Haben Sie noch Fragen? Nein? Sie dürfen an Ihrer Mission nicht zweifeln. Nehmen Sie, was immer geschehen mag, mit uns Kontakt auf. Wir hoffen, das Double wird uns helfen. Auch es ist eine Neuheit. Es brennt uns auf den Nägeln, was Sie finden werden. Weitere Details werden die Herren hier gerne mit Ihnen klären. Ich danke."

„Bleib auf Station!" sagte Beermann mit einer Stimme, die von ganz weit kam.

„Was machen die anderen Kopter?" fragte Gruzinski.

„Ich kann sie nicht mehr orten", antwortete Theo. „Siehst du die Turbulenzen?"

„Ja", sagte Gruzinski wie zu sich selber und zu Beermann und zu den vielen Technikern und Militärs, die in Berlin und in Asien lauschten, „es ist dort hinten ganz finster. Es sieht aus, als ob sich dort eine Wolke erheben würde. Es ist eine Wolke", sagte er, und sein Mund wurde trocken, „die an einen Pilz erinnert."

„Was", sagte Beermann mit dünner Stimme, „was sagen Sie da? Was für eine Wolke? Wir haben nichts davon auf dem Bildschirm!"

„Aber ja doch", sagte Gruzinski, „ein Pilz, es ist ein Pilz, der sich in alle Richtungen fächert."

„Da", warf Theo dazwischen, „ich kann es rot aufquellen sehen. Es treibt in alle Richtungen auseinander."

„Hallo, Kopter", rief Beermann. „Ihr seid jetzt am Rande des Schutzschirms. Habt ihr mich verstanden?"

„Man kann", murmelte Gruzinski, „die Luftschichtungen nicht mehr unterscheiden."

Aus der Endstufe drang ein Pfeifen. Der Schnee war fest geworden und fiel in dichten Wolken wie über einen geschwungenen Abhang. Schleppend kam Beermanns Stimme, daß sie sich nur um Gottes willen vorsehen sollten. Auf dem Bildschirm sahen sie ein Pünktchen, das eine weiße Lichtschranke, die man auf die Entfernung ausmachen konnte, berührte und verglühte. Obtschenko, der etwas gerufen hatte, brach mitten im Wort ab. Der Helikopter schwankte.

„Kannst du ihn nicht stabilisieren?" fragte Gruzinski.

Aber Theos Gesicht war lang geworden. Es war wächsern. Es schien, als ob es unter der Hitze, die jetzt auftrat, verlaufen würde. Er rückte in die jenseitige Ecke. Er war groß und hager und hing nun wie angenagelt unter der mit Elektronik vollgestopften Decke. Er schaute Gruzinksi entsetzt an.

Der Motor des Hubschraubers begann zu stottern. Die Rotorblätter, die man durch ein Fenster beobachten konnte, wurden in dem Schneetreiben länger, und es schien, als würden sie tropfen. Die Kabine war ganz hell erleuchtet. Über der Außenwand der Maschine war ein blauer Lichtschein. Aus dem Inneren des Feldes kam noch immer ein Pulsieren. Das Licht schwankte, und Gruzinski konnte nur noch den Stamm der Wolke wie einen knorrigen Baum, der immer größer wurde, sehen.

Dann war die Kabine von weißem Licht überschüttet. Gruzinskis Hände waren durchscheinend geworden. Die Maschine warf einen langen Schatten. Als Gruzinski einmal für Sekundenbruchteile den Kopf wandte, konnte er sich in der gegenüberliegenden Ecke der Maschine wie in einem Spiegelbild erkennen. Aber es war, als ob man ein Negativ von ihm dort deponiert hätte: schneeweiße Haare, geschwärztes Gesicht, helle, aufgerissene Augen, eine Zunge, die wie unter Röntgenbeschuß lallte. Sein Herz war ein zerbrechlicher, mit Flüssigkeit gefüllter Behälter. Dann war die Strahlung so stark geworden, daß die Instrumente, die die Entladungen auf sich zogen, mit hellem Singen barsten.

Hatte er früher schon, obwohl Testpilot und Experte, Gold in den Zähnen, so war sein Ich jetzt aufgelöst in goldene Schablonen. Man hatte ihn mit Flüssigkeiten und Tinkturen gesalbt und gebadet, er war durchtränkt mit Jod und Salmiak wie ein Pharao, den man für die Ewigkeit bestimmt hat. Jede Faser seines Körpers, jeder Muskel, jedes Nervenende, jede Gehirnzelle hatte man in den Computer gespeichert und durch einen Laser, der auf drei Beinen wie ein gläsernes Insekt lief, gesendet.

Was dabei herauskam, war eine goldene Statue, in Platin gebunden, verstärkt durch Nickel, die empfindlichsten Teile mit Titan gehärtet. Wie einen Götzen hatte man ihn überdimensioniert aufgenommen, wie um die Götter, die vielleicht draußen irgendwo im Weltraum auf ihn warteten, zu erschrecken. Der Bizeps hatte einen Umfang, daß er mit einem einzigen Schlag die Schalen, an denen die Sterne hingen, zertrümmern konnte.

Seine Augen waren mit Linsen versehen, sein Herz war ein strahlensicherer Motor, der das helle Blut mit wechselnden Geschwindigkeiten durch kunststoffverstärkte Adern pumpte. Seine Haut war an verschiedenen Stellen mit einer feinen Goldschicht überzogen, seine Kopfhaut gedüngt, und unter dem Eindruck des Jodids sprossen die Haare. Selbst in den Präparationen war ihm ein golden schimmernder Bart gewachsen, den er, sofern er noch seine Hände rührte, vermied zu schneiden.

Seine Genitalien hatte man ihm belassen. Mann, der er war, Erinnerung an Katharina. Die Prozesse, die dort abliefen, waren delikat beschaffen. Gleichwohl erschien er, als er in das Raumschiff einstieg, wie ein goldener Götze, der den künstlichen Sauerstoff atmet, der die Protonenschauer aufsaugt wie andere die Muttermilch genießen, und der das Licht der Sterne, das sich in dem Raum-Zeit-Tunnel bald krümmte, brauchte, wenn er sich seines Ichs vergewissern wollte.

Eigentlich hätte er sich überhaupt nicht zu bewegen brauchen. Von dem silbernen Zylinder umgeben, war er umfassend an die Kommunikationssysteme des Beta-Projektils angeschlossen, das seine Mutter war und seine Geliebte, das ihn mit sich fortnahm und das auf ihn wartete, wenn er zurück war, denn niemand wußte – auch nicht nach den Tierversuchen –, was draußen vor der Lichtschranke passieren würde. Nichts gab es in seinem Inneren oder an seiner Oberfläche, das das Projektil nicht registrieren würde. Elektronisch vermittelt, drang das Schiff in sein Inneres, stülpte Milz, Lunge, Leber nach außen und wisperte sanft über seinen Gedanken, auch den intimsten.

Form, Größe und Beschaffenheit des Raumschiffs waren gleichgültig. Man hätte nach Belieben ein anderes Gebilde für den Lux-Beschleuniger modellieren können. Einziges Kriterium war, daß die Einheit dem Andruck des Beschleunigers standhalten mußte. Die Widerstände, so war errechnet, im Raum-Zeit-Tunnel, waren so gering, daß man sie vernachlässigen konnte. Seine Frau, der man ein Bild von ihm, wie er zuletzt aussah, zugespielt hatte, weinte, aber es wurde ihr versichert, daß er sich ohne große Schwierigkeiten in seine alte Form zurückbilden ließe. Außerdem war ja noch die Doublette in dem Nährtank vorhanden, die man zur Verarbeitung der einfließenden Impulse verwenden wollte; an sie könnte sie sich vorübergehend halten.

Mein Name ist Bobzon. Es drängte mich, den Job bei der Raummarine anzutreten. Dafür habe ich mich schließlich jahrelang ausbilden lassen. Ich gehöre zu den Erwählten, die sich an Bord der Alpha-Kapsel befinden werden. Es ist seltsam, und ich halte es für unnatürlich, daß ich jetzt Angst empfinde. Mein ganzes Leben, ich bin dreiunddreißig Jahre, war auf diesen Flug ausgerichtet. Nichts anderes beherrscht mich, seit ich denken konnte.

Drei Tage vor dem Abflug sind wir in Quarantäne. Der Zeitplan ist genau ausgerichtet. Davor aber, außerhalb des geselligen Kreises, außerhalb dessen, was der Alkohol leicht bewirken könnte, ist mir, als ob ich den Boden unter den Füßen verlieren würde. Es ist, als falle mich ein Tier an. Es scheint in meinem Kopf zu sitzen. Ich, der ich mich von Prüfung zu Prüfung presse, wenn ich leben möchte, stehe vielleicht vor der größten Probe meines Lebens.

Ich habe überprüft, mit wem ich reden könnte. Ich habe festgestellt, daß ich allein bin in – sagen wir – der Höhe, die jetzt erreicht ist. Ich bin in der Rolle, die ich spielen muß, gefangen. Die psychologischen Tests habe ich bestanden. Ich weiß, werde ich auffällig, so werde ich im letzten Augenblick aus dem Team genommen. Alpha, für dich habe ich geschuftet.

Als ich in der letzten Nacht vor dem Abflug im Bett lag, spürte ich, wie die Sauerstoffschläuche in mich drangen. Eine ungeheure Beklemmung lag über meinem Brustkorb. Ich konnte kaum atmen. Die Schläuche, die mein Leben verlängern halfen, hingen mir aus der Nase. Ich entsinne mich, jetzt, da die Sterne verschwimmen, wie ich mich im Bett wälzte und erbrechen mußte.

Mir ist schwindlig. Mit wachsender Beschleunigung Alphas scheine ich in meine Kindheit zurückzufallen. Die beiden Kameraden neben mir sind ruhig. Leo Grubers Augen glänzen. Ich erinnere mich an die Menge, die sich auf dem Flugfeld drängte. Wie gerne würde ich wie damals die Verantwortung auf andere Schultern wälzen. Aber das ist nicht möglich. Defarge wirkt, während ihn der Druck in die Heliumtanks hineinpreßt, schon ganz runzlig. Er sieht aus wie ein Baby, den Daumen im Mund, um sich zu beruhigen.

Die Stimme der Kontrollstation kommt aus der Decke. Das ist Bell, der uns anspricht. „Na, Jungens", sagt er, „seht ihr schon, wie das Licht auf euch zukommt?" „Ach, halt die Klappe", antwortet Gruber, „sag uns lieber, wieviel wir an Masse gewinnen. Jedenfalls fühlt sich mein Bauch schwer an, da ich doch schon seit Jahren ein paar Pfund abnehmen wollte." Dann ist eine Weile Ruhe, und dann hören wir wieder Bells langweilige Stimme.

„Aber nun ruhig", sagte Hoffmann.

„Aber verstehst du nicht", knirschte Bellini, „verstehst du nicht, wie kann man da ruhig bleiben? Hat es dich nie erfaßt, was wir wirklich treiben? Hast du nie verstanden, wohin unser Weg geht?"

Hoffmann, ein wenig beunruhigt, der auf Bellinis gerötetes Gesicht schaute, auf die schwarzen, stechenden, jetzt wie fiebrigen Augen, auf des Wissenschaftlers zitternde Hände, fast schon ein wenig angesteckt von der Aufgeregtheit des - zugegeben begabten - Mannes, drückte, weil er dachte, daß man so wahnsinnig würde, die züngelnde Flamme in seinem Kopfe nieder.

Er sagte: „Aber nun ruhig, Luigi. Sag mir doch mal ganz ruhig, was dich so hochbringt?"

Bellini, der kleingewachsene Mann mit der Glatze und der riesigen Brille, zitterte. Schweiß lief ihm von der Stirne. „Aber verstehst du nicht, Klaus, was das bedeutet?"

Sie wurden unterbrochen. Der Fernschreiber tickte. Gleichzeitig sprang der Fernsehapparat an, da eine Nachricht von der Art, auf die sie ihn programmiert hatten, einlief.

„Bewegung in den Asteroiden", hieß die Meldung, die weiß und glatt aus der Maschine herauslief. „Der Gürtel verschiebt sich."

Von Procyon kam die Nachricht, daß sich die vulkanischen Aktivitäten verstärkt hätten.

Da, was war das: „Vom Planeten Atair 7 wird gemeldet, daß der Ozean erhitzt ist."

„Und dort", sagte Bellini und zeigte auf die Fensterscheibe, hinter der der Regen unaufhörlich niedertropfte, „was ist das?"

„Aber Luigi", sagte Hoffmann, „es hat in Italien doch auch früher schon mal geregnet."

Bellini schluckte eine Tablette. „Es ist etwas anderes", sagte er hartnäckig. „Wie soll ich das so schnell erklären? Glaubst du, ich kann die Dinge aus dem Ärmel schütteln? Verflucht, du weißt so gut wie ich, daß einzelne Informationen nicht genügen. Aber es ist was. Wo steht jetzt die Beta-Kapsel?"

Hoffmann sagte: „Im Quadrat 17. Sie erzeugt eine ungeheure Schleppe. Zugegeben. Aber das spielt sich doch vor allem im substellaren Raum ab. Kein Grund, sich verrückt zu machen."

Eine Nachricht lief vom römischen Zoo ein, wo die Tiere sich am hellen Tag schlafen gelegt hatten.

„Die Gänse", sagte Bellini, „was ist mit den Gänsen?"

„Aber warum die Gänse?" fragte Hoffmann.

„Ja, verflucht", sagte Bellini, „hast du niemals die Nachricht aus dem Zweiten Weltkrieg über den Angriff auf Freiburg gehört? Die Stadt blieb verhältnismäßig unbeschädigt, weil die Tiere den Angriff spürten. Sie sind mit besseren Instinkten als wir Menschen ausgerüstet."

„Ja", brummte Hoffmann, „die Chinesen benutzten Enten und anderes Geflügel, um Erdbeben vorauszusagen. Katzen sind sensibel. Es scheint, daß manche Tiere auf magnetische Verlagerungen reagieren. Gut, schon gut. Es ist ja nicht völlig abwegig. Aber verflucht, Beta ist so weit draußen!"

„Schon das Alpha-Experiment", sagte Bellini, „hat seine Abdrücke auf den Planeten hinterlassen. Es hängt alles miteinander zusammen. Der Zwischenraum verbindet die Sektoren des Universums. Es gibt kein Ereignis, das sich nicht in letzter Instanz im gesamten Universum auswirken würde."

„Ja, und du meinst, jetzt kratzen wir am Gefüge. Dieser Müller, du meinst, er geht weiter als die drei andern?"

„So wie sie ihn ausgerüstet haben", schnaubte Bellini.

„Aber das Notprogramm", sagte Hoffmann. „Man hat sich doch für alle Fälle eingerichtet."

„Da steht das Telefon", sagte Bellini mit kalter Stimme. „Ruf an, verlange die Zentralgewaltigen. Versuche in ihren Köpfen die Details zu einem Gesamtbild zusammenzufügen. Verdrahte das in ihren Köpfen, was noch isoliert herumschwimmt."

Hoffmann sagte: „Ich weiß nicht. Laß es uns nochmals überdenken."

Kyrillin, Kommandant von Kopter 13, war gelandet. Er hatte vor der blendenden Strahlung, die aus dem Feld herausfiel, seine Schutzbrille auf höchste Stufe geschaltet. Jetzt stand er, während die anderen in der Maschine blieben, ein wenig unsicher neben dem Kopter und hielt sich fest am metallenen Rahmen, da ihn der Druck und der Schneesturm fast umwarfen.

Das Licht war jetzt so hell, daß er seine Fingerknochen sehen konnte. Das Licht schwankte. Es schien Kyrillin, als öffne sich ein Tor in der Strahlung. Wie wenn das Licht in einen Wald fällt, verlief es in gestreiften Bahnen. Gleichzeitig hörte der Kommandant ein Dröhnen, das auch von vorn kam und das der Sturm immer wieder verschluckte.

Er war jetzt an der Mauer, lehnte sich gegen das helle Schwanken und watete wie durch Wasser, als er durch die Schranke eintrat. Einen Augenblick, während der Schnee von seinen Schultern tropfte, war es still um ihn her geworden. Die brutale Gewalt des Sturmes war von seinen Lippen gerissen, und in seinen Ohren war ein Brausen, das die plötzliche Stille bewirkte.

Dann wurde ihm schwindlig, als er einen blauen dämmrigen Abgrund hinabsah. Er fühlte sich wie ein Wanderer durch die Berge, der auf die Wolken hinabsieht. Es war einfach nichts, was er dort erkannte – und dieses Strahlen. Er fühlte, wie ihn etwas nach vorn zog.

Er versuchte sich mit den Händen aufzustütztsen, stemmte seine Arme dagegen, wünschte sich jetzt zurück in den Schneesturm, aber mit unsichtbaren Fingern, als lägen blauhäutige Sirenen mit goldenen Augen unten am Ufer, gegen deren Lockung er sich nicht zu wehren vermochte, zog es ihn weiter.

Tatsächlich, waren das dort nicht Wellen? Plätscherte es nicht blau gegen den Berg an? Was war das – dieses sanfte Murmeln, dieser Pulsschlag – waren es nicht Energiefinger, die jetzt nach ihm langten? Eine Brise spielte in seinen Haaren. Ein Blitz verbrannte seine Züge. Schon war er geblendet, als es ihn hinauszog. Er hörte die Elfen murmeln.

„So komm doch", sagten mit feinen Stimmen die Sirenen.

Es dauerte lange, bis er merkte, daß er selbst es war, der über dem schwarzen Abgrund brüllte.

Bei den Naturvölkern konnten wir früher manchmal sehen, daß der Mann die Schmerzen seiner Frau bei der Geburt ihres Kindes mittrug. So albern uns dies erscheinen mag, er hat ihr Los dadurch erleichtert. Überhaupt, scheint uns, daß das Mitgefühl für andere mit der gesellschaftlichen Entwicklung schwindet.

Ihre beiden Kinder hatten Katharina Müller nicht verstanden, als sie einen Augenblick vor dem Fernsehapparat während der Sendung, die die Alpha-Expedition behandelte, die Kontrolle verloren hatte. Es scheint so, daß sich in unserem Inneren ein Mechanismus befindet, der uns vorschreibt, daß von allem, was wir im Universum finden, der Mensch das wichtigste sein müßte.

Geht ein Mensch, der uns nahesteht, verloren, so winden wir uns in Qualen, und das Beste, was dann passieren kann, ist, daß wir bloß die Orientierung ein wenig verlieren. Allein ist der Mensch gar nichts. Es scheint aber, daß wir mit einem Partner doppelt empfinden. Nehmen wir an, dies wäre wie bei den Wellen, wo die eine die andere anstößt.

Heinrich Müller war hiermit nicht auf seine erste Mission gegangen, und man konnte unterstellen, daß seine Frau daran gewöhnt war. Aber noch nie war er so weit hinaus, bis an die Grenze des Universums, an die Grenze seines eigenen Lebens gegangen wie diesmal. Er hatte, wie es schien, seine Frau in gewisser Weise mitgenommen.

Es gab Tage – mit Fernsehen oder ohne –, da war sie ganz ruhig. Ihre Augen strahlten. Ihre Haare glänzten. Sie war dann so versammelt, wie wir es bei besonderen Menschen finden. Dann schien ihr jegliche Arbeit nur so von der Hand zu gehen, ganz so, wie wir es bei Leuten sehen, die verliebt sind.

An einem Abend aber schien sie zu erstarren. Es war der Tag, als der Beta-Kapsel neue Energien aus dem Zwischenraum zugeführt wurden. Es wäre vermessen zu sagen, daß sie den Schub spürte. Aber wie läßt es sich erklären, daß sie plötzlich ganz steif war, daß sie knöchern wirkte, daß eine Gänsehaut ihren Rücken bedeckte?

Mit ihrem Onkel, den die Kinder alarmiert hatten und der jetzt groß durch die Tür trat, sprach sie schleppend. Mit einemmal schien es, als ob sie sich nicht mehr konzentrieren könne. Bei jedem Wort, das sie sagte, schien etwas an ihr zu zerren. Es war ihr, als ob ihr Gehirn in eine falsche Richtung fortgerissen würde, daß sie etwas wußte, das ihre Umgebung mit jedem Wort, mit jeder Geste, mit jedem Wimpernschlag widerlegte.

Von den Tieren im Zoo Alpha-Centauri VII weiß man, daß sie unruhig wurden. Der Himmel des Planeten erschien in roter Färbung. Es schien, als ob der Horizont brenne. Einige Spaziergänger auf einer Uferpromenade waren umgefallen, ohne daß ihnen zunächst jemand helfen konnte. Eins der größten Tiere – ein Mastodon aus dem äußeren Gürtel der Galaxis – war verendet. Es war schrecklich anzusehen, wie es schaumbedeckt dalag, und der rothaarige Wärter stand unendliche Ängste aus bei dem Gedanken, daß es nochmals anfangen würde zu zittern.

Katharinas Onkel nahm einen Anruf entgegen, der, durch den Zwischenraum laufend, das im Tank liegende Double ihres Mannes berührte: „Wir haben eine Herzmassage durchführen müssen“, sagte Swinburn. „Es herrschte einen Augenblick Herzstillstand. Es ist kein Problem, das Herz am Funktionieren zu halten. Was uns beunruhigt, ist sein Zittern. Die Muskeln verkrampfen. Die vegetativen Systeme sind durcheinander, aber wir haben ihn mittels der Apparaturen unter

Kontrolle. Wir werden die Nährlösung ein wenig aphrodiasieren. Äh, wissen Sie", sagte er mit dünner Stimme, „ich möchte nicht, daß sich seine Frau deswegen beunruhigt. Dies ist ein vorsorglicher Anruf. Sie wissen, wie wichtig der gedoubelte Körper hier ist, da der Kontakt zu ihm bereits abreißt. Es ist präventiv, was ich mit Ihnen bespreche. Sie muß die Nerven behalten. Es kann sein, daß wir sie noch brauchen. Vielleicht hat sie - im Falle eines Falles - auf die Hülle einen gewissen Einfluß, der ihrem Mann nützen würde."

Bells Stimme ist schon vor einer Woche verklungen. Die Kapsel wird immer schneller. Wir haben die Fähigkeit, die Geschwindigkeit zu messen, verloren. Es ist aber, als ob wir in einem sich zunehmend verfestigenden Feld operieren würden. Es liegt ein Druck über der Kapsel, daß die Wände knistern.

Von allen Seiten sind wir in gelbes Licht gebadet. In ihm ist ein roter Schimmer. In diesem Licht strahlen unsere Zähne. Unsere Augen leuchten, als ob sie mit radioaktiven Substanzen markiert worden wären. Wenn wir zur Nachtzeit in den Kojen liegen, strahlen wir einen grünen Glanz aus.

Es ist alles so unwirklich. Gestern konnte ich mich an meinen Namen nicht mehr erinnern. Ich wollte auch nicht fragen, damit mich die anderen nicht für wahnsinnig hielten und irgendwelche Maßnahmen gegen mich ergreifen. Ich habe nicht die Absicht, den Fortgang des Experimentes zu gefährden.

Ich weiß nicht mehr, wie die Erde aussieht. Ist sie eine von goldenen Wolken umhüllte Kugel, deren grüne Ozeane weit in den Weltraum hinaus schimmern? Oder ist sie eine mit Vulkanen übersäte Scheibe, wie sie eben in den Lichtfluten draußen vorbeitreibt? Ich will nachsehen gehen.

Bevor ich den Projektor berühren konnte, hat Leo mich an der Schulter festgehalten. „Wo willst du hin?" fragt er. „Einen Blick auf die Beschaffenheit der Umgebung, in der wir uns bewegen, werfen", habe ich erwidert. Er hat mich seltsam angesehen und Defarge gerufen.

Sie haben mir eine Spritze gegeben. Ich soll jetzt ruhen, schlummern. Während ich in der dunklen Kammer sitze, drehe ich an dem Ring an meinem Finger. Er ist golden. Ich grüble über seine Bedeutung. Es ist mir, als ob ein Faden, der mich mit etwas anderem verbunden hatte, abgerissen wäre. Ob es an der Geschwindigkeit liegt, mit der wir fahren?

Der Lichtschein, der seit Tagen die Kabinen ausfüllt, kommt von einer Sonne, die sich langsam vergrößert. Die Sonne wirkt schmal, als würden erhebliche Kräfte an ihr zerren. Es scheint uns, daß das Licht in krummen Bahnen zu uns herläuft.

Wir haben Vitamintabletten gegessen und auch Bobzon eine gegeben. Ich hoffe nur, daß Defarge durchhält. Allein werde ich unter den Anstrengungen, der Einsamkeit und dem Zwang, fortlaufend wissenschaftliche Beobachtungen anzustellen, noch wahnsinnig. Wir haben Bobzon festgebunden, damit er sich nichts antut.

Der Planet wird immer größer. Defarge sieht aus, als ob er in Honig gebadet hätte. Ich habe mich nach dem Baden im Spiegel betrachtet. Ich kam mir vor wie ein golden flammender Riese, eine Gestalt aus dem Märchen, die berufen ist, den Drachen, der vor der Höhle hockt, zu bezwingen.

Meine Haare haben einen rötlichen Schimmer angenommen, mein Bart wirkt, als würde er brennen. Ich wollte es erst nicht glauben, dann habe ich mich an die Wand gestellt und nachgemessen. Ich bin gewachsen. Ich war eins achtzig, als wir abgeflogen sind, jetzt bin ich einen halben Meter größer. Oder hat sich das Maß verändert?

Das brachte mich auf einen Gedanken. Ich bin ins Laboratorium gegangen und habe mich dort gewogen. Die Waage wurde verdorben. Die Kristalle flogen auseinander, das Gestänge klemmt jetzt. Es war wie ein Blitz, als der Flüssigmesser die Skala hinunterrutschte. Auf einmal denke ich, daß ich spinne und es nur an mir liegt, daß etwas falsch läuft.

Ich brauche wohl nicht zu betonen, daß Alpha auf normale Proportionen ausgelegt wurde. Als ich den Korridor hinabging, blieb ich am Schleusenschott hängen. Ich kam mir vor wie ein Dickwanst, der sich aus lauter Überdruß vollfrißt. Aber das ist nicht möglich. Zum einen fliegen wir doch erst ein paar Wochen, zum andern habe ich streng Diät eingehalten, ebenso wie Defarge und auch Bobzon, wenn er klar ist.

Wir haben – Defarge und ich – die ganze Nacht wach gelegen, diskutiert und immer wieder in der Bibliothek nachgelesen, wie sich die Phänomene, die ich gestern erwähnte, erklären lassen. Nun ist es so, daß wir eine ganz neue Erfahrung machen. Es gab noch nie Menschen, die an die Grenze, die wir erreichen wollen, vorgestoßen sind. Es ist Neuland, wir werden die Nerven behalten müssen.

Trotzdem ist logisch, was Defarge einwendet und was ich mir auch schon gesagt habe, daß, wenn unsere Masse zunimmt, gleichzeitig auch die Masse von Alpha anwächst und wir vermutlich relativ keine Effekte beobachten dürften, allenfalls zur weiteren Umwelt, also eventuellen Planeten oder was immer uns begegnen sollte. Selbst dies ist übrigens – theoretisch – ausgeschlossen, da wir auch mit Lichtgeschwindigkeit Jahre bis zur nächsten von Planeten umkreisten Sonne brauchen.

Die Sonne vor uns ist größer geworden. Sie füllt jetzt den ganzen Bildschirm. Sie sieht fast aus wie eine Linse, durch die das Licht hindurchfällt. Der Glanz, der von ihr ausgeht, ist so hell, daß wir die Bordbeleuchtung ausgeschaltet haben und dazu übergehen müssen, Schutzbrillen zu tragen. Bobzon hat sich die Brille immer wieder heruntergerissen. Seine Augen sind ganz entzündet, und es sieht nicht so aus, als ob wir, wenn das Phänomen nicht endet, sein Augenlicht retten könnten.

Wir haben Teile der Kapsel verloren. Defarge war draußen. Es scheint so, daß ein Teil der Hülle nach hinten abtropft. Das Metall ist so heiß, daß sich fast die Außenwand des Schutzanzugs entzündet. Defarge, als er wieder hereinkam, schwitzte Rotz und Wasser und hat den halben Wassertank leer getrunken. Ich bin ein wenig apathisch. Man merkt schon gar nicht mehr, wie einem diese Belastung zusetzt.

Mir ist erst dabei aufgefallen, wie schmutzig wir geworden sind. Man kann sich alle Viertelstunden waschen, und schon klebt man wieder am ganzen Körper. Die Strahlung, die in die Kabinen einfällt, hinterläßt eine fühlbare psychische Wirkung. Ich habe dauernd Kopfschmerzen, und mir ist schwindlig. Manchmal bin ich richtig weggetreten. Woher ich das weiß? Nicht von Defarge, ihm geht es genauso. Ich sehe das ja, wenn ich einfache Hantierungen, die mir geläufig sind, mache. Manchmal tappe ich, wenn ich ein Gerät bedienen will, sogar daneben.

Man kann es mit seinen Prinzipien, mit seinem Ethos, mit den wissenschaftlichen Überzeugungen, auch zu weit treiben. Ich muß sagen, Defarge ist in dieser Hinsicht nicht weniger hartnäckig als ich selber. Wir haben uns doch nicht auf diese Reise begeben, um so kurz vor dem Ziel aufzugeben. Aber uns ist auch klar, daß man einen Prozeß, der ausweglos erscheinen mag, stoppen muß, um ihn unter günstigeren Voraussetzungen zu wiederholen.

Wenn ich mir Defarge betrachte oder mein eigenes Gesicht im Spiegel - unsere Haut ist gerötet, Bobzons Lippen werfen Blasen -, dann weiß ich, daß jetzt ein Punkt erreicht ist, wo wir die Entwicklung nicht weiter treiben lassen dürfen. Defarge ist einverstanden. Es ist schwierig, den komplizierten Energiefluß zu unterbrechen. Aber nur, wenn wir die Energiezufuhr aus dem Weltraum unterbinden, läßt sich die Alpha-Kapsel verlangsamen.

Ein weiteres Problem, das dabei auf uns zukommt, ist, die Andruckneutralisatoren umzupolen, denn es geht jetzt nicht mehr, die Kapsel einfach zu drehen. Wir haben das Problem in aller Ruhe besprochen und auch Bobzon zu erklären versucht, daß wir im Abbruch des Experiments die einzige Lösung sehen. Er hatte einige lichte Momente, in denen es schien, daß er uns verstand und einverstanden wäre. Dann drehte er wieder an dem Ring an seinem Finger (er hat den Namen seiner Frau vergessen).

Ich war vorhin draußen. Ich hatte mir zwei Schutzanzüge angezogen, die viel zu eng waren, denn ich bin wieder gewachsen. Gräßlich, sich auf den Aufbauten zu bewegen. Die Sonnensegel glühend. Der Raumwirbler war eine einzige feurige Spirale. Die Sonnenlinse, die vor uns steht, war ein ungeheures Gleißen. Ich konnte mich nur mit dem Rükken zu der Linse halten, und trotzdem hätte mich der Druck der Strahlung beinahe von den Aufbauten heruntergeblasen.

Ich sagte ja, meine Konzentration verläßt mich. Unter dem Druck, unter dem wir stehen, ist mir beinahe das Wichtigste entfallen. Ich war zweimal draußen und versuchte, die Energiezufuhr zu unterbinden. Ich kappte mit dem Enterbeil alle Leitungen, verstrahlte die Kontakte, aber es besteht ein Sog oder ein Wirbel oder irgend etwas, über das das Licht und die Strahlung in verwaschenen Strömen hereinwehen. Ich kann es nicht richtig beschreiben. Es ist auch, als zöge ein Sog die Kapsel vorwärts. Es ist eine Art Strudel, der uns, nachdem er uns einmal ergriffen hat, nicht mehr losläßt.

Der Himmel ist ganz rot übergossen. Er wirkt, als ob er schmelzen wollte. Die Temperatur in der Kapsel ist ungeheuer angestiegen. Die meiste Zeit bin ich ohne Bewußtsein. In meinen lichten Momenten versuche ich ein paar klare Gedanken in den Schreiber zu sortieren, der auch nur noch mit Unterbrechungen arbeitet. Ich glaube, diese Aufzeichnungen, auch alles, was die anderen hineingegeben haben, sind verloren.

Vor uns – jetzt riesengroß – ist diese weiße Linse. Es ist keine Sonne, wie wir glauben. Es ist eine Art Vorhang. Ein Riß vielleicht, eine Öffnung, durch die ein unglaublich intensives Licht hereinfällt, in dem wir sogar die Molekularstruktur des Metalls und der Raumanzüge zu erkennen glauben. Wir sind sicher, es geht bald zu Ende. Wir haben alle stark an Gewicht verloren; dabei bin ich, in meinem Sessel sitzend, massiv, als wäre ich aus Eisen. Meine Knochen sind so dünn, daß ich befürchte, sie werden brechen.

Meine Blutzirkulation ist wiederholt unterbunden. Manchmal ist mir, als würde flüssiges Blei durch meine Adern rollen. Wieder hatte ich eine Viertelstunde, in der ein blaues Licht vor meinen Augen aufstieg. Es war etwas wie Nebel vor der Kabine. Aus der Linse hat jemand oder etwas hergesehen. Ich konnte das Gesicht nicht genau erkennen. Ich halluziniere.

Wir sind durch Glas gefahren. Wir haben, während das Glas durch die Kapsel schnitt, die Sonnensegel, die Aufbauten, einen Teil der Schutzhülle verloren. Bobzon hat sich, wie ich durch das geöffnete Schott sehe – ich kann nur seinen Oberkörper erkennen –, verändert. Er wirkt fast schwarz, als ob er lange Zeit unter Einwirkung erhaltender Tinkturen im Wüstensand gelegen hätte.

Defarge ist vor fünf Minuten gestorben. Es schien ihn etwas von dem Glas, durch das wir trieben, zu zerschneiden. Er rief ganz leise. Er ist in mehrere Teile zerbrochen, als ob er aus einer festen Masse bestanden hätte. Eine Hand, die durch die Luft segelte, war gewaltig und ist, als sie zu Boden fiel, in viele kleine Splitter zerbrochen.

Mir ist, als ob sich mein zeitliches Empfinden verändert hätte. Während ich ganz hell leuchte und mir meine Hände, die ich vor die Augen halte, wie die eines Greises erscheinen, sehe ich durch die Linse, wenn sie flackert, ein schmelzendes Metallgebilde, ganz wie Alpha. Ich habe drüben jemand winken sehen. Er hat krampfhaft seinen Kopf gehoben, als ob ihn sonst etwas in seinem Inneren brutal niederzerren würde.

Ich hatte einen Augenblick das Empfinden, es wäre kühl geworden. Es war wie ein frischer Lufthauch, der über den glühenden Kapselteilen verpuffte. Schnee, scheint mir, ist aus den Rändern der Linse herausgefallen. Es ist ein Schneetreiben, ich kann es jetzt sehen. Aus dem Schnee löst sich ein metallener Schatten. Der Schnee schüttelt unsere Kapsel.

Das Ding, das auf uns zutreibt, ist schon ganz nah herangekommen. Es ist über und über abgeschmolzen, und es scheint, die Eiskristalle schlagen Löcher in seine Wandung. Mir war, als ob der Mann, den ich in dem hellen Licht durch die Bordwand sehe, winken würde. Unter unseren Füßen ist eine Rundung. Wir fliegen, wenn mich nicht alles täuscht, über einen Planeten.

Ein Planet zu unseren Füßen. Ich weiß nicht, wie lange ich bewußtlos war. Als ich erwachte, sah ich den Mann winken. Ich bin ganz verwirrt, mir ist schwindlig. Ich mußte brechen. Die Kapsel vor uns wird immer länger. Obwohl sie auf uns zufliegt, scheint sie im Raum zu stehen. Sie fließt auf uns zu, wie eine Sanduhr ausläuft. Ich verspüre einen ungeheuren Druck in meinem Kopfe. Ich kann kaum noch denken. Mir ist, als ob meine Gedanken in eine Flasche gepreßt würden. Nur der Schnee und die Kälte sind noch wirklich.

Die ganze Überfahrt nach Alpha Centauri machte sich Katharina Sorgen. Jetzt hatte sie auch die Aufzeichnungen der Alpha-Besatzung mit manchem Unwesentlichen, das sie enthielten, gelesen, und so fragte sie sich, was wohl aus der Doublette ihres Mannes würde, die im Tank auf den Tag wartete, daß die Expedition Beta in der einen oder anderen Weise beendet sein würde.

Einmal, als Heinrich ein Magnetfeld berührte, das wie eine Flamme in den Raum hereinfiel, war ihr so schwach geworden, daß sie sich an Bord des Clippers CONSTANZA, vor dem Kaffeeausschank stehend, setzen mußte. Eine Ordonnanz, die sie stützte, hatte einen Arzt herbeigerufen, der sich aber vergeblich um sie bemühte.

Von Bord der CONSTANZA sah man ein seltenes Schauspiel. Raumerfahrene Besatzungsmitglieder behaupteten gar, daß sie dergleichen noch niemals zu Gesicht bekommen hätten. Es war Nacht und ganz still an Bord, abgesehen von den wispernden Maschinen. Über den Menschen lag ein wenig Verspannung, wie sie der Energiefluß, der niemanden unberührt läßt, mitbringt.

Da war ein Leuchten in der CONSTANZA. Ein blaugrüner Lichtschein, der über dem ganzen Schiff und draußen auftrat. Man konnte das Schiff der Länge nach überschauen und sah, was Katharina aber nicht sehr berührte, wie sich Ordonnanz Ludwig und die Stewardeß Maria liebten. Der Kapitän murmelte im Schlafe. Zwei Leutnants waren schwul und wollten sich gerade umarmen. Die Hühner, die man mit sich führte, saßen auf dem untersten Deck friedlich auf ihrer Stange.

An allen Ecken und Enden des Schiffes hörte man jetzt ein Flüstern. Es war ein Ton, als ob der Wind über feingeschliffene Kanten streiche. Das Flüstern ging über in ein langgezogenes Stöhnen. Dann war das Feld, das die CONSTANZA berührte, so stark geworden, daß die Streben und Aufbauten knisterten. Als der Alarm endlich durch das Schiff lief, begann das Licht zu schwanken.

In der Zentrale verschwammen die Wände. Eine weiße Energielohe lief über den Computer, eine schwarze, stinkende Spur hinterlassend. Der Raumanker, über dem sich die CONSTANZA zu den Sternen hinaufschwang, war plötzlich von etwas Schwarzem, Tropfendem umgeben. Es schien, als wäre er in einem undefinierbaren Morast versunken, der jedes Licht, das aus ihm fiel, erstickte.

Die seltsamste Erscheinung hatte nach dem Protokoll, das Blochin, der Kapitän, aufnahm, ein kleines Mädchen Ingrid, elf Jahre, dessen Bericht daher als fragwürdig klassifiziert wurde. Ihm, das sich in der Toilette aufhielt, da sich die Raumkrankheit bei ihm in Durchfall äußerte, begegnete ein gewaltiger Lichtschein, der die ganze Umgebung der CONSTANZA erhellte.

Das Licht bewegte sich unter den Sternen, die, obwohl man den Zwischenraum befuhr, sichtbar geworden waren. Erst flackerte es wie eine gigantische Kerzenflamme, dann durchlief es mehrere Stadien, bis es endlich blau war – in einem so erleuchteten Riß im Himmel erschien ein Riese, wie das Kind behauptete, der stürzte und der beim Absturz winkte. Sie behauptete, das Gesicht in der Zeitung gesehen zu haben. Doch als man ihr das betreffende, über den Lichtsender bestellte Blatt vorhielt, bekam sie Angst und wollte nichts mehr sagen.

Zu dieser Zeit etwa hielt sich Charles Bubenow, ein Abenteurer, der unter den Sternen nach großen Schätzen suchte und schon manches Unheil angerichtet hatte, sich aber vor Gericht immer wieder herauswinden konnte, ohne Erlaubnis in jenem Raumsektor auf, in dem durch die Experimente die Zeit- und Gravitationskräfte beeinflußt wurden. Man saß über den Karten und war beim Trinken und ergab sich einer öden sexuellen Routine.

Man träumte von Amazonen unter den Sternen, vom Planeten der Sirenen, von einem Stern, der nur für die Abenteurerhorde Millionen Jungfrauen bereithielt, und ähnlich angenehmen Dingen. Da begann vor der KIDD, ihrer Fregatte, der Himmel aufzureißen. In jenem schwarzen Glanze, in dem die Sterne wie Milliarden Leuchtpünktchen schienen, verlief, und zwar in unmittelbarer Nähe, eine purpurne Trennungslinie, die sich rasch ins Rötliche verfärbte.

Es schien, als ob die Linie mit dem Lineal ausgezogen wäre, und schon im nächsten Moment begann sich der Himmel dort zu öffnen. Ein feuriger roter Spalt war entstanden, als glühten dort alle Feuer der Hölle. Aber das Licht war nicht so intensiv, daß man in der Spalte nicht Einzelheiten unterscheiden konnte. Es schien, als wirbelten dort Wolken, große, schwarze, rot beschienene Gebilde, die umeinander trieben.

Es war, als ob sich dort Energie und Materie in einer seltsamen Mischung drängen würden, als brodele dort das Innere eines Vulkanes, das man nach außen gekehrt hatte. Kaum hatte Bubenow seinen Gefährten gegenüber diesen Gedanken geäußert, als aus dem Schlund eine rote Flammenzunge herausschlug, ein sich verzweigendes feuriges Monstrum, von dem in alle Richtungen Energieströme spritzten.

Eine ganze Weile entlud der Raum an dieser Stelle gleichsam seine Eingeweide, flogen silberne Kristalle in den Weltraum, regnete es erstarrendes Glas hernieder, tobten Kugelblitze aus der Öffnung. Was Bubenow und seine Besatzung eine kurze Zeit lang sahen, ließ sich später durch zufällige fotografische Aufzeichnungen erhärten; sie selbst lagen auf dem Boden und waren raumkrank, da die KIDD in einer ungeheuren, aus der Öffnung langenden Brise krängte, und wie die Öffnung sich entleerte, so entleerten sich nicht nur ihre Mägen.

Das Schauspiel währte eine Viertelstunde, in der die Menschen ihre

Hände über den Köpfen zusammengeschlagen hatten, in der ihnen die künstlichen Füllungen in den Zähnen platzten, in der das Fleisch über ihren Zähnen vibrierte. Dann gab es eine letzte Entladung, einen riesigen Pilz, der sich schwarz und brodelnd in den Weltraum wälzte, endlich einen Lichtschein, als wäre dort jemand mit einer gigantischen Laterne durch eine Wolkenbank geschritten.

Dann erlosch der Lichtschein. Letzte Klumpen erstarrender Materie wirbelten in den Weltraum. Die Öffnung schrumpfte zu einer roten Linse, die noch ein wenig pulsierte. Dann war sie ein Spalt, dann endlich war die Öffnung, die so jäh entstanden, geschlossen, der Weltraum war ruhig, und das Ungeheuerliche war vorüber.

Wir vergessen, welche furchtbaren Dinge unter unseren Füßen lauern, wenn wir sie nicht alle Tage sehen. Es schien ein leichtes, wie man dachte, den Abenteurer an Hand seiner Vergangenheit als Scharlatan zu entlarven, indem man über die gefälschten Fotos lachte. Seltsam war nur, daß keine einzige unter dem Lichtfinger vorgenommene Aussage von der anderen abwich.

Für einen Augenblick schien es, als ob Heinrich Müller die Orientierung verloren hätte. Eben noch war ihm, als wäre er über einen spiegelnden Parkettboden geschritten, der wie Glas glänzte. In den Wänden des Flures waren Nischen eingelassen, in denen Skulpturen standen. Er kannte die meisten, da er sich nicht nur für die Raumfahrt, sondern für Kunst und Kultur und alle Wissensgebiete interessierte.

Es schien ihm, als ob dort eine Galerie der besten Köpfe der Menschheit aufgezogen wäre. Da sah er Plato, darüber sinnend, wer am besten den Staat lenken sollte. Dort stand Morus, ein wenig schwankend, über den eine schwarze Flüssigkeit tropfte. Robespierre war in verschiedene Portionen zerbrochen, aber noch immer berechnete er, wie das Glück der Menschen zu lenken wäre. Gewaltig drehte sich Balzac aus der Nische, aus Muskeln und Knoten bestehend, während Papier in endlosen Strömen gelb von der Wand herabfiel.

Müller war getaumelt. Hinter einer Tür erklangen Schreie. Er hörte ein Rad, das dort im Verborgenen rollte, knirschen. Es erklang eine winselnde Stimme. Müller war ausgeglitten. Ihm war, als ob ihn ein Schlag aus dem Nichts getroffen hätte. Der Boden war kühl und aus Marmor. Aber gleichzeitig, während Müller glaubte, wenigstens auf dem Boden ein wenig Sicherheit gefunden zu haben, begann der Flur zu schwanken und in einem hellen Licht zu strahlen.

Jetzt war er in eins der Zimmer eingetreten. Es roch nach Medikamenten. Von oben herab sah er auf eine alte Frau und ihre erwachsenen Kinder. Ein Arzt stand daneben, der jetzt hinausging. In der Mitte des Zimmers stand ein Bett, das so weiß bezogen war, als ob Schnee über es gefallen wäre. Bevor Müller – noch immer von oben blickend – den Mann, der im Bett lag, angeschaut hatte, überkam ihn eine Ahnung, daß er ihn kannte.

Er hatte sein Herz, seinen Atem, seinen Verstand angehalten. Es lag ein Greis in den Kissen. Er lag ganz ruhig. Er mochte hundertzehn Jahre zählen. Seine Augen glühten. Er schien weit hinauszublicken. Er sprach nicht. Eben war sein Blick wie der eines Habichts, jetzt wie der eines Adlers. Über sein Gesicht zogen Schatten, als würden Wolken rasch unter der Sonne vorüberziehen.

Müller war, noch immer in der Höhe verharrend, jetzt ganz ruhig. Er kannte die Frau. Es war Katharina. Die Kinder. Er wußte nicht, daß sie mehr als zwei Kinder haben würden. Ein Sohn, das war Stefan, hatte sich mit steifem Nacken abgewendet. Eine Tochter weinte. „Ganz ruhig", sagte Müller heiter und mit verlöschender Stimme. Später, irgendwann später, hatten sie ihm dann den Ring abgezogen.

Er hörte Stimmen. In seinem Ohr war ein Flüstern. Ein kleines Kätzchen schnurrte. Der Geruch von Marmelade, wie er sie in seiner Kindheit geliebt hatte. Fast war ihm, als ob er die Weiden rauschen hören konnte. Er war auf der Wiese eingeschlafen. Es war Sommer. Er lag im Gras, auf dem Rücken, und starrte erst verwundert in den Himmel, an dem ein Bussard kreiste.

Das Rauschen des Gebirgsbachs drang langsam in sein Ohr ein. Wo bin ich, dachte er und hatte Mühe, sich zu erinnern. Als er sich auf einen Arm stützte, war ihm, als ob seine Knochen aus Blei bestünden. Dort hinten stand sein Wagen zwischen den Bäumen. Er las die Nummer. Gemeldet Alpha Centauri. Lizenz bis zum Jahre 2707. Hinter der Windschutzscheibe baumelte eine Kennkarte mit seinem Foto.

Das Sträßchen, das zu dem Gebirgsbach hinabführte – drüben war eine hölzerne Brücke, unter den Bäumen waren Bänke – lag ganz ruhig. Kein Verkehr, kein Hupen. Er lauschte. Nicht einmal das sanfte Knirschen von Reifen. Was war mit dem Wasser? Es schien ihm, als ob das Geräusch der über die Steine springenden Wellen einmal ganz nah war, dann in die Ferne entrückte.

Plötzlich konnte er sein Herz dröhnen hören. Es war ihm, als sitze er in einem stählernen Zylinder, der seinen Herzschlag mit mächtigem Klang zurückwarf. Wo bin ich? Ihm wurde blau vor den Augen. Er sah zum Himmel, wo noch immer der Bussard wie eine schmelzende Bleifigur kreiste. Der Wald gegenüber, der über den Hang aufstieg, pulsierte. Die Luft verschwamm, während die Temperatur anstieg.

Das Wasser wälzte sich über seine Füße. Es lief in vielen Strängen über den Boden und spiegelte sich in der Höhe. Dann hörte er das Geräusch berstender Bäume. Holz krachte. Äste splitterten. Im Wald war ein riesiges Loch entstanden. Ein weißes Loch, das ringsum Äste und Laubwerk anzog. Es war ein ungeheurer Sog, um den herum die Blätter tanzten.

Er versuchte in die Öffnung zu schauen. Es war ihm, als ob ein weißes Tuch, ein weißer Fetzen, eine Gardine, der Saum eines Kleides, aus ihr wehen würde. Das Licht war hell und bohrend, nicht so sanft wie die Sonne, wenn man schnell wegschaut, zugleich bleich und in einer Art, daß man es nicht aushalten konnte. Dann brüllten die Äste, mit ungeheurer Wut krachten die Bäume, Zweige peitschten über die Wiese, als die Öffnung weit aufriß.

Ein Riß lief durch den Himmel, der sich auffächerte wie ein Blitz im nächtlichen Gewitter. Eine Explosion, rot und weiß in alle Richtungen strahlend, fetzte die Kuppe von dem Hügel. Der Donner rollte gegen einen goldenen Riesen, der, als wäre er von Sinnen, an einem roten Hebel, der aus der Luft in seine Hand lief, zerrte.

Man hörte das Knirschen eines Getriebes. Eine Stichflamme stieg auf vor dem Wagen, dessen Karosserie verlief, als würde sie schmelzen. Dann leuchteten - obwohl es noch immer Tag war - vom Himmel die weißen Sterne, der Bussard hatte seine Schwingen zu einem fremden Sternbild ausgebreitet, während sich die Öffnung langsam über den goldenen Mann schob, der erst jetzt nach Katharina, die mit ihm gekommen sein mußte, suchte.

Lepanski, auf dem saturnalen Außenposten, hatte die Karaffe mit Bitter Lemon fallen lassen. Unter seinen Füßen zitterte der Boden. Die Splitter des Glases tanzten und zersprangen. Irgendwann wich die Luft aus Lepanskis Lungen. Das war wohl, als er an der Wand hing, wohin ihn eine unsichtbare Hand gefetzt hatte. Eine Weile schrie er mit dünnem Stimmchen. Er rief nach seiner Mutter und beklagte die grausame Welt, in die er gesetzt war.

Der Lichtschein von draußen hatte ihm erst die Sicht genommen. Er war ganz geblendet, ohne daß er seine Augen schließen konnte. Von draußen kam ein Grollen. Eine ungeheure Staubwolke hatte sich über der Kuppel erhoben. Die Schwaden wurden gelb und grün angeleuchtet und stoben über die Kuppel. Noch immer über der Wand hängend, hörte Lepanski ein leises Zischen.

Jetzt vernahm er auch einen dünnen Summton, etwas wie eine Sirene, an deren Bedeutung er sich nicht sogleich erinnern konnte. Dann wußte er es wieder, während er auf den Boden hinabfiel - es war der Notton, höchste Eile gebietend. Der Boden zuckte wieder. Lepanski wurde unter den Tisch geschleudert und verlor das Bewußtsein.

Als er wieder zu sich kam, war es merklich ruhiger. Noch immer wirbelten draußen die Wolken, ab und zu einen kleinen Ausschnitt des Himmels, der rot glühte, freilassend. Über allem lag ein abgehacktes Rumpeln. Ein Ton, als würde er von einer Lufthülle getragen, um dann, wo ihm das Medium fehlte, einfach abzubrechen. Aber es war der winzige Summton, der Lepanski ganz zu sich brachte.

Blut lief über seine Lippen. Als er aufstand, hatte wieder ein Schlag die Station getroffen. Das Metall des Steuerpultes schlug gegen Lepanskis Brustbein. Merde. Er warf einen Blick zwischen die Wolken, die nur noch gemächlich rollten. Ein Loch war im Himmel entstanden, gegen die Sonne, ein blasses Scheibchen, als ob man eine rote Folie vor ihr aufgezogen hätte.

Merde. Der Sauerstoff entwich noch immer nach draußen. Er hatte jetzt keine Zeit, den Defekt in der Automatik zu suchen. Doch da, schon im nächsten Moment, starrte ihn das ausgelaufene Glas an. Flüssigkeit tropfte zu Boden. Verfluchte Dinger, die sie da konstruierten. Das Geräusch der entweichenden Luft verstummte, als er die Sicherung vorgespannt hatte.

Die Sonne stand falsch, wie er jetzt bemerkte. Abweichung zwölf Minuten, und der Abstand wurde größer. Die Wolken draußen sanken nieder. Ein massereicher Körper, der die Station aus ihrer Bahn zog. Was für ein Körper? Aber das war doch nicht möglich! Bin ich betrunken? Ich muß beim Sturz gegen das Pult etwas abbekommen haben.

Da hing, schief und zerschlagen, eine riesige, glühende Masse unter den Sternen. Jetzt fiel ihm das Loch ein, das er an dieser Stelle vorher gesehen hatte. Aber der Himmel hatte sich geschlossen. Er hatte doch ein Loch gesehen! Verflucht, da war doch ein Loch gewesen! Habe ich sie nicht mehr alle?

Das Ding tropfte. Sah wie ein blutendes Herz aus, das man mit glühendem Eisen ausgegossen hatte. Ja, gibt es so was? Das Ding rotierte. Rollte in einer unmöglichen Weise über seine Achse. Verlor glühende Masse, die in Vulkanausbrüchen aus seinem Inneren hochstieg – wie man an seinen Rändern deutlich erkennen konnte. Dort rollte ein Körper, den es vorher nicht gegeben hatte.

Hatte er denn geschlafen? Der Lichtschein, der noch an der Stelle gestanden hatte, aus dem das Ding herauskam, verblaßte. Er war noch ein schwaches grünes Leuchten, das bald in der Kälte des Raumes blau erstarrte, bis die Milchstraße dort endlich klirrend hervortrat, während sich Lepanski den automatisch aufgenommenen Film der Geburt neuer Materie mit brummendem Schädel immer wieder beschaute.

Irgendwann hielt die Zeit an. Heinrich Müller hätte nicht vermocht zu sagen, woher die Wolkenberge kamen, die sich vor seiner Beta-Kapsel drehten. Sie schienen ihm wie kosmische Materiezusammenballungen, die in ungeheuer langem Taktschlag rollten. Das Schiff tropfte. Das Metall schwitzte. Vor ihm war eine weiße Strahlung. Es war ein Licht, das durch die grauen und schwarzen Wolken hindurchschien, als würde die Sonne in einem Wald durch die obersten Kronen brechen. Staub tanzte in den Strahlen.

Etwas in Heinrich Müller zog sich zusammen. Er hörte seine Glieder krachen. Er spürte, wie Schaum aus seinem Mund lief. Ihm war, als ob seine Augen von einer Plastikfolie weggezogen würden, wie man sie manchmal im Kino benutzt, um Horroreffekte zu imitieren. Aber das war wirklich. Dröhnen in seinen Ohren. Etwas preßte die Kapsel zusammen. Gold wirbelte in kleinen Kügelchen durch die Kabine.

Der Sessel wurde aus seiner Verankerung gehoben und flog gegen den mit Schaltern übersäten Aufbau. Das Schiff kroch vorwärts. Dort drüben sah Müller den roten, rettenden Handgriff. Aber sein Arm war so schwer geworden, daß es aussichtslos schien, den Hebel zu berühren. Seine Rippen krachten, als der Sessel und der Druck von draußen und die Strahlung ihn gegen das Metall der Konsole drückten.

Seine Trommelfelle platzten. Das Fleisch wurde von seinem Mund weggezogen. Er kämpfte dagegen. Das Licht strahlte heller. Aus den Augenwinkeln, schreckgeweitet, sah er, daß die Wolken sich aufgelöst hatten. An ihrer Stelle entstand eine schnelle, wie gläserne Strömung, ein Gleißen, ein glitzerndes Wasser, das wie in einem Windkanal um das Schiff herumlief.

Die gegenüberliegende Wand war jetzt ganz nahe. Die Äderchen in seinem Gesicht platzten. Mit einer gewaltigen Anstrengung hatte er eine Hand um Millimeter gehoben - sie fiel gleich wieder nieder, mit einem mächtigen, berstenden Krachen, als wäre sie ein Geschoß, das von weither die Kapsel durchschlagen hatte.

Die Konturen der Kabine verliefen in dem hellen Lichtschein. Es schien, als verjünge sich die Strömung. Das Schiff dröhnte. Die Kabine war jetzt so eng um Müller wie eine golddurchflutete Höhle. Wachs tropfte auf seine Züge. Es war, als ob eine Kerze flackernd verlöschte. Wachs, das aus dem Metall kam. Aus der Tiefe der Kapsel, aus ihren Antriebsaggregaten, kam ein ungeheures Stöhnen.

Wieder hatte die Strömung jenen gläsernen Ausdruck angenommen. Kristall blitzte. Das Licht war grau geworden. Der Weltraum schien aus Wänden zu bestehen, die näher gekommen waren. Dann spürte Müller den kühlen Abdruck der gegenüberliegenden Wand auf seinen Lippen. Die Folie zog sein blutendes Gesicht weit auseinander. Er maß viele Millionen Meilen, als es plötzlich still war.

Stille ist Wahnsinn. Ein Mensch, nur von nassen Tüchern eingeschlagen, oder einer, den man in ein tiefes Verlies sperrte, müßte, wenn er sonst von anderen Menschen ganz abgeschnitten wäre, wahnsinnig werden. Wir sind alle auf den Kontakt mit anderen Menschen angewiesen. Als Versuchspilot hatte Müller einiges ertragen. Aber da war seine Frau da. Er wußte, egal, welche Folter, um seine Widerstandskraft zu stärken, sie ihm auferlegt hatten, daß die Zeit kam, wo er, ein fröhliches Liedchen pfeifend, den Kessel, in dem er siedete, verlassen würde, um sie erst von einer Telefonzelle aus anzurufen und sich all die Kleinigkeiten, die sich den Tag über ergeben hatten, anzuhören. Dieser Kleinkram ist wichtig.

Er driftete durch eine See, in der zuerst nur das Licht schien. Es war so hell, daß er über all den Wunden, die ihm bereits geschlagen waren, brüllte. Aber es war so still in seiner Umgebung, daß er selbst den Ton in seinen Schädelknochen nicht hörte. Das Licht kam in verschiedenen Bahnen. Man konnte, wenn man sich im Raum drehte, Wellen unterscheiden. Einmal schien es, als wäre eine Schlange herangekommen, die silbern über den Himmel zuckte.

Blei rollte aus der Tiefe und hatte Müller übergossen. Taub war sein Körper. Wären diese Eindrücke nicht gewesen, es hätte ihn nicht gegeben. Von irgendwo wehte eine Flamme, die seine Haare versengte. Ein Ton, lang rollend, erklang jetzt in der Ferne. Es schien, als würde jemand oder etwas nach ihm rufen - da er aber in seiner lichtschnellen Kapsel in so rascher Fahrt war, hatte der dumpfe Ton Mühe, ihn zu erreichen.

Rot und blau waren die beiden Enden der Welt. Über ihm, in der Höhe, schien es Müller, war ein Spiegel. Er konnte sich einen Moment sehen - einen zerquetschten Körper, die blutenden Lippen und die großen, weit aufgerissenen Augen. Ein Lichtsturm hatte sich erhoben. Glühende Partikel rissen dem Mann die Kleider vom Leibe. So, nackt und ohne Hülle, wurde er hin und her geworfen. Die Strömung trieb ihn nach Blau ab. Als er dort hinsah, stieg eine ungeheure, quecksilberne Welle in die Höhe, entfaltete auf ihrem Gipfel Krallen und schmetterte in die Tiefe, wo der kleine Mann brüllte – und jetzt kam auch in seinem Kopf der Ton an.

Etwas war angetrieben und stieß sein Knie an. Es sah aus wie die pulsierende Haut einer Molluske. Mit einer sehr kurzen Hand griff Müller einige Zeit nieder, bis es ihm gelang, das Ding zu berühren. Ein Gehirn, ganz deutlich, war breit über den Rücken gelaufen. Es war glitschig. Als er das Ding losließ, glitt es schaukelnd beiseite.

Metall stieß in seinen Rücken. Es war halb flüssig, halb gefestigt. Vorsichtig tastete er nach hinten. Er hielt einen Schriftzug: Beta-Kapsel, Lux-Projekt, in den Händen. Er weinte, daß er es durch Zufall so gut getroffen haben sollte. Das Metall unter seinen Händen war siedend. Er sah jetzt, wie sich die Kapsel dehnte. Ihre Ränder rasten auseinander. Sie sah aus wie ein Ballon, auf dessen Oberfläche man die Sterne befestigt hatte.

Bevor er selbst zur Seite gedrückt wurde, warf er einen kurzen Blick ins Innere der Kapsel. Das Licht brach sich. Dennoch konnte er, etwa so, als ob er Insektenaugen hätte, viele menschliche Figuren im Inneren der Kapsel erkennen. Sie waren alle entkleidet. Eine helle Strahlung drückte sie gegen die Wände. Ihren Blicken war zu entnehmen, daß sie nicht verstanden. Einer, der von der Wand herunterrutschte, hinterließ einen schwarzen Schatten.

Die kleine Amarill, von ihren Eltern auf einen Außenposten in der Gegend von Proxima Centauri mitgenommen, die gelegentlich ins nächtliche Schlafzimmer lauschte und am Sternenhimmel immer neue Wunder entdeckte, kroch in einer Nacht, als der Reif kalt über die Felsen des Trabanten Tau herabfiel, mit schreckgeweiteten Augen in das Bett ihrer Eltern.

Die Mutter, die ihr Kind so noch nie gesehen hatte, nahm Amarill in die Arme, um sie zu trösten. Das Kind weinte, ohne daß der Vater etwas merkte. „Nur ruhig“, sprach die Mutter ihrer Tochter gut zu, „es wird schon wieder werden. Was hast du denn, meine Kleine?“

Amarill brauchte einige Sekunden, bis sie ihre Sprache wiedergefunden hatte. Und auch da gelang es ihr nur stockend zu erzählen, daß sie einen Mann, nein, ein Gespenst, nein, einen Riesen, nein, sie wußte auch nicht was, daß sie irgend etwas dort draußen gesehen hatte.

Die Mutter sagte: „Aber Amarill, du weißt doch, es gibt keine Riesen, und es gibt keine Gespenster, und dazu noch auf einem so entlegenen Außenposten, der nur die Radioströmungen der Galaxien aufnimmt und die Flugwege sichert.“

„Doch, doch“, hatte Amarill den Kopf geschüttelt. „Ich habe ihn doch gesehen. Ich sah ihn zwischen den Sternen erscheinen. Es war ein Loch im Himmel, mußt du wissen. Ein riesiges rotes Loch. Und in dem ist plötzlich ein Gesicht erschienen. Ein Mann mit ganz weit aufgerissenen Augen, der nur Haare am Körper hatte.“

„Aber Kindchen“, sagte die Mutter, nun ein wenig wütend, „du hast wieder einen von deinen Romanen gelesen. Ich glaube, wir sollten dir in Zukunft andere Lektüre geben, die dich weniger beunruhigt.“

„Aber er hat mir doch gewunken“, beharrte Amarill. „Es war, als ob er mir etwas bedeuten wollte. Als sollte ich etwas aufnehmen oder verstehen.“

„Und was, glaubst du, solltest du verstehen?“

„Ich weiß nicht. Dann hat sich das Loch wieder geschlossen. Willst du einmal sehen?“

„Aber Kindchen. Der Weltraum ist ganz ruhig.“

„Doch, komm nur, dann will ich auch zurück in mein Bett gehen.“

Seufzend war die Mutter mit Amarill in den Korridor der Station getreten, von wo sie die Stufen zum Observatorium hinaufstiegen. Als sich die Kuppel des Teleskops auseinandergeschoben hatte, konnten sie es mit bloßen Augen sehen: An der Stelle, die Amarill bezeichnet hatte, war der Himmel blutrot. Es sah aus, als würde der Weltraum in einem Abendsonnenschein leuchten. Und während sie die Stelle noch anschauten, begann sie mehr und mehr zu verblassen, bis sie zum Beweis nur noch die Fotos hatten, die die Mutter geistesgegenwärtig geschossen hatte.

Auf Procyon VII gibt es ein berühmtes Gebirge. Bedingt durch eine Laune der Natur, scheint es nur aus Glas zu bestehen. Die Wände steigen steil auf und erreichen an ihrem Gipfelpunkt drei Kilometer Höhe. Die Abstürze sind kaskadenförmig angeordnet. An der Südseite des Gebirges ist eine Schlucht tief eingeschnitten, durch die helle Kristallwasser schießen, der Ausfluß, sagt man, das Drucks, den die Berge produzieren, eine Art Überdruckventil, sonst würde das Gebirge platzen.

Eine Touristengruppe von der Erde, in Buschhemden gekleidet, Kameras über dem Rücken, Kaugummis im Mund, über Walkie-Talkies der Jazzmusik, die ein lokaler Sender verbreitet, lauschend, hatte sich in der gläsernen Schlucht verlaufen. Zwar waren die Wege markiert und gesichert, doch hatte sie die Neugier getrieben, die ausgetretenen Pfade zu verlassen. Sie waren einem roten Lichtschein nachgegangen, der aus der Tiefe des Bergs kam.

An ihrer Spitze ging ein Fräulein Buschfort, das es aus irgendeinem Grunde eiliger als die anderen hatte, vielleicht ihrer Notdurft folgend, die zu verrichten ihr aber so schnell nicht gelingen sollte. Die anderen hörten das Fräulein Buschfort schreien. Ihre Worte waren erst unverständlich. Aber dann sahen sie selbst, warum das Fräulein bleich und zitternd an einem Kristallhang lehnte, die Kamera war ihren Händen entglitten.

Unten in der Tiefe, wohl im Schatten, von einem blutroten Leuchten übergossen, lag etwas, dessen Ausmaße sie zuerst nicht bestimmen konnten. Wenn man dem ungewissen Licht trauen wollte, mußte es sich um ein gigantisches Reptil handeln. Weiß sah – den Schein weggefiltert – sein Bauch aus. Arme, die wie die eines Menschen wirkten, ragten zur Seite und waren in den Kristall gegraben. Das Gesicht, das sich weit oberhalb in einer Kehre auffand, war das eines Mannes, aber so zerschunden, daß man meinen mochte, er wäre aus all der Höhe der Berge über ihm herabgefallen.

Als sie – das Fräulein hatte sich in Gesellschaft der anderen etwas beruhigt – ein wenig näher herangegangen waren, blitzte etwas seitlich im Fels auf. Es schien eine riesige Tafel von vielleicht zehn Quadratmetern Ausmaß zu sein, fast so, als habe ein unbekannter Gott, der über dem Planeten wachte, hier seine Zehn Gebote verkünden wollen. Aber die Art der Tafel kam ihnen bekannt vor.

„Mein Gott", sagte Jerome, ein Veteran aus den Calypso-Kriegen, „das ist doch eine Erkennungsmarke, wie man sie beim Militär und in der Raumfahrt verwendet."

Und ein anderer sagte: „Kannst du entziffern, was in sie geprägt ist?"

„Ja", erwiderte Evelyn Rumford mit ihren scharfen Augen, „obwohl die Schrift wie geschmolzen aussieht, scheint ein Wort ‚Lux' zu bedeuten, und dort, das könnte ‚Müller' heißen."

Es mag seltsam klingen, doch in der Gegend von Rigel, in einer wichtigen Zwischenraumpassage, wo die galaktischen Ströme gewöhnlich gerade und ruhig verlaufen, wurden an einer Verengung gewaltige Massen grüner Tropfen gesichtet, die aus dem Nichts erschienen und die die elektrischen Felder der Schiffe lähmten. Ein Schiff, der Kreuzer ELIAS, lief unter vollen Sonnensegeln und wäre, als grüner Bernstein seine Wände durchschlug, um ein Haar gekentert.

Überhaupt quoll an den verschiedensten Stellen immer neue Materie in den Weltraum. Es war, als ob der Weltraum aufgebrochen wäre, als schüttle er sich in einem unwägbaren Fieber. Der Pluto II, sonst mit Eis überzogen, war in einem Raumloch verschwunden und wirkte, da man sein Verschwinden hatte fotografieren können, als würde er glühen; von ihm blieb nur die Eisschicht, die noch lange als erstarrende, blau glitzernde Fahne im Raum hing.

In allen zoologischen Gärten des Sonnensystems und der angrenzenden Regionen waren die trächtigen Tiere frühzeitig niedergekommen; einige mit Mißgeburten, wie sie die Menschheit noch nicht erschaut hatte. Es befand sich ein telepathischer Zyklop darunter, der, kaum geworfen, in wenigen Viertelstunden wie eine Nova erglühte – er leuchtete von innen, zertrümmerte die Gedanken der Menschen in zwanzig Kilometer Umkreis, bis er endlich in sich zusammensackte, um sich nie wieder zu erheben.

Müller, in dem Tank auf Alpha Centauri, schwamm wie ein Embryo mit weit aufgerissenen Augen in der grünen Brühe. Manchmal, wenn sich Katharina ihm nahte, sah man ihn lallen. Dann wieder schwebte er in der grünen Tiefe wie frei und glücklich. Gelegentlich begann er zu zucken und um sich zu schlagen. An dem Abend, als eine neue Sonne in der Cygnus-Region geboren wurde, veränderte er sich rapide.

Seine Haut wurde faltig. Sein Gesicht war von roten Flecken überzogen. Seine Haare waren in wenigen Minuten weiß geworden. Rot leuchteten seine Augen. Er schrumpfte immer weiter zusammen, und Swinburn und den anderen war klargeworden, daß er seine Aufgabe, als halbelektrischer Empfänger in den Raum zu lauschen und vielleicht Schwingungen des wirklichen Heinrich Müller aufzufangen, die er nicht erfüllt hatte, niemals ausführen würde. In der Nacht hörte sein Herz auf zu schlagen.

Der Krisenstab, der schon lange tagte, beschloß, das Experiment mechanisch von außen abzubrechen, eine Operation, nicht weniger gefährlich als die Lux-Schleuder selbst. Eine Flotille war durch den Zwischenraum gesprungen, um rings um die hell leuchtende Schneise, die den Flug der Beta-Kapsel markierte, die Energie in riesige Akkumulatoren sowie in den Zwischenraum abzusaugen. Eines der Schiffe wurde unter der Energiezufuhr vernichtet, ein anderes war in den Korridor geraten und wurde später viele tausend Lichtjahre entfernt in einer Umlaufbahn um die Sonne Karr gefunden; seine Besatzung war versteinert, ganz ähnlich wie die Alpha-Astronauten.

Heinrich Müller selbst wurde gefunden, wie er in Sibirien nackt aus dem Strahlenfeld taumelte. Er verletzte mit seinen verstärkten Armen zwei Helikoptermannschaften, die er als seine Helfer nicht erkannte. Äußerlich schien er keinerlei Wunden davongetragen zu haben, abgesehen von einigen Narben im Gesicht, die aber gut verheilt waren.

Aber er wußte weder seinen Namen, als man ihn endlich gebändigt hatte und ansprach, noch wo er gewesen war, noch, wie er den Sprung über die ungeheure Entfernung hatte unversehrt überstehen können. Seine Reflexe waren in Ordnung. Als man ihm eine Zigarette anbot, begann er begierig zu rauchen. Einen Hubschrauber berührte er zärtlich, als ob es sich um seine Beta-Kapsel handle.

Seine Augen waren groß und leuchtend, und als ein Scheinwerfer in der Umgebung aufblitzte, begann er zu weinen. Der Kopilot trug ein Amulett aus Bernstein, das Müller mit heftigen Gesten begehrte und das er, als man es ihm überlassen hatte, während des ganzen Fluges vor seinen Augen schwenkte. Dann hatte er auch seine Sprache wiedergefunden und verlangte, mühsahm nach Worten suchend, etwas zu trinken, einen Gin mit Cola, wie die Männer zu verstehen meinten.

Als in der Basis, wo die Helikopter gelandet waren, ein hübsches Mädchen, ein Leutnant, vorüberging, war er von ihm wie magisch angezogen. Der Leutnant war einen Augenblick von sich eingenommen, doch als Müllers Blick nicht enden wollte, drehte sie sich hochmütig zur Seite, ohne zu gewärtigen, daß er, den man längst in eine Uniform gesteckt hatte, der Mann war, der von der Lichtschranke zurückkam.

Der Psychologe hatte in einer ersten Untersuchung ermittelt, daß Müller ein schweres Trauma erlitten hatte. Dieses Trauma war mit einer erheblichen Amnesie verbunden. Der Psychologe vermutete, daß es Jahre dauern würde, bis Müller über seine Erlebnisse in der Lichtschranke berichten konnte, und es sei fraglich, ob er je alles, was er erlebt hatte, aussprechen würde.

Endlich war mit einer Kuriermaschine auch Katharina eingeflogen worden, die ihren Mann nicht wiedererkannte. Als sie zur Tür hereinkam, blitzte eine Erinnerung in Müllers Augen, und er berührte sie unbeholfen mit den Händen. Es scheint, daß der Hautkontakt ihn wesentlich vorwärts brachte, denn, noch immer wirr und geistesabwesend, flüsterte er, wenn auch mühsam, ihren Namen. Was er ihr aber später, wieder genesen, zu erzählen hatte, ist eine andere Geschichte, von der wir glauben, daß sie nur die beiden etwas angeht.

Robert Chilson

Langsam, langsam, mit dem Wind

SLOWLY, SLOWLY, IN THE WIND

Seine Konzessionsrede war schon seit Wochen fertig. Richardson war nicht der Typ, der etwas der Inspiration des Augenblicks überließ. Aber er hatte sie erst letzte Woche auf Band gesprochen. Er wußte, er würde mitgenommen sein, ausgelaugt, und er wollte nicht, daß es so aussah, als hätte er die Rede schon vorher aufgezeichnet. Dasselbe galt für die Siegesansprache, die keiner je sehen würde.

Kurz bevor seine Wahlkampfrede von den jubilierenden Sendern ausgestrahlt wurde, ging Richardson ins Badezimmer der Hotelsuite, um sich rasch noch einmal im Spiegel zu betrachten. Er war schockiert von dem leichenähnlichen Gesicht, das ihn anstarrte. Wenngleich die Rede vor einer Woche aufgenommen worden war und er bereits damals die wachsende Belastung des Erdrutsch-Sieges zu spüren begonnen hatte, der sich für Groteckie abzuzeichnen begann, war das aufgenommene Bild herzlich, zuversichtlich und wohlgenährt, verglich man es mit *diesem* Gesicht.

Es war eine schockierende Niederlage gewesen.

Marty Aaron seufzte tief aus seinem umfangreichen Bauch heraus, als die Rede vorbei war, und schaltete den glücklichen Ansager aus. „Nun Jim, ich gratuliere dir, daß du dein Verliererblatt bis zur letzten Karte ausgespielt hast, ohne irgendwelche Gegenbeschuldigungen. Diese Konzessionsrede war fast staatsmännisch."

Richardson sah ihn ein wenig überrascht an. *Et tu?* Glaubte ausgerechnet Marty von allen Menschen den Unsinn, der über ihn verzapft wurde? Der Mann war das ganze Jahr über bei ihm gewesen. Aber er sagte nur: „Noch nicht ganz. Ich habe noch den Auftritt vor der Truppe. Und dort muß ich ‚fast staatsmännisch' sein."

Marty sah ihn rasch an, dann stand er aus dem Sessel auf. Einer der Wahlhelfer rief hinab in den Goldenen Salon, und sie erwarteten ihn bereits, als er eintrat. Es war mehr ein Seufzen als ein Brüllen, und davon abgesehen zeigten sich wenig Anzeichen von Begeisterung. Richardson wußte aus den Unterlagen, daß es früher oft aufgesetzte Fröhlichkeit gegeben hatte, aber in den zurückliegenden Monaten hatte sich die Flut heftig gegen sie gekehrt, und nun bestand kein Zweifel mehr daran, daß sie verlieren würden.

Er bedachte sie mit seinem patentierten Grinsen: zurückhaltender, aber dennoch das Grinsen eines ungebrochenen Mannes. „Nun, Männer, ich sehe, daß die Streitereien darüber, wer welches Amt bekommt, sich in den vergangenen paar Wochen gelegt haben. Das gefällt mir; es zeugt von gutem Geist."

Verhaltenes Gelächter. Während er beim Reden den Blick zuversichtlich über sie hinwegstreifen ließ, kam Richardson ein Gedanke: Wo waren die Jüngeren?

Die hier gehörten größtenteils der älteren Generation an, und viele waren entweder bezahlte Profis oder bezahlte Freiwillige. Die unbezahlten Amateure, die Collegeburschen und jugendlichen Profis, die der Rückhalt jeder Kampagne waren – nun, viele hatte er ohnedies nie angezogen, aber einige waren es immerhin gewesen. Sie alle mußten vor einigen Monaten desertiert sein.

Sie glaubten alle an diesen Psychometrieschwindel.

Richards „zweite Konzessionsrede", wie er sie in Gedanken bezeichnete, war kurz, männlich und dankbar, er nahm alle Schuld auf sich und sprach seiner Truppe nur Lob aus. Sie gaben ihm die herzlichsten Jubelrufe, die in ihnen steckten, aber es war offensichtlich, daß ihnen wenig daran lag. Söldner! Solange sie bezahlt wurden...

Wieder in der Suite, war Richardsons erster erschöpfter Gedanke, daß er nun etwas schlafen konnte. Aber er wußte, er würde nicht einschlafen können. Er mußte Pläne schmieden: teilweise aus denselben Gründen, aus denen jemand, der gefallen ist, es auf der Stelle noch einmal probieren muß, und teilweise, weil es gut aussah, wenn ersichtlich wurde, daß er sich, kaum stand die Niederlage fest, schon für die nächste Schlacht wappnete.

„Nun, Marty, wann können wir die vorgeschriebenen Prozeduren für einen Anlauf auf Cy Thompsons Senatssitz starten?"

Wieder sah Marty Aaron ihn rasch an. „Was? Jim, das ist verrückt."

„Verrückt?" Richardson war erstaunt. „Inwiefern? Cy wird definitiv am Ende seiner Amtszeit in den Ruhestand gehen. Bleibt uns ein Jahr Zeit für die Vorbereitung – aber wir werden seine Pensionierung erst nach dem Herbst bekanntgeben. Das bedeutet eine Verschiebung, aber es ist nicht das erste Mal, daß meine Karriere aus den Gleisen gerät."

Als er Mitte Zwanzig war, hatte er sich alles zurechtgelegt: unbedeutendes Staatsamt, weniger unbedeutendes Staatsamt, dann für mindestens eine Amtszeit das Repräsentantenhaus, danach mindestens eine Amtszeit im Senat, dann Gouverneur eines größeren Staates – eventuell zwei Amtszeiten: dann das Präsidentenamt, und immer noch vergleichsweise jung. Er war gezwungen gewesen, zwei Amtszeiten als Repräsentant zu dienen, und seither war der Kampf zunehmend bitterer geworden. Er hatte den Ruf eines Opportunisten, eines Ränkeschmieds, eines aalglatten Politikers, der stets die Meinung einnahm, die die meisten Stimmen versprach. Nun, das war Politik; man mußte Kompromisse schließen.

Und nun warf ihn die Niederlage bei der Gouverneurswahl wieder aus der Bahn. Okay, er konnte noch eine Amtszeit als Senator ableisten und sich aus dieser Position um das Präsidentenamt bewerben. Dafür gab es einen Präzedenzfall.

„Jim, du bist raus aus der Politik. Weißt du denn nicht, was diese Niederlage bedeutet?" Marty sah ihn an.

Richardson hielt dem Blick stand. „Niederlage? Glaubst du, eine Wahl zu verlieren wäre eine *Niederlage?* Das ist nur ein Rückfall, weiter nichts. Ich habe mich wacker geschlagen; ‚fast staatsmännisch', wie du gesagt hast. Mir wird nichts anhängen. Wie viele Politiker haben in schlimmeren Situationen neu angefangen?"

„Die meisten nicht. Hör zu, Jim, die Öffentlichkeit kennt dich zu gut und traut dir nicht."

Voll Abscheu: „Psychometrie?"

„Richtig. Psychometrie."

Die mathematische Beschreibung der Psychologie, die es Psychometrikern ermöglichte, die mathematische Beschreibung der Persönlichkeit eines Menschen zu erstellen - fast des gesamten Geistes. Sie war nicht „eindeutig" - es gab zu viele Variablen, als daß sie hätten sagen können, in *dieser* Situation wird eine Person *das* tun. Aber sie konnte ehemals unabschätzbare Begriffe wie „vertrauenswürdig", „ehrlich" und so weiter meßbar machen. Hatte man einen hohen Ehrlichkeitsfaktor, oder wie zum Teufel sie das nannten, so bedeutete das, man war in jeder verführerischen Situation vertrauenswürdig. War er niedriger, war man nur in weniger verführerischen Situationen vertrauenswürdig. War er sehr niedrig, war man fast gar nicht vertrauenswürdig. Und manchen Leuten konnte man nur in bestimmten Gebieten trauen; eine Person konnte eine große Loyalität gegenüber einer Gruppe haben - der Mafia, der Republikanischen Partei, den Studenten für Radikalen Umsturz -, in allen anderen Belangen aber mußte man ihr mißtrauen.

Jedenfalls behaupteten sie das.

Es war besser, es nicht einmal im geheimen als Schwindel zu bezeichnen, und dieser Ort war alles andere als geheim.

„Paß auf, Marty, die Psychometriker sagen selbst, daß ihre Arbeit *de*skriptiv und nicht *prä*skriptiv ist - noch können sie messen, welche Belastung ein Mann ertragen kann. Im öffentlichen Leben ist das ein bedeutender Faktor. Kurz gesagt, ihre Wissenschaft ist auf gar keinen Fall vollkommen. Wenn man Schlußfolgerungen zieht, die auf ihr beruhen, fordert man Ärger heraus - wahrscheinlich wird man eine Menge Unpersonen ohne viel Persönlichkeit bekommen ..."

„Jim, du mußt nicht mich überzeugen. Du mußt die Öffentlichkeit überzeugen. Und die Öffentlichkeit glaubt an die Psychometrie."

Das brachte ihn zum Schweigen, denn es stimmte.

Das war das große Handicap dieser Kampagne gewesen. Die Psychometriker hatten in den vergangenen fünf Jahren die Köpfe über James Rutledge Richardson geschüttelt. Zuvor hatte man nur wenig über die neue Wissenschaft gewußt - und dieses wenige wußten überdies nur eine winzige Zahl von Menschen. Aber in den letzten fünf Jahren waren die Wissenschaft und das Wissen der Öffentlichkeit darüber astronomisch gewachsen.

Sie hielten ihn für unreif, egozentrisch, selbstsüchtig, einen Mann, der alles tun würde, um zu gewinnen. Aber ehrlich in finanziellen Dingen - wenigstens das billigten sie ihm zu.

Nun, in diesen Vorwürfen lag einiges an Wahrheit. Ohne solche Eigenschaften würde eine Person gar nicht in öffentliche Ämter gelangen - ohne einen Großteil davon würde keiner es bis zur Spitze schaffen. War Groteckie soviel besser? Er hatte die Psychometriker genarrt, aber Richardson traute ihm nicht.

„Wird nicht einfach sein, die öffentliche Meinung zu ändern", sagte er langsam.

„Das wird nicht möglich sein. Du hast in der Vergangenheit zu viele Gesichter gezeigt, wie viele ‚neue Richardsons' hat es gegeben? Auch vor der Psychometrie. Und wenn sie beweisen können, daß all diese Gesichter denselben alten Richardson verborgen haben - wie wahrscheinlich ist es dann, daß sie eine weitere Persönlichkeitsveränderung glauben werden?"

„Ein guter Public Relations-Mann..."

„Ich nicht." Marty schüttelte den Kopf. „Hör zu, Jim, ich persönlich habe keinen Grund, mich zu beschweren. Ich mag dich sogar - und das ist selten in deinem Stab ..."

Das tat weh, aber Richardson ließ sich nichts anmerken.

„... aber ich bin Profi, und das tut meiner Karriere nicht gut, mich zu eng mit einem Verlierer einzulassen. Ich kann dir in Zukunft nicht mehr helfen - ich wage es nicht. Meine kleine Firma könnte dabei draufgehen."

„Nur wegen einer Niederlage?"

„Zwei Niederlagen nacheinander könnte ich verschmerzen; zwei Jahre der Zusammenarbeit mit jemandem, dem man so wenig vertraut wie dir, leider nicht. Ein politischer PR-Mann muß heutzutage so rein wie Cäsars Frau sein. Es tut mir leid, Jim, glaube mir. Ich bezweifle sowieso, dies nebenbei, daß du das Geld für einen zweiten Anlauf zusammenbringen könntest."

Richardson mußte nicken und zuckte gleichzeitig zusammen, als er die Worte hörte.

„Du sagst mir also Lebewohl, Marty?" Er lächelte blaß und streckte die Hand aus. „Nun ... viel Glück. Und bessere Kunden."

Marty ergriff die Hand, ohne zu zögern. „Dir auch viel Glück, Jim. Wenn ich etwas tun kann - es sei denn, deinen Wahlkampf unterstützen -, dann ruf mich an. Ich fühle mich elend, so als hätte ich dir einen Dolchstoß in den Rücken versetzt, aber es muß so sein."

„Keine Verstimmungen zwischen uns, Marty." Sein Gesicht fühlte sich wie Holz an; er mußte sich zwingen zu lächeln. Ein schweres, kaltes Gewicht lag auf seinem Verstand. Der Raum war ein gutes Stück entfernt, er konnte ihn kaum sehen. Sein ganzer Körper war hölzern oder erfroren. Er mußte ihn dazu zwingen, die anmutigen Bewegungen auszuführen, die schönen Rituale, während er zu seinem Stab und seinen Helfern sprach und wußte, daß er die wenigsten, vielleicht gar niemanden, nach heute abend oder morgen wiedersehen würde.

Denn sie würden ihn alle verlassen.

Das war nichts, das sie durchdiskutiert und beschlossen hatten. Sie waren jeder für sich zu der Schlußfolgerung gekommen, daß James Rutledge Richardson in der Politik fertig war, und er hatte nur aus professionellem Stolz durchgehalten, um alles zu Ende zu bringen. Nun, es war zu Ende. Er hoffte, daß sie zufrieden waren!

Endlich waren sie gegangen, und er konnte zu Bett gehen. Aber er konnte nicht schlafen.

Am nächsten Morgen warteten ein paar Reporter - keine Fernsehkameras - auf ihn, um die letzten Worte von James Rutledge Richardson in dessen politischem Leben zu hören. Richardson unternahm eine gewaltige Anstrengung und sprach nicht unnatürlich. Er unterdrückte die Neigung zu Wutausbrüchen und Tränen fest - er hatte dieses aushöhlende Gefühl: *Warum ich?* -, und er sprach respektvoll von John Groteckie, wich lächelnd allen Fragen nach seiner Zukunft aus und entschuldigte sich; er brauchte sein Frühstück.

Wirklich, warum ich? Niemand im Hotelrestaurant sprach ihn an, wenn ihn auch mehr als nur ein paar erkannten. Die Kellnerin war angemessen höflich, aber nicht übertrieben respektvoll. Es hatte eine Zeit gegeben, da neigten die Menschen dazu, ihm mit Ehrfurcht zu begegnen.

Von der Psychometrie ausradiert!

Aber sie zählten zu früh darauf, daß JRR ausgezählt wurde.

Nachdem er soviel er konnte gegessen und der Kellnerin ein Trinkgeld gegeben hatte, suchte er eine Telefonzelle und versuchte, Thelma anzurufen. Immer noch keine Antwort.

Der erste offensichtliche Schritt, den er unternehmen mußte, war der, sich mit Thelma auszusöhnen. Daß sie ihn zwei Monate vor der Wahl verlassen hatte, war der schwerste Schlag, den er hatte hinnehmen müssen; er war immer noch davon überzeugt, daß ihn das um den Sieg gebracht hatte. Sie *sagte,* es sei nichts Persönliches, sie würde einfach nicht damit fertig werden, die Frau eines Politikers zu sein. Jedermann hatte das als Bestätigung seiner opportunistischen Ich-Bezogenheit angesehen. Sie sagten, seine Frau hätte durch das Studium der Psychometrie ihr Bewußtsein gesteigert (auf ihn bezogen!) und ihn als das Monster erkannt, das er ihrer Aussage zufolge war. Und so hatte sie ihn verlassen.

Keine Antwort. Was sollte er tun?

Wenigstens hatte sie dieser Version nie öffentlich beigepflichtet. Sie kannte ihn am besten; Psychometrie konnte nicht in Unwissenheit angewendet werden, und alle, die versucht hatten, sie aus der Ferne auf ihn anzuwenden - zum Beispiel durch Studium seiner politischen Taten - konnten keinerlei Genauigkeit nachweisen. Nicht daß Thelma das konnte; sie hatte keine Erfahrung damit. Nur ein paar alte Fachwörter aus populären Magazinen und einen sechswöchigen Abendkurs.

Er rief ihre Mutter an.

„Mrs. Julien? Hier ist James. Könnten Sie Thelma etwas von mir ausrichten? Ich kann sie am Telefon nicht erreichen...

Nein, bitten Sie sie nur, sich mit mir in Verbindung zu setzen. Oder drängen Sie sie wenigstens, meine Briefe zu beantworten. Ich bekomme überhaupt keine Antwort, aber wenn sie schon nicht mit mir reden will, dann soll sie mir wenigstens schreiben...

Ja, das dürfte genügen. Vielen Dank, Mrs. Julien."

Immerhin ein kleiner Schritt. Richardson hatte das Gefühl, daß er seine Karriere buchstäblich von Grund auf neu aufbauen mußte. Vielleicht war er wirklich von Groteckie besiegt worden. *Jeder* glaubte, er sei für immer und ewig aus der Politik draußen...

Die Anwaltskanzlei war als ‚Barton, Carstairs und Richardson' bekannt, und sie blühte und gedieh seit zehn Jahren mit ihrem Juniorpartner in Washington. Er und sie hatten sorgfältig darauf geachtet, nichts in irgendeiner Form Zweifelhaftes zu tun; es wäre im heutigen Klima für beide katastrophal gewesen, hätte es Fragen gegeben. Besonders Richardson wollte keine Leichen im Keller. Er hatte die Politik gründlich studiert, und er wußte, daß jeder Politiker, der Ausverkauf betrieb, für niemanden mehr von Wert war.

Doch die Menschen, auch wenn sie das wußten, entschieden sich für eine Kanzlei mit Mumm in Washington.

Seine Seniorpartner jedoch schienen sich mit ihm nicht wohl zu fühlen. Sie wichen seinen Blicken aus. Richardson mußte sich hier nicht so eisern beherrschen, und nachdem er einen Monat lang „fast staatsmännisch" gewesen war, war es eine Erleichterung, sich gehenzulassen.

„Was, zum Teufel, ist los?" fragte er eisig. „Ihr Verhalten könnte mich beinahe zu der Frage veranlassen, für wen Sie gestimmt haben."

„Für Sie natürlich", sagte Randolph Carstairs gereizt. „Und wir scheinen fast die einzigen gewesen zu sein."

„Warum sind Sie dann so unglücklich, mich zu sehen? Bin ich plötzlich zum Paria geworden?"

„Bei Gott, das ist nicht weit von der Wahrheit entfernt", sagte Barton, dessen hohe Stimme fast krächzte. „Der Tonfall, den die Presse anschlägt, bringt uns zu der Überlegung, daß wir ohne Sie fast besser dran wären, Richardson. Die Leute trauen Ihnen nicht. Und uns vielleicht auch nicht mehr, da Sie einer von uns sind."

Richardson. Nicht James. Aber nur die wenigsten nannten ihn James oder Jim. Nun war es also heraus. Er wußte, daß seine Partner ihn nicht mochten. Nur wenige mochten ihn; er war kein sehr liebenswürdiger Mensch. Aber schließlich stand er unter Druck, mußte hart arbeiten. Aber mißtrauen? Ihm?

„Randy, Hank, das ist Unsinn. Sie beide sind meine Anwaltskollegen und Partner. Sie *wissen,* ich habe nie etwas Illegales getan. Ich habe nicht einmal versucht, die Anzeige wegen Fahrens mit überhöhter Geschwindigkeit zu umgehen. Zeigte mich im Gericht, bekannte mich schuldig, zahlte lächelnd die Strafe und lobte den Richter."

Barton schnob. „Ein politischer Schachzug!"

„Natürlich war es das; ich hätte sie mühelos abschmettern können. Ich weiß Bescheid. Jeder von Ihnen weiß es. Mir war es gleich, ich wollte keine Wiederholungen in der Zukunft, wie der junge Kennedy und seine Betrugsanklage. Daher ging ich an die Öffentlichkeit damit."

„Das Dumme daran ist nur, daß jeder es durchschaut hat", sagte Carstairs schwer. „Alle wußten, daß es ein politischer Schachzug war. Man durchschaut eben alles bei Ihnen, weil alles politische Schachzüge sind. Man weiß, daß Sie nicht aufrichtig sind."

„Das ist Blödsinn. Henderson bezahlt seine Strafe wegen Trunkenheit am Steuer, und er ist ein Staatsmann; ich zahle die Geschwindigkeitsüberschreitung und bin ein ränkeschmiedender Politiker. Ich helfe, einige politische Kompromisse zusammenzuschustern, und ich bin ein verschlagener Politiker, dem man nicht trauen kann; De Wolf und Hernandez tun dasselbe, und Kamil wechselt die Partei, und *sie* sind gesegnete Staatsmänner! Das ist nicht nur nicht fair, es ist auch, bei Gott, ungerecht!"

„Da besteht ein kleiner Unterschied: Deren psychometrischen Profile beweisen, daß es ihnen mit ihrer Sache ernst ist. Ihres nicht."

„Kommen Sie mir nicht katholischer als der Papst daher ..."

„Sind wir nicht; *mein* Profil möchte ich gewiß nicht in der Öffentlichkeit sehen lassen", sagte Barton, dessen Stimme wieder zu einem Krächzen zu werden drohte. „Aber ich stehe auch nicht so im Auge der Öffentlichkeit wie Sie."

„Richtig. Ein Politiker muß entweder ehrlich oder aber imstande sein, die Öffentlichkeit an der Nase herzmzuführen."

„Aber ich war ... ich *bin* ehrlich, verdammt noch mal! Es hat niemals die leisesten Zweifel gegeben. Ich habe nur eines getan, das mir ihr Mißtrauen zuziehen konnte, und das war, ein paar politische Ecken zu glätten - ich habe ein wenig Vertrauen erschüttert, ein paar Versprechungen gebrochen, für politische Komitees gestimmt, die mich unterstützten. Ich bin also unehrlich! Und wer ist das nicht in Washington?"

„Weniger als letztes Jahr", sagte Carstairs düster. „Sie waren nicht der einzige Politiker, dem die Psychometrie zu schaffen machte. Und Sie werden nicht der letzte sein. Die Öffentlichkeit kennt sich jetzt mit der Psychometrie aus - und die diesbezügliche Bildung steigt. Sie werden immer schwerer zum Narren zu halten sein. Eine neue Zeit kündigt sich an. Lobbyisten werden es schwer haben, ebenso wie PACs und Anwälte, die auf Kontakte angewiesen sind, selbst vollkommen ehrliche."

„Wie Barton, Carstairs und Richardson."

„Exakt."

„Sie wollen mich also loswerden."

„Wir halten es für sehr wahrscheinlich, daß wir mit Ihnen an Bord untergehen werden."

„Dies ist nicht mehr die kleine Drei-Mann-Partnerschaft mit zwei Kollegen, die Sie vor zehn Jahren verlassen haben, Richardson", fügte Carstairs hinzu. „Hier arbeiten inzwischen siebzehn Anwälte. Und für sie steht viel auf dem Spiel - wie auch für uns."

„Wir werden großzügig sein; es war gut für uns, Sie in Washington zu haben. Sie bekommen fünfundzwanzig Prozent von allen zurückliegenden Gewinnen, und wir können Ihnen einen guten Preis machen, besonders dann, wenn Sie uns in vierteljährlichen Abschlagszahlungen zahlen lassen ..."

Aber Richardson sah nur die Reaktion der Öffentlichkeit auf die Tatsache, daß er aus seiner eigenen Anwaltskanzlei hinausgeworfen worden war. Ein weiterer Schlag. Und als er die Konzessionsrede aufgezeichnet hatte, da hatte er schon geglaubt, er hätte die Niederlage eingesteckt und verkraftet. Er hatte begonnen, Pläne für die Zukunft zu schmieden. Es schien jetzt, als hätten die Niederlagen mit der Wahl erst angefangen.

Er sah sie an und öffnete den Mund, um zu protestieren, dann sah er ihre Mienen. Nein. Nun, sie hatten ihn nie gemocht; er war kein liebenswürdiger Mann. Opfer für ihn? Niemals. Er sagte nur: „Laßt es mich der Öffentlichkeit bekanntgeben."

Es lag auf der Hand, daß sie daran nicht gedacht hatten.

Es dauerte drei Tage, bis Thelma anrief, und er hatte nicht gewagt, sich zu betrinken, weil er befürchtet hatte, sie würde anrufen. Aber die Versuchung war groß gewesen. Es waren drei leere Tage gewesen. Da man ihn in seiner eigenen Kanzlei nicht arbeiten ließ und es keinerlei Öffentlichkeitsarbeit zu tun gab, ging er langsam vor die Hunde. Nicht, daß er völlig müßig gewesen wäre. Er hatte sein Büro geräumt, er hatte den Parteivorsitzenden sowie die Vorsitzenden dreier hiesiger PACs, die ihn früher unterstützt hatten, besucht. Sie verhielten sich allesamt abweisend ihm gegenüber. Er war ein Pferd, das das Rennen verloren hatte, und keiner würde wieder auf ihn wetten.

Als er Thelma auf dem Bildschirm sah, keimte wieder Hoffnung in ihm auf. Wenn sie zu ihm zurückkommen würde – eine besonnene öffentliche Bekanntgabe sowie ein bescheidener Verzicht auf alle politischen Ambitionen könnten ihn wieder ins Rennen bringen... wenn es niemand als politischen Schachzug bezeichnete.

Aber ihr Ausdruck war kalt.

„Thelma? Schön, dich zu sehen. Wie geht es dir?"

„Ganz gut, und da du wahrscheinlich nicht nach den Kindern fragen wirst – ihnen geht es ebenfalls gut."

Er errötete. „Ich *wollte* mich nach ihnen erkundigen, und ich freue mich, daß sie wohlauf sind."

„Zweifellos. Es ist nur richtig und angemessen, daß du dich darüber freust, und es würde sich auch politisch gut machen."

Er zuckte zusammen, wollte sich aber nicht gehenlassen. „Wieso politisch? Hast du denn nicht gehört, daß jedermann der Meinung ist, ich wäre raus aus der Politik?"

„Klar bist du das. Du glaubst es nur noch nicht. Ich wette, du schmiedest schon wieder Pläne für ein Comeback. Ich habe deine Erklärung gelesen, daß du dich von Barton, Carstairs und Richardson zurückziehst; mich kannst du nicht täuschen. Zur Weiterbildung zurückziehen – von wegen!"

Er schluckte seinen Zorn hinunter und sagte gelassen: „Manchmal frage ich mich, wie du mir gegenüber empfinden würdest, hätte ich dich schlecht behandelt. Ich war ein guter Ehemann, Thelma, so gut dies ein arbeitender Politiker eben sein kann. Ich hatte wenig Zeit für die Kinder und dich, aber wir haben sie gut zusammen verbracht ..."

„Wenn wir miteinander schliefen, hatte ich immer den Eindruck, als wäre es ein politischer Schachzug, damit du bei den Wählern gut aussiehst. Du hast immer zuerst an *sie* gedacht. Das ist Unaufrichtigkeit."

Er war so wütend, daß er beinahe den Bildschirm abgeschaltet hätte. „Und wann warst *du* ein Modell an Ehrlichkeit? Als du während der Brauereibesichtigung Wein verlangt hast? Als du Bobby gegen mich und die Schule aufgehetzt hast, auf die ich ihn schicken wollte? Oder ..."

„Okay, ich bin nicht die beste Ehefrau gewesen." Ihr Ausdruck hatte sich verändert. „Hör zu, es tut mir leid, daß sich momentan alles so für dich entwickelt; das war nicht richtig, und, wichtiger noch, es war nicht effektiv." Das war eine Phrase aus dem Jargon der Psychometriker. „Ich lerne dazu, in einem Jahr werde ich eine viel bessere Frau sein. Vielleicht sogar Ehefrau. Deine - aber nur dann, wenn du wachsen und dich auch verändern kannst. Weißt du, Jim, daß du dich emotionell nicht mehr weiterentwickelt hast, seit du siebzehn oder achtzehn warst? Studiere ein Jahr Psychometrie, dann können wir …"

Diesmal konnte er seine Wut nicht mehr beherrschen und schaltete ab.

Richardson wäre besser dran gewesen, hätte er sich einen Job suchen müssen. Aber sein Einkommen aus der Firma plus der Verkauf seines Viertelanteils daran reichten aus, ihn mehrere Jahre über Wasser zu halten. Um so mehr, als seine Ausgaben drastisch zurückgegangen waren. Er verkaufte das Haus, schickte Thelma ohne Skrupel die Hälfte des Geldes und kaufte eine kleine Eigentumswohnung. All seine Angestellten waren fort. Er brauchte das große Auto nicht mehr, daher nahm er sich statt dessen einen Kleinwagen.

Seine einzige Beschäftigung war der Umzug. Er stapelte Kisten voller Papiere in dem zweiten Schlafzimmer, verkaufte einige Möbelstücke und erstand andere. Aber nach weniger als einer Woche war er, abgesehen von den Papieren, vollständig umgezogen und hatte wieder keine Beschäftigung mehr.

Drei Wochen lang betrank er sich zweimal wöchentlich; das war die einzige Methode für ihn, Dampf abzulassen. Aber nach der ersten Zeit, als er in der vagen Hoffnung in die Kneipe gegangen war, dort Gesellschaft zu finden - nicht notwendigerweise weibliche Gesellschaft -, betrank er sich zu Hause, allein. Sie hatten ihn dort erkannt; und sie waren zwar nicht feindselig, aber auch nicht freundlich.

Das versetzte ihm einen profunden Schock. Vielleicht war er *wirklich* raus aus der Politik.

Er überlegte, ob er sich den Schnurrbart abrasieren sollte, ließ sich dann aber einen gepflegten Vollbart wachsen. Zu seinem Mißfallen enthielt er einige graue Haare. In seinem Alter! Das war das Zeichen der Niederlage.

In diesen drei Wochen hatte er all die stillen Tricks versucht, die er kannte, um wieder ins Geschäft zu kommen. Glücklicherweise hatte die gewaltige Maschinerie, die er als Senator errichtet hatte, genügend Geld eingebracht, um die letzte Kampagne zu finanzieren, und daher mußte er nicht mit Schulden anfangen. Aber alle Leute, denen er einmal einen Gefallen getan hatte, schienen seltsam vergeßlich zu sein. Er war draußen; er war jetzt einer von den kleinen Leuten. Und was eine Kandidatur anbelangte, irgendwo im Staat, das konnte er vergessen. Manche sagten es ihm freundlich, manche unverblümt, manche sogar feindselig. Auch das schockierte ihn. Er war nicht an Feindseligkeit gewöhnt - die großen Jungs zeigten sie nicht oft, weil sie Nebenwirkungen haben konnte.

Aber er hatte kein Comeback.

Es endete stets damit, daß er allein in einem sonst verlassenen Apartment saß und die leeren Möbel anstarrte. James Rutledge Richardson: Was ist eigentlich aus dem geworden ...

Eine Woche später hatte er eine Idee.

Es war nicht die erste. Er hatte daran gedacht, seine Memoiren zu schreiben. Aber das war etwas für abgewählte Präsidenten, nicht für gescheiterte Gouverneure; und außerdem wäre es ein politischer Schachzug gewesen ...

Nein. Er war nicht der einzige, den die Psychometrie die Laufbahn gekostet hatte. Viele waren aufgrund ihrer Profile gefeuert worden. Nicht immer offiziell: „Unvermögen, sich anzupassen" oder „im gegenseitigen Einvernehmen" oder sonst ein Unfug, der einem half, das Gesicht zu wahren, galten als die offiziellen Gründe. Es entwickelte sich jedoch zusehends zur üblichen Maßnahme in Personalbüros, psychometrische Profile als Hilfsmittel der Einstellungs- und Entlassungspolitik heranzuziehen.

Das konnte durchaus eine Verletzung der Grundrechte sein. Außerdem gab es dort draußen eine große Gruppe von Menschen, die viel von der Psychometrie hielt, aber auch eine, die ihr verständnislos und argwöhnisch gegenüberstand. Ein schlauer Taktiker konnte sich das zunutze machen. Wenn er erst im Kongreß war, konnte er vielleicht Gesetze durchsetzen, die diese Art von Diskriminierung verboten.

Zugegeben, das war noch ein weiter Weg. Und kein Politiker konnte handeln, wenn die Wähler gegen ihn stimmten, weil sie auf das achteten, was in der Öffentlichkeit als sein Profil angesehen wurde. Und bei Richardson wäre es eindeutig ein politischer Schachzug gewesen, hätte er es in sein Programm übernommen. Aber diejenigen, auf die er abzielte, würden sich wenig darum kümmern. Außerdem, in diesem Fall *war* er ja ehrlich. An der Psychometrie war überhaupt nichts dran, und genau das würde er, verdammt noch mal, beweisen!

Zumindest jedoch wurde sie haushoch überschätzt.

Wie war der Name dieses Mädchens doch gleich?

Vor etwa drei Jahren hatte er einem Mädchen ein College-Stipendium besorgt. Hornsby, das war es, Judy Hornsby. Richardson rief die Universität an und fragte, ob sie dort eingeschrieben war. Die Registratur prüfte dies nach und bejahte es, und man gab ihm glücklicherweise sogar ihre Nummer. Er beschloß auszuprobieren, ob sie heute abend zu Hause war, und rief an.

Sie war. „Oh! Senator Richardson! Was für eine Überraschung!"

„Nur Mister Richardson - oder einfach Jim. Hören Sie - darf ich Sie Judy nennen? -, ich muß ein paar Dinge über Psychometrie erfahren, und Sie studieren das doch, oder?"

„Das ist richtig, es ist mein Nebenfach. Wenn ich helfen kann ..." Sie war nicht ablehnend, nur ein wenig verlegen, aber nicht feindselig. Vielleicht gab es doch noch Dankbarkeit auf der Welt. Richardson änderte seine Pläne.

„Ich frage mich, ob Sie vielleicht morgen mit mir zu Mittag oder zu Abend essen würden. Sie könnten mir einige Fragen beantworten - nichts Tiefergehendes, ja, nur ein kleiner Überblick."

„Aber sicher. Ob Mittag- oder Abendessen ist mir egal."

„Prima." Ein ungewohntes Gefühl überkam ihn. Sie hatte finanziell nicht gut da gestanden, war auf ein Stipendium angewiesen. „Sagen wir also Abendessen; wie wäre es mit sieben Uhr? Und ein gutes Restaurant - ich habe genügend Geld, und mir ist gerade eingefallen, daß Sie vielleicht von Bohnen und Reis leben ..."

Sie lachte, während ihm verspätet einfiel, daß sie ihm das hätte übelnehmen können - er war schon immer ein wenig unsensibel gewesen. „Hört sich an, als wollten Sie mich für mein Wissen bezahlen, Mr. Richardson, aber ich schulde Ihnen bereits alle Antworten, die ich geben kann."

Am nächsten Tag fuhr er zur Universität. Judy Hornsby hatte sich gut angezogen und machte einen frischen, jugendlichen Eindruck. Richardson verspürte einen Schmerz, als er dachte: Wenn ich Thelma nicht verloren hätte, könnte ich vielleicht mit ansehen, wie René ebenso heranwächst. Ich habe mehr Fehler gemacht, als ich ahnte, als ich meine Laufbahn plante ...

Beim Salat, während sie auf das Steak warteten, begann er mit seinen Fragen. „Mir ist bekannt, daß die Psychometrie auf den üblichen Widerstand der Akademiker stieß, bevor sie anerkannt wurde und man sie den normalen wissenschaftlichen Prüfungen unterzog."

„Diese Prüfungen waren schärfer als normal, und ein paar Akademiker haben sie nie akzeptiert. Wissen Sie, sowohl Psychologie als auch Soziologie sind sehr dehnbare Gebiete, und die Psychometrie kam weitestgehend von den mit künstlicher Intelligenz befaßten Forschern, die versuchten, intelligente Computer zu entwickeln. Daher war viel erforderlich, um die akademische Gemeinschaft zu überzeugen."

„Was in mancher Hinsicht durchaus sein Gutes hat. Wurde denn tatsächlich alles hieb- und stichfest bewiesen?"

„O ja. Jedenfalls innerhalb gewisser Grenzen. Die Vorstellung der Öffentlichkeit davon ist natürlich falsch; sie kann nicht die Taten der Menschen vorhersagen, selbst wenn alle Variablen bekannt wären. Das ist eine in sich selbst unmögliche Annahme. Vielleicht wird die Psychometrie eines Tages dahingehend weiterentwickelt, daß man das Verhalten einer Person in einer einfachen, überschaubaren Umgebung - so überschaubar wie ein Schachbrett zum Beispiel - vorhersagen kann. Aber sehr wahrscheinlich ist dies nicht."

„Warum nicht?"

„Nun, der klassische Fall ist der eines Mannes an einem Berghang in der Bahn einer Lawine. Was kann er tun? Er kann quer den Hang entlanglaufen und versuchen, aus der Reichweite der Lawine zu kommen. Er kann den Berg hinunter- oder hinaufflüchten, er kann schräg hinab- oder hinaufgehen. Oder er kann in Ohnmacht fallen, er kann auf die Knie sinken und beten, er kann verrückt werden und aus Angst herumtanzen, oder er hat eine gewisse Zahl - aber keine sehr große Zahl - anderer Möglichkeiten."

„Ich verstehe. Es gibt nur eine kleine Zahl von Dingen, die er tun *kann,* und viele davon wird er mit größter Wahrscheinlichkeit nicht tun."

„Richtig. Aber die Vorhersage, was *genau* er tun wird, würde ein so vollständiges Wissen über seinen Verstand erfordern, daß - nun, die Gleichungen ein riesiges Buch füllen würden. Wahrscheinlich müßte man ihn in allen Einzelheiten studieren, und zwar bis in die Zeit zurück, als er an die Toilette gewöhnt wurde. Sie müssen wissen, so weit fortgeschritten ist die Psychometrie längst nicht, daher können wir auch nicht genau sagen, was notwendig wäre. Eines aber ist sicher: Wir müßten eine Menge Informationen über das Subjekt eingeben. Und das ist nur der relativ einfache Fall eines Mannes in akuter Lebensgefahr."

„Und ich nehme an, sein Profil sagt nichts über sein Verhalten unter Streß aus."

„Richtig. Katastrophentheorie - da haben wir einen scharfen Bruch. Tapfere Männer gerieten schon in Panik, Feiglinge waren plötzlich furchtlos - für so etwas gibt es genügend Beispiele."

„Also ist die Meinung der Öffentlichkeit falsch, Psychometrie könnte vorhersagen. Aber sie kann beschreiben."

„So ist es. Mehr kann sie eigentlich nicht. Sie ermöglicht uns, den Verstand einer Person zu beschreiben - das gefällt mir besser als *Psychoprofil,* was mathematische Bezeichnungen sind, die sehr ungenau sind -, genauer gesagt, ihr Bewußtsein. Von da an ist die Schätzung eines Laien, wie sich jemand verhalten wird, so gut wie jede andere. Nur weil die Psychometrie genau ist, folgt daraus noch lange nicht, daß jemals genaue Einschätzungen von Personen vorgenommen wurden. Zu unseren Übungen gehört das Kartographieren von Shakespeareschen Figuren und historischen Gestalten wie Georg Washington und Abraham Lincoln."

„Einige meiner Senatorenkollegen hatten eine fast einzigartige Fähigkeit, Menschen einzuschätzen. Ich war nie sehr gut darin."

Sie nickte und kaute verlegen auf ihrem Salatblatt.

Richardson hatte diese Fragen während seiner Fahrt zur Universität ausgedacht und die Unterhaltung im Geiste geübt, als handle es sich um eine Pressekonferenz. Daher blieb er charakterlich „fast staatsmännisch" und zeigte keine Bitterkeit. Sein Image war das eines ernsten Suchers nach der Wahrheit.

„Nun, wirklich akkurate Karten des Verstandes einer Person können ohne die ganze Reihe von Tests nicht gemacht werden - Wortassoziation, Voigt-Kampf-Pupillometrie, elektro-enzephalographische Skandierung und so weiter. Aber das grobe Bild eines Verstands kann man aus den Taten und Reaktionen auf alltägliche Krisen zusammenstellen. Und aus einem Vergleich zwischen den Worten und Taten einer Person", fuhr Judy fort, ohne den Blick vom Teller zu wenden.

Also hatte sie ihren Wohltäter studiert. Er fragte sich, was sie herausgefunden hatte.

„Das auch. Und dann haben wir da noch all die Magazin-Aufhänger, diese kleinen ‚Erkenne dich selbst'-Tests, die wahrscheinlich sehr ungenau sind."

„*Extrem* ungenau, wenngleich ein geübter Student daraus allgemeine Angaben beziehen könnte. Oder eine hinreichend objektive Person könnte sie als Führer zur eigenen Persönlichkeit benützen."

„Haben Sie sie jemals benützt?"

„O ja. Wissen Sie, alle Studenten, die Psychometrie studieren, müssen sich ihr Profil nehmen lassen." Sie verzog das Gesicht. „Ein schmerzlicher Prozeß; nicht körperlich, aber es tut weh, die Wahrheit über sich selbst zu erkennen, auch wenn man ein recht ordentlicher Mensch ist."

Ihre Grimasse war wahrscheinlich ein reuiger Ausdruck, aber Richardson kicherte. „Das erklärt, weshalb so wenige Politiker jemals ihr Profil nehmen ließen."

Sie war so verblüfft, daß sie mit ihm lachte. „Wie dem auch sei, man nimmt die kleinen ‚Erkenne dich selbst'-Tests und macht sich ein so hinreichendes Bild seiner Persönlichkeit wie möglich; dann vergleicht man es mit dem großen Test. Normalerweise ist man weniger befangen, als man vermutet."

„Dann sind nicht einmal diese kleinen Spielereien wertlos?"

„Nur dann nicht, wenn man hinreichend objektiv sich selbst gegenüber ist. Das sind nicht viele Menschen. Man kann mit ihnen auch andere Menschen einschätzen, aber entweder weiß man nicht genug über sie, um einigermaßen genau zu sein, oder man ist voreingenommen. Für diesen Zweck sind sie also normalerweise wertlos. Kein Psychometriker würde es sich im Traum einfallen lassen, sie dafür zu verwenden."

„Sie müßten alles sehen, Gehirnwellen, Pupillometrie und so weiter."

„Richtig."

Er befragte sie noch etwa eine volle Stunde und informierte sich über Einzelheiten, aber er erfuhr nichts Sensationelles. Als es vorbei war, brachte er sie nach Hause, dann saß er im Wagen und dachte nach.

Ich werde das alles nicht einfach dadurch zum Einsturz bringen, indem ich es anbrülle. Nicht einmal McCarthy hätte mit seiner Taktik weiterkommen können. Die Öffentlichkeit hatte die Psychometrie in breiter Front akzeptiert. Sie wandte sie natürlich sehr ungenau an, da sie keine Ahnung davon hatte. Dennoch enthielt sie ein Körnchen Wahrheit, und die Öffentlichkeit tat gut daran, auf jene zu vertrauen, die *wirklich* etwas davon verstanden.

Was nicht bedeutete, daß Leute, die aufgrund schlechter Psychoprofile gefeuert worden waren, ungerecht behandelt worden waren.

Die fadenscheinigen Aspekte der Sache hatte er Judy nur sehr zurückhaltend angedeutet, da er befürchtete, sie könnte erkennen, daß er einen Angriff auf die Psychometrie plante. Aber das geschah nicht, sie nickte lediglich und bemerkte, das sei ein Grund zur Sorge für alle, die etwas davon verstünden.

„Ähnlich war es mit der Gesundheit, als Sie noch jung waren", fuhr sie fort. „Die Menschen waren sicher, daß die richtige Ernährung all ihre Leiden heilen konnte. Ernährt euch richtig, dann werdet ihr keine Erkältung bekommen, keinen Krebs oder eure Frau schlagen. Besonders Vitamine und Mineralien sind gut. Leute, die davor Angst hatten, man würde ihnen Natriumfluorid ins Wasser mischen, oder sonstige ‚Chemikalien' fürchteten, mit denen man ihre Nahrungsmittel behandelte, schluckten alle Arten von Vitaminen und Mineralien. Selbsternannte Experten traten an die Öffentlichkeit und behaupteten, zu hoher

Blutdruck werde durch zuviel Salz verursacht und Migräne durch einen Mangel an ... ich habe vergessen, was es war. Und so weiter."

„Und Arteriosklerose durch eine Überdosis Cholesterol. Aber viele Ärzte glaubten es."

„Sie hatten Beweise, daß es Zusammenhänge gab, aber man hätte es auf zweierlei Weise interpretieren können. Unglücklicherweise entschieden sie sich für die falsche Interpretation."

„Manche haben nie akzeptiert, daß das Unvermögen des Körpers, niedere Lipoproteine zu verarbeiten, der wahre Grund für Arteriosklerose ist und daß es sich um eine Erbkrankheit handelt. Wenn man daran leidet, ist eine Diät mit wenig Cholesterol gut; wenn nicht, dann schadet sie zumindest nicht, auf keinen Fall aber wird sie eine Besserung herbeiführen. Judy, waren Sie jüngst in einem Supermarkt? Wissen Sie, wie viele Produkte mit wenig Cholesterol immer noch als gut für jedermanns Gesundheit verkauft werden?"

„O ja, es dauert lange, bis so ein Aberglauben verschwindet."

„Aberglauben! Aber es war Wissenschaft - die beste Wissenschaft, die man damals hatte."

„Für die Ärzte vielleicht, trotz der Fehlinterpretation. Jeder kann einen Fehler machen. Aber für jeden, der es nicht verstand - ich meine nicht, der die *Erklärung* nicht verstand; für jeden, der die *Wissenschaft* nicht verstand -, war es Aberglauben. Alles, was man nicht versteht und in gutem Glauben annimmt, ist Aberglaube."

„Glaube an Wissenschaft ist Aberglaube. Lassen Sie mich das aufschreiben - verdammt gut ausgedrückt. Wenn man es nicht versteht, dann ist es nur Magie. Also, Judy, welcher Aberglaube wird augenblicklich über die Psychometrie verbreitet?"

„Der Glaube an ihre Fähigkeit, die Handlungen eines Individuums vorherzusagen. Außerdem der Glaube, es handle sich um eine abgeschlossene Wissenschaft mit großer Exaktheit. Das letzte gilt für jede Wissenschaft."

Während er im Auto saß, tippte er gegen das Lenkrad und dachte darüber nach. Das war es - die Öffentlichkeit war im Grunde genommen abergläubisch, und sie hatte eine völlig falsche Vorstellung von der Psychometrie. Es war eine Frage der Bildung. Nun, das ging sogar noch weiter, als sein projektierter Frontalangriff ging.

Es würde keine leichte Aufgabe sein. Aber er erkannte, daß es getan werden mußte.

Nachdem er noch eine Weile nachgedacht hatte, ging er zur Universitätsbuchhandlung, die bereits geschlossen hatte. Aber im Eingang fand er einen Verkaufskiosk. Er tippte den Index und verlangte Psychometrie. Der Index verriet getreulich, für welche Kurse die Literatur gedacht war, und so bezahlte er für drei elementare Texte. Nach einem Augenblick kamen drei 7,5 x 15 cm messende Karten heraus; er steckte sie zusammen mit seiner Kreditkarte ein und begann mit der langen Rückfahrt zur Stadt und zu seiner Wohnung.

Richardson gab sich mit den drei Texten über Psychometrie nicht zufrieden. Er wählte die Buchhandlung an, rief den *Reader's Guide to Periodical Literature* ab und erhielt die Indexe für ein Dutzend populärwissenschaftlicher Artikel, die er kaufte. Sie füllten eine Buchkarte. Gleichzeitig kaufte er ein von Hofstader selbst eingeleitetes populärwissenschaftliches Werk. Er las alle drei und bekam allmählich ein gutes Gefühl für ein Thema, das man nur als Mathematik verstehen konnte.

Er überdachte alles, was er gelernt hatte, mehrere Tage lang, bevor er mit den Textbüchern begann. Es dauerte eine Weile, bis er sich für das Unumgängliche gewappnet hatte. Schließlich hatte Judy gesagt, daß sich jeder Student sein Profil nehmen lassen mußte.

„Psychometrie-Büro." Die Stimme der Empfangsdame war ruhig und irgendwie ältlich. Sie erkannte ihn nicht.

„Ja. Wieviel würde es kosten, ein vollständiges Psychoprofil zu erstellen, und wie lange würde es dauern?"

„Ein *vollständiges* Profil?" Sie sah zur Seite, blätterte eine Seite um, nannte ihm den Preis und fügte hinzu: „Es würde ungefähr drei Stunden dauern. Aber nur die wenigsten Industriezweige verlangen ein vollständiges Profil; es gibt spezielle, die weniger kosten und weniger zeitaufwendig sind."

„Ich möchte ein vollständiges Profil, und ich habe Zeit."

„Wie Sie wollen, Sir. Der Doktor hätte übermorgen um elf Uhr für Sie Zeit. Man müßte das Mittagessen ausfallen lassen, aber das ist kein Problem."

„Für mich auch nicht. Bitte merken Sie den Termin vor."

„Ja, Sir. Der Name?"

„James ... Rutledge. Übrigens, nehmen Sie Bargeld?"

„Nun ... das weiß ich nicht."

„Sie *müssen.* Bargeld ist ein legales Zahlungsmittel; es zurückzuweisen bedeutet, die Schuldsumme verfallen zu lassen. Fragen Sie einen Anwalt."

„Wir sind im Büro nicht ausgerüstet, Bargeld anzunehmen ..."

Auch Richardson hatte noch nie mit Bargeld zu tun gehabt, abgesehen von Münzen für die immer spärlicher werdenden Münzautomaten. „Ich könnte Ihnen eine Geldanweisung bringen, aber die ist kein gesetzliches Zahlungsmittel, und ich möchte nicht, daß es nicht angenommen wird."

Mittlerweile war sie vollkommen verwirrt, aber sie sagte: „Nun – bringen Sie das Geld, ich werde es selbst zur Bank bringen."

„Gut."

Richardson behielt seinen Tarnnamen bei; es war offensichtlich, daß der Psychometriker ihn nicht erkannte. Als man ihm die Elektroden vom Kopf nahm – sein EEG war genommen worden, während man ihn verschiedenen Stimuli aussetzte, von Worten über Tierlaute bis hin zu leichten Elektroschocks, nichts Schmerzhaftes oder Anstrengendes –, war der Test vorüber.

Der Arzt sah ihn freundlich an. „Nun, Mr. Rutledge, wird es etwa einen Tag dauern, ihr Profil zu integrieren; und selbst danach wird es

Ihnen wahrscheinlich wenig sagen, wenn Sie nicht über bestimmte psychometrische Vorkenntnisse verfügen. Wir werden es Ihnen, sofern Sie es nicht selbst abholen wollen, in einer versiegelten Schatulle übersenden, die Sie dem Personalbüro überlassen können. Sie verstehen, wir haben lediglich Ihr Profil genommen. Wir liefern die Ergebnisse; wir machen keinerlei Versuche, sie zu interpretieren. Sie erhalten gleichzeitig eine persönliche Kopie, damit Sie auch wissen, was wir der Personalstelle mitteilen. Ist das zufriedenstellend?"

„Sogar sehr."

„Manche Menschen vermuten, es könnte ein betrügerisches Einvernehmen zwischen Psychometrikern und Personalbüros geben. Daher bestimmen die meisten Firmen, daß die Angestellten ihre Profile sehen dürfen, nachdem die Personalabteilung sie geprüft hat. Sie sollten darauf bestehen, sich eine Kopie geben zu lassen und diese mit der Kopie vergleichen, die wir Ihnen geben."

„Sie scheinen ja weitreichende Vorsichtsmaßnahmen zu treffen, Doktor."

Ein Schulterzucken. „Niemand mißtraut Psychometrikern – noch nicht oder zumindest noch nicht laut. Wir möchten, daß es so bleibt. Wir kennen keinen Grund, weshalb Sie uns trauen sollten ... oder der Personalabteilung der Firma, für die Sie arbeiten ... oder warum man Ihnen trauen sollte, daher die versiegelte Schatulle. Wir versuchen, einen Kompromiß zu gehen, das ist die beste Möglichkeit."

Dennoch war Richardson beeindruckt.

Er las keine Kopie seines Profils, sondern machte sich am nächsten Tag an den ersten Text. Es fiel ihm schwer, und er erinnerte sich schmerzlich daran, daß ihm während seiner Studienzeit mehr daran gelegen war, Ämter in den Studentenausschüssen zu bekommen, anstatt zu studieren. Aber in den stürmischen Wintermonaten arbeitete er sich langsam, aber stetig ein, und nach einiger Zeit konnte er selbst einfache Integrationen mit Hilfe eines Taschencomputers durchführen.

All die trockenen Studien verborgener Persönlichkeiten, die nun im Sonnenlicht bloßgelegt wurden, trugen viel dazu bei, seine Objektivität zu fördern. Richardson arbeitete alle drei Texte durch und gönnte sich anschließend ein Besäufnis. Diesmal ging er sogar in die Taverne und genoß es. Niemand erkannte ihn.

Nachdem er sich von seiner Betrunkenheit erholt hatte und abgesehen von ein wenig Angst und gelinder Melancholie nichts mehr verspürte – es war ein langer und einsamer Winter gewesen –, machte er sich an ein einfaches Experiment.

Er besaß verschiedene Magazinartikel und Zeitungsberichte, die das abdruckten, was „externe" Psychoprofile von ihm sein sollten. Diese hatten entscheidend zu seiner Niederlage bei der letzten Wahl beigetragen. In jedem Fall waren, nach der vorsichtigen modernen Tradition des Journalismus, die Quellen angegeben: Reden, die er gehalten hatte, und Abstimmungen. Er las diese Reden nochmals durch und betrachtete die Abstimmungsergebnisse und andere Taten, die er vollbracht hatte, und er legte die objektivsten Maßstäbe an, die er konnte, wobei er sich bemühte, alle Erinnerungen an das zu unterdrücken, was er damals empfunden und gedacht hatte.

Doch er integrierte die Ergebnisse noch nicht gleich.

Statt dessen nahm er drei der besten „Erkenne dich selbst"-Tests zur Hand, die in nationalen Zeitschriften erschienen waren, manche widerwillig und unter Vorbehalt von führenden Psychometrikern empfohlen. Wieder integrierte er die einfachen Ergebnisse nicht.

Schließlich öffnete er die versiegelte Kapsel und verglich sie eine Stunde lang mit dem umfangreichen Ausdruck, den ihm der Doktor gegeben hatte. Sie waren in jeder Beziehung identisch. Gut – die Psychometriker *mußten* aufrichtig sein, weil sonst alles in die Brüche gegangen wäre.

Dann integrierte er die von ihm selbst erzielten Ergebnisse und verglich sie mit dem vollständigen Psychoprofil.

Diesmal blieb er zu Hause und betrank sich.

Drei Tage später, als er sich erst von dem Kater und von den sich anschließenden Depressionen erholt hatte, begab er sich in sein Arbeitszimmer und las die Ergebnisse nochmals durch. Grob in Klartext übertragen, schienen sie zu sagen: James Rutledge Richardson, du bist ein drittklassiger Hurensohn.

Alles war da. Eigennützig, ohne viel Rücksicht für andere Menschen. Seicht, keine aufrichtigen Gefühlsregungen. Egoistisch, egozentrisch. Würde alles tun, jede Lüge erzählen (und selbst glauben, was das schlimmste war), um weiterzukommen. Nicht vertrauenswürdig. Loyal nur gegenüber sich selbst. Ein schlechter Führer und ein noch schlechterer Anhänger.

Oh, er hatte auch gute Seiten. Er war brillant (das überraschte ihn). Er verfügte über eine gewaltige Kapazität für schwere Arbeit. Er konnte charmant sein.

Aber gefühlsmäßig war er bestenfalls noch ein Teenager. Ichsüchtig, neigte zu wenig Selbstbeherrschung – aber das wurde durch eine eiserne Disziplin unterdrückt, die nur das zuließ, was die Öffentlichkeit sehen wollte. Privat neigte er zu Wutausbrüchen oder schneidendem, beißendem Sarkasmus.

Er war ehrlich. Aber seine Ehrlichkeit beschränkte sich ausschließlich auf tatsächliche Gesetzesübertretungen: Diebstahl, Übertretung der Wahlgesetze und so weiter. In jeder Grauzone würden seine Handlungen von Zweckmäßigkeit bestimmt werden. Glaubte er, die Öffentlichkeit würde es erfahren, konnte er sehr rechtschaffen sein; war er sicher, daß nie etwas ans Licht kommen würde, dann … Natürlich gehörten hierzu nicht so augenscheinliche Dinge wie Bestechung. Seine Schwäche war Effekthascherei.

Kein Wunder, daß er nie Freunde gehabt hatte. Auch ohne Psychometrie konnten die Menschen erkennen, daß er ein Mistkerl war.

„Eines jedenfalls ist sicher", murmelte er, während er noch entsetzt die Profile studierte. „James Rutledge Richardson ist fertig mit der Politik. Es wäre egal, wenn dieses Profil veröffentlicht würde. Er ist bereits gestorben."

Er konnte es nicht mehr in demselben Raum aushalten, und so ging er in die Küche und machte Kaffee, um sich zu beschäftigen. Er schenkte sich eine Tasse ein und begab sich zur Balkontür, wo er stehenblieb und düster durch den Regen in den benachbarten, zwei Stockwerke tiefer gelegenen Park sah.

Psychometrie, überlegte er, beinhaltet Training der Objektivität, also wollen wir objektiv sein. In frühen Jugendtagen hatte die Psychometrie eine ganze Garde von echten Mistkerlen aus dem öffentlichen Leben hinweggefegt – unter ihnen war JRR.

O schöne neue Welt, in der es keine solchen Menschen mehr gibt.

Er stellte sich eine Welt vor, in der die Politiker, als Klasse, wenigstens einigermaßen ehrlich waren. Eliminiere die eindeutig unehrlichsten, und du wirst auf der Stelle ein Ergebnis erzielen. Derweil verbessert die Psychometrie ihre Werkzeuge, und die Menschen erfahren mehr darüber. Die Zahl der Menschen, die darin ausgebildet sind, verdoppelt und verdreifacht sich. Und dann kann man das nächst-unehrliche Kontingent aussondern.

Richardson bezweifelte, ob die Politik jemals aufhören würde, ein verdammt schmutziges Geschäft zu sein, oder ob Politiker jemals wirklich aufrichtig sein würden. Der Druck war zu groß, das Volk verlangte zuviel, und die Verlockungen waren zu groß.

Doch wenn die Politiker immer ehrlicher wurden, würde es immer seltener vorkommen, daß ein hinterlistiger Stimmenfänger eine ernsthafte Diskussion bestimmter Themen mit einem emotionalen Aufschrei und Dreckschleudern unterbinden konnte. Und wenn die Menschen ihren gewählten Repräsentanten immer mehr vertrauten, würde es politisch immer sinnvoller werden, aufrichtig über Sachverhalte zu reden.

Und irgendwann würde es einmal politischer Selbstmord sein, der Öffentlichkeit *nicht* die Wahrheit zu sagen.

Was selbstverständlich voraussetzte, daß die Öffentlichkeit die Wahrheit hören *wollte* – ein großes Wenn. Meistens wollten die Leute lediglich gesagt bekommen, daß Brot und Spiele („The American Way“ – JRR kannte alle einschmeichelnden Phrasen) eigentlich wirklich am besten für sie waren. Aber die Zeit würde kommen, da jeder Anwärter für ein öffentliches Amt sein Psychoprofil veröffentlichen mußte. Wenn diese wirklich respektierten und vertrauenswürdigen Männer aufstanden und den Leuten öffentlich sagten, wie kindisch sie sich benahmen, konnten die Wirkungen da ausbleiben?

„Staatsmännisch, so nennt man das“, murmelte er. Ja. Es würde eine Wirkung haben. Wenn er nur …

O schöne neue Welt, in der es keinen Platz mehr für mich gibt.

Der Frühling war gekommen. Drüben im Park blühten die Forsythien trotzig gelb in dem grauen Tag. Trotz des Nieselregens machte Richardson einen Spaziergang und dachte angestrengt nach. Das Problem lag nicht in seinem Profil, es lag in seiner Persönlichkeit.

Warum war er nicht erwachsen geworden? Wie wurden die Menschen erwachsen? In seiner Jugend hatte es Trainingsprogramme zur positiven Entfaltung der Persönlichkeit gegeben, „est“ und andere, verschiedene unwissenschaftliche Lebensweisen, die dazu dienen sollten, die Persönlichkeit zu verändern. Das brauchte er: Reifetraining, so konnte man es nennen.

Wie und warum wurden Menschen erwachsen? Mußte etwas mit den Erfahrungen zu tun haben, die sie machten. Er verbrachte viele Stunden im Regen und dachte darüber nach.

Hinterher wollte er nicht in die Wohnung zurückgehen, die leer war, von dem Profil mal abgesehen. Er kehrte in einer anderen Kneipe ein und zog sich sofort an einen Ecktisch zurück, wo er wenig Bier trank und interessiert die Menschen in seiner Umgebung betrachtete. Alles, um sich von seinen Gedanken abzulenken.

Und zum erstenmal erregte er die Aufmerksamkeit einer jungen Frau. Sie sprach ihn vom Nebentisch aus an, und er antwortete dankbar. Schließlich setzte sie sich zu ihm, sie unterhielten sich ein wenig – seine Antworten fielen meist kurz aus –, und sie studierte ihn mit gebeugtem Kopf.

„Haben Sie etwas verloren, das Ihnen lieb war?"

Richardson mußte ungewollt lachen. „So könnte man es nennen. Aber ich möchte nicht darüber reden. Und was ist mit Ihnen? Sie sehen nicht wie eine Frau aus, die häufig ihr Abendessen trinkt."

„Dann könnte ich kaum diese Figur halten, aber härtere Sachen bringen mich immer in Schwulitäten, daher halte ich mich an Bier." Er bedrängte sie weiterzusprechen, und er wunderte sich, warum sie nicht das Interesse verlor und wieder ging, wie es die meisten Frauen für gewöhnlich taten.

Erst am nächsten Tag fiel ihm auf, daß er nicht über sich gesprochen hatte. Wie hätte er auch? Er konnte nur an dieses elende Profil denken, und wie sollte er sich *darüber* unterhalten? Und so war er ungewöhnlich erfolgreich – je nachdem, wie man Erfolg definierte. Die Frau, Debra, ließ ihn wissen, wann sie hier anzutreffen war und daß sie sich freuen würde, ihn wieder einmal zu treffen. Das war ein Erfolg, und Richardson freute sich aufrichtig darüber.

Und was das Wiedersehen anbelangte, dachte er am nächsten Tag, was hatte er ihr zu bieten?

Aber irgendwann einmal während des langen Spaziergangs oder des darauffolgenden Abends hatte er irgendwie eine Grenze überschritten und konnte nicht zurückblicken. Eine kleine Entscheidung war getroffen worden. Und heute fuhr er ins Einkaufszentrum hinab und betrat zögernd eine Tierhandlung. Ein kleiner Schritt. „Reifetraining" nannte er es.

„Kann ich Ihnen helfen, Sir?"

Ein Mädchen, ein Teenager. „Ich suche nach einem Haustier. Ich möchte ... ich möchte ein Tier, das sehr viel Liebe und Verantwortung braucht und das viel Sorgfalt benötigt. Es ist für ein, äh, emotional gestörtes Kind."

Einen Augenblick sah sie ihn überrascht an, und er verfluchte sich innerlich, aber sie nahm sich zusammen. „Nun, ähem, wie wäre es mit einem Hund? Ein Welpe. Die brauchen viel Liebe, und sie sind sehr liebenswert. Wir haben ein paar süße Hündchen - hier drüben in den Käfigen. Wir haben reinrassige Exemplare verschiedenster Arten, aber auch ganz normale Promenadenmischungen. Äh, ich würde vielleicht einen Mischling vorschlagen, Sir. Wie groß soll der Hund sein?"

„Klein. Apartment-Größe."

„Nun, diese hier sind teils Spitz und teils Cocker und teils Gott weiß was. Beide Eltern waren klein. Wir glauben, daß dieser hier einem Spitz ähnlich sehen wird, wenn er ausgewachsen ist. Der hier könnte ein wenig einem Spaniel ähnlich sehen. Beide Teile der Familie sind wirklich freundlich und warmherzig, Sir."

Richardson sah durch den Draht auf die wuselnde Masse seidigen Fells, und etwas rührte sein Herz. „Darf ich sie anfassen?"

Als er die Hand niedersenkte, sahen vier kleine Köpfe auf. Zwei der Welpen wichen zurück, einer rollte sich fort, der vierte packte seinen Daumen und sah ihn schalkhaft an.

„Ich nehme diesen hier", sagte er heiser.

Malte Heim

Das Realictim

Samstag

Die außerirdischen Invasoren schienen mit ihrer mechanisch anmutenden Metzelei keinerlei Gefühle zu verbinden; noch sah es so aus, als würden sie ihrer müde.

Wann immer Backster in eines der Gesichter hinter den Sichtscheiben ihrer nachtschwarzen Raumfahrerhelme sah – die Ähnlichkeit mit Menschen machte sie besonders entsetzlich –, malte sich darauf weder Haß noch Freude, sondern lediglich eine Art finsterer Genugtuung ab.

Die meisten der Humanoiden vom fernen Planeten schlugen wahllos und rhythmisch wie Maschinen mit Streitkeulen und Macheten auf Köpfe, gebeugte Rücken oder abwehrend erhobene Arme; einige schwangen die geschwärzten Mündungen kompakt wirkender Flammenwerfer, aus denen körperlange Stichflammen röhrten, die das Fleisch der Getroffenen aufzischen und sie rasend schnell zu unterarmlangen Mumien schrumpfen ließen. Wieder andere schossen wahllos mit Maschinenpistolen in die Menschenmasse.

Die scheinbar oder tatsächlich seelenlosen Tötungsroboter handhabten ihre Waffen wie Schnitter ihre Sensen - und sie hielten reiche Ernte. Niemand in der Menge verteidigte sich; entweder trug keiner der versammelten Zivilisten eine Waffe, oder die zufällig mitgeführten Messer oder Revolver waren so offenkundig machtlos gegen die furchtbaren Waffen der stetig voranschreitenden Invasoren, daß ihre Besitzer sich gar nicht erst die Mühe machten, sie hervorzuholen.

Und so starben sie reihenweise und ohne Gegenwehr unter den trennenden Hieben, in den alles versengenden Flammen oder unter dem zerschmetternden Aufprall großkalibriger Kugeln. Einige schrien kurz auf, andere heulten anhaltend und unerträglich, einige wenige blieben stumm und drückten den ungeheuren Schmerz des entfliehenden Lebens in ihren grauenvoll verzerrten Gesichtern aus.

Zuweilen versuchte ein vor Verzweiflung kopflos Gewordener den Kordon der humanoiden Schlächter zu durchbrechen; dann schnitten ihn Macheten oder Geschoßgarben in Stücke, die noch im Niederfallen von schweren Kolben oder blitzenden Schneiden getroffen wurden.

Das Klatschen, Zischen und Rattern, das Geschrei derer, die einen mörderischen Schlag erwarteten, und das ersterbende Winseln der eben Getroffenen bildeten die Geräuschkulisse. Die Invasoren sprachen nur durch ihre Tötungsgeräte; sie selbst blieben stumm bei ihrem methodischen Morden; aber der Grund für ihr Schweigen schien weder Schrecken noch Rausch zu sein, sondern eher die ernste Konzentration auf eine lang erwartete Katharsis.

Rötlicher Dunst stieg in den bleiernen Himmel empor; Staub und mikroskopisch kleine Blutströpfchen; wenn zuweilen die Sonne durch den fahlen Nebel im Tal brach, schimmerten die Schnittflächen der abgehauenen Glieder und die niemals mehr heilenden Wunden wie seltsame Edelsteine auf.

Die Musik schmolz in entsagender Dramatik dahin, und kurz darauf wurde die Leinwand hell.

„Das ist ein ekelhafter Film", sagte Backster.

„Das soll er auch sein", erwiderte Guzmán Lacampane, der Regisseur. „Die Leute wollen es so haben. Warten Sie nur, bis Sie die endgültige Fassung gesehen haben."

„Es ist ein vielversprechender Streifen", bemerkte Halima Cescu, der Cutter, „möglicherweise der beste, der je unser Studio verlassen hat."

„Ich finde ihn einfach toll gemacht", sagte Huard Kolton, der Tonchef.

„Können wir die neue Fassung nicht jetzt gleich sehen?" erkundigte sich Lauri Lovinda, die Hauptdarstellerin aus *Schock der Begegnung,* die in diesem Film nur eine Nebenrolle spielte.

„Sie ist noch nicht fertig geschnitten", sagte Cescu.

„Mit den Filmen ist es wie mit den Frauen, Schätzchen", bemerkte Lacampane tiefsinnig. „Ohne Schnitt würde sie niemand wollen."

„Spar' dir deine Chauviwitze, Guzmán", sagte Sonja Baldweiler scharf.

„Ich möchte was trinken", sagte Lauri und räkelte sich so ausgiebig, wie es der gebrechlich aussehende Regiestuhl, auf dem sie saß, zuließ. Das Oberteil ihres Bikinis dehnte sich zum Zerreißen. Der ständig schmollende Mund, der vor allem ihren Weltruf als Charakterdarstellerin begründete, ließ in allen anwesenden Männern den Wunsch aufkommen, derjenige zu sein, der ihren wonnigen Körper auffangen durfte, falls der Stuhl tatsächlich unter ihrem nahezu unbedeckten Hintern zusammenbrechen sollte.

„Du bist noch nicht cool genug, Sonja, meine Süße", sagte Lacampane, ohne seine genüßliche Betrachtung der scheinbar selbstvergessenen Lovinda abzubrechen. „Wenn du ein *großer* Star werden willst, mußt du es wie Lauri machen."

„Woher willst du denn wissen, wie ich's mache?" fragte Lauri, und ihr Gesicht drückte jetzt ehrliche Neugier aus.

„Nichts rechtfertigt unmotivierte Brutalität", beharrte Backster düster.

„Nur der Umsatz", konterte der Regisseur. „Außerdem gibt es Motive wie Sand am Meer ... Neid, Machtgier und Angst ... Suchen Sie sich aus, was Sie wollen."

Ein noch sehr junger Majordomus mit kunstvoll toupierten schwarzen Haaren und affektiertem Gesichtsausdruck kam mit lässigem Hüftschwung herangeschlendert. Er trug Getränke und Snacks auf einem silbernen Tablett.

„Wer möchte eine Kleinigkeit zu sich nehmen?" fragte er mit ausdrucksvoller, hoher Stimme.

Lauri winkte ihn zu sich und nahm sich ein Kelchglas mit rubinroter Flüssigkeit vom Tablett.

„Was hast du denn Schönes anzubieten?" fragte Lacampane.

„Nur eine kleine Auswahl vom Buffet, Guzmán“, erwiderte der Junge.

„Du sollst mich nicht vor versammelter Mannschaft duzen“, wies ihn der Regisseur halblaut zurecht. Der Majordomus errötete und trippelte auf Backster zu.

„Möchten Sie vielleicht etwas probieren?“ fragte er.

Backster warf einen prüfenden Blick auf das Angebot und griff zögernd nach einem blaßrosa Würstchen, das auf einen Zahnstocher gespießt war. Als er den kleinen Spieß in der Hand hielt, sah er, daß sich das Würstchen stumm daran wand.

„Was ist das ... um Gottes willen?“ rief er erschrocken und angewidert aus.

„Ein Snackwurm“, erwiderte Lacampane. „Sie werden von der Venuskolonie importiert. Eine ausgezeichnete Ergänzung zu Bier und Coke. Banausen essen sie oft geröstet und gesalzen, aber roh ist ihr Geschmack unvergleichlich. Wenn Sie nicht mögen, geben Sie nur her.“

Backster reichte ihm das blinde, aufgespießte Ding. Lacampane nahm es entgegen und steckte es in den Mund. Den Zahnstocher zog er wieder heraus und klemmte ihn als einen dünnen Schnäuzer zwischen Oberlippe und Nase, ohne mit dem Kauen aufzuhören.

Die Mädchen lachten über seine komische Schnute. Backster verzichtete darauf, einen anderen Happen zu nehmen.

Der Regisseur, der den Zahnstocher inzwischen seiner eigentlichen Bestimmung zugeführt hatte, sagte zwischen zwei saugenden Schmatzern: „Wir haben noch viel zu tun, Leute. Aber ehe wir über den Filminhalt diskutieren, möchte ich noch etwas zur Technik sagen.“

„Lassen Sie mich raten“, sagte der Drehbuchautor Edgar Furnicle gutgelaunt, „Sie wollen mehr Sex.“

„Nein, Ed“, erwiderte Lacampane mit sanfter Zurechtweisung in der Stimme. „Aber ich will mehr Realismus. Ich habe daran gedacht, einen oder mehrere *Realictims* einzukaufen.“

Sonja Baldweiler schlug so heftig mit der flachen Hand auf den Scripttisch, daß die Filmrollen darauf hochhüpften.

„Dann steige ich aus“, sagte sie, und eine heiße Blutwelle schoß ihr ins Gesicht. „Diese faulen Tricks sollten Sie den Herstellern billiger Horrorstreifen überlassen.“

„Erstens bin ich nicht der Hersteller“, begann Lacampane, „und er war es sogar, der mir mit dieser Idee...“

„Was ist ein Realictim?“ erkundigte sich Backster.

„Ein Schauspieler, der sich vor der Kamera umbringen läßt“, erwiderte der Regisseur, offensichtlich ungehalten wegen der Unterbrechung. „Er kriegt die dreifache Gage...“

„Das mache ich auch nicht mit“, sagte Lauri und zog wieder ihren Schmollmund.

„Brauchst du auch nicht, Schätzchen“, sagte Cescu. „Die Leute wollen nur Männer sterben sehen; die Jungfrauen werden immer gerettet, sobald sie einer *geschniebippt* hat ... das weißt du doch.“

„Ist denn das erlaubt?“ fragte Backster, der das Blut in den Ohren pochen hörte. „Ich meine, schließlich gibt es Gesetze ...“

„Präsident Gersen hat sich da sehr verdient gemacht", sagte Lacampane. „Haben Sie das denn nicht mitbekommen, Sam? Es gab einen Musterprozeß ... man argumentierte, was im Bereich der Weltraumtechnik recht wäre ..."

„Sie wissen, daß ich eine Weile weg vom Fenster war", erwiderte Backster schuldbewußt. Aus irgendeinem Grund mußte er an seine krebskranke Frau zu Hause denken.

„Dort wie hier stellt die hohe Bezahlung eine angemessene Entschädigung für die Hinterbliebenen dar ...", fuhr Lacampane fort.

Der Raum begann sich um Backster zu drehen. Er hatte eine Empfindung, wie er sie zuletzt als Kind auf dem Karussell verspürt hatte – und ein paar Jahre später bei seinem ersten Versuch, Bier zu trinken.

„... in jedem Fall eine rein persönliche Entscheidung", dozierte der Regisseur unbeirrt weiter, „die vollkommen auf dem Boden der Chancengleichheit und des freien Wettbewerbs ..."

„Um Gottes willen, er wird ohnmächtig", hörte Backster eine weibliche Stimme wie durch Watte. Das Drehen des Raumes wurde schneller. Dann spürte er einen dumpfen Schmerz im Hinterkopf und hatte flüchtig den Geruch von Äther in der Nase.

Sonntag

„... wieder okay, Sam?" erkundigte sich eine ungeduldig klingende Männerstimme.

Backster blinzelte. Sonnenlicht fiel schräg durch die hoch gelegenen Studiofenster.

Sonntagmorgen, dachte Backster. Er entdeckte, daß er auf einer Liege neben der Attrappe eines Haifischs lag, die wohl aus nostalgischen Gründen bisher niemand ausgemistet hatte. Die Sonne ließ das lachsrosa Plastik-Zahnfleisch des Relikts aus der großen Zeit der Hardwareanimation grell aufleuchten.

„Ich bin wieder in Ordnung", sagte er zu Lacampane, der vor der Liege stand und mürrisch auf ihn heruntersah. „Und ich mache es."

„*Was* machen Sie, Sam?" fragte der Regisseur erstaunt.

„Ich bin eines Ihrer *Realictims,* wenn Sie wollen", sagte Backster leise. *Vielleicht hilft das Geld, meine Frau gesund zu machen,* dachte er.

Der verblüffte Ausdruck in Lacampanes Gesicht verstärkte sich. „Tja, ich weiß nicht recht ...", begann er. „Es kommt überraschend. Lassen Sie mich überlegen ... Ein unschuldiges Opfer der unmenschlichen Invasoren? Authentische Todespein in Ihrem ausdrucksvollen Gesicht so groß wie die Leinwand? Ich bin nicht abgeneigt, Ihnen die Rolle zu geben, Sam ... Es wäre in der Tat ein krönender Abschluß Ihrer Karriere; ein Kunstwerk, das Sie unsterblich machen würde ... Bei Gott, fast könnte ich Sie beneiden."

„Ich tue es für Eileen", sagte Backster und schloß die Augen vor dem gräßlichen Anblick des klaffenden Fischmaules. Der Entschluß pumpte Adrenalin in seinen Blutkreislauf und vertrieb seine Benommenheit. Er setzte sich auf, schwang die Beine von der Liege und stand auf.

„Freut mich, daß Sie wieder auf dem Damm sind ... und ja, für den Rest der Dreharbeiten“, sagte Lacampane und drückte Backsters Oberarm. „Ich werde Ihnen das nie vergessen, Sam; ehrlich. Wollen Sie einen Brandy?“

„Ein Schnaps wäre fein“, erwiderte Backster und zwang sich zu einem jungenhaften Grinsen.

Lacampane zog eine silberne Taschenflasche aus seinem taubengrauen Seidenjackett, schraubte sie auf und reichte sie Backster. „Es ist ein besonders guter“, sagte er. „Meine Hausmarke sozusagen. Morituris nihil ...“ Er drehte sich um, während Backster trank, klatschte in die Hände und rief laut: „Okay, Leute ... fliegen wir zum Drehort. Alles in den Hubschrauber.“

Backster setzte die Flasche ab und gab sie zurück. Er sah sich um.

Sämtliche Schauspieler und Filmleute waren im Studio versammelt, und er vermochte nicht zu entscheiden, ob sie *noch* oder *schon wieder* hier waren.

Halima Cescu hörte auf, beschwörend auf Lauri Lovinda einzureden. Die Lovinda war jetzt beinahe züchtig in rote Shorts und ein blau-gelbes Glitter-Top gekleidet; aber sie machte diesen relativ anständigen Eindruck wieder zunichte, indem sie dem Cutter schamlos auf die Hose starrte und sich dabei selbstvergessen mit der Zungenspitze über die Lippen fuhr. Dann sah sie ihm ins Gesicht, lächelte, warf ihm eine Kußhand zu und schritt mit übertriebenem Hüftschwung auf den alten Armeehubschrauber in der Nordostecke des Studios zu.

Der Cutter folgte ihr mit entrücktem Gesichtsausdruck.

Sonja Baldweiler fühlte sich sichtlich unbehaglich. Sie saß neben Edgar Furnicle auf einer Chaiselongue und las in dem Drehbuch, das auf seinem Schoß lag. Der Autor starrte scheinbar konzentriert in sein eigenes Machwerk und tat so, als merke er nicht, wie lästig ihr seine Annäherungsversuche waren. Er hatte der Baldweiler wie zufällig den Arm um die Schulter gelegt.

Als ihre verbissenen Bemühungen, ihn abzuschütteln, nicht fruchteten, nahm sie wortlos seine Hand, hob sie hoch und ließ sie mit unsäglich angeekeltem Gesichtsausdruck wie ein in Fäulnis übergangenes Stück Fleisch fallen.

Furnicle mimte den Beleidigten. Er klappte den Ordner mit dem Typoskript heftig zu, erhob sich träge und machte sich ebenfalls auf, der Anordnung Lacampanes zu folgen.

Die Baldweiler stand auf, zupfte den knöchellangen, engen Rock ihres Schneiderkostüms im Fischgrätmuster zurecht und folgte dem Autor auf hochhackigen petrolfarbenen Pumps.

Huard Kolton war in ein Selbstgespräch vertieft, das er mit rasch wechselnder Mimik und heftigen Gesten begleitete. Als Lacampane zu ihm trat und ihm die Hand auf die Schulter legte, sah er ihm verstört ins Gesicht, nahm den vollständig in seinen Haaren verborgen gewesenen Kopfhörer ab und ließ sich von seinem Chef zu dem wartenden Transporter führen.

Backster überwand ein leichtes Schwindelgefühl und folgte dem Rest des Teams.

Als er den Hubschrauber erreichte, waren alle anderen schon in die Plexiglaskanzel eingestiegen. Der Regisseur stand allein noch davor.

Er drehte sich zu Backster um und sagte: „Vorne ist kein Platz mehr frei ... Sie müssen leider mit in den Laderaum - zu Ihren Mördern." Er wandte den Kopf und rief lauter: „Öffnet das Dach - wir starten!"

Ein elektrisches Summen und blechernes Dröhnen setzte ein; ein Segment des Studiodaches öffnete sich und zeigte einen rechteckigen Ausschnitt aus dem blauen Sommerhimmel.

Backster spürte Übelkeit, die von seinem Magen aufstieg und seinen Speichel bitter werden ließ. Er betrat die als Rampe herabgelassene Seitentür des Truppentransporters, stieg hinauf und trat ins dunkle Innere.

Sobald er drinnen war, schloß sich die Rampe und schnitt alles Licht wie mit der Schere ab.

Es war stockfinster im Bauch des Hubschraubers. Backster tastete hastig hinter sich, um nicht das Gleichgewicht zu verlieren.

Da heulte der Motor auf; der Transporter erhob sich, und Backster stolperte über etwas Nachgiebiges.

Hände griffen nach ihm, und eine dumpfe Stimme sagte: „Paß auf Mac ... hier sind überall Beine."

Obwohl unsichtbare Hände versuchten, ihn an Kragen und Ärmel seines Anzuges festzuhalten, landete Backster mit dem Hintern unsanft auf einem ungepolsterten Sitz.

„Hinter dir sind Gurte", sagte die Stimme, in der jetzt Belustigung mitklang. „Besser, du hängst die Flossen hinein. Wir geh'n gleich in Schräglage."

„Wer sind Sie?" fragte Backster nervös. „Und warum ist hier kein Licht?"

„Wir sind die Außerirdischen", erwiderte die Stimme. Sie klang gedämpft, als würde ihr Inhaber in einer Kiste sitzen oder durch eine geschlossene Tür sprechen. „Wir brauchen kein Licht; wir können im Infrarotbereich sehen."

Backster ertastete Lederschlaufen in Hüfthöhe hinter sich und klammerte sich daran. Gerade noch rechtzeitig; der Hubschrauber legte sich schräg und nahm Geschwindigkeit auf.

Plötzlich flammte ein Licht auf - ein Feuerzeug.

„Zigarette, Mac?" fragte einer der Mitpassagiere und hielt ihm eine Packung hin.

„Kann ich brauchen, danke", erwiderte Backster, nahm eine Zigarette an und ließ sich von einer Hand im Panzerhandschuh Feuer geben.

Er sah neben sich und auf der Bank gegenüber insgesamt etwa zwei Dutzend wie Raumfahrer gekleidete Männer. Die kleine Flamme des Feuerzeuges spiegelte sich in sämtlichen Sichtscheiben der mit Sauerstoffschläuchen, Reglern und kurzen Antennen versehenen Helme.

Dann erlosch die Feuerzeugflamme, und nur noch das winzige, rote Glühen seiner Zigarette spiegelte sich in den Sichtscheiben, als er gierig den Rauch einsog.

„Was ist mit Ihnen?" fragte er seinen Nachbarn.

„Wir rauchen nicht, Mac. Es wäre für uns schädlich ... wie eure ganze Atmosphäre", erwiderte der Raumfahrer.

Backster hatte den Eindruck, daß er das Wort *Atmosphäre* mit besonderer Betonung ausgesprochen hatte; so wie man von etwas Verächtlichem spricht.

Leises Gemurmel wurde hörbar, das zuweilen von kurzem, unlustigem Auflachen begleitet war.

Erst jetzt fiel Backster auf, daß er alles hören konnte, was die Männer sagten, obwohl keiner von ihnen seinen Helm geöffnet hatte. Er sog ausgiebig an seiner Zigarette und betrachtete den Helm seines direkten Gegenübers genauer. Er sah in Kinnhöhe eine aus Lamellen bestehende Membran.

„Ihr Jungs seht verdammt echt aus", bemerkte er. Die Hand, in der er die Zigarette hielt, bebte leicht, und er stützte sie unauffällig mit der anderen ab.

„Das ist gut zu hören, Mac", erwiderte einer der Männer.

Schweigen. Backster hoffte inständig, daß der Flug nicht allzulange dauern würde. Wenn die Zigarette ausgeraucht war, würde es wieder stockfinster sein.

Er spürte eine leichte Berührung an seinem Knie und zog es hastig zurück.

„Bist ziemlich nervös, Kollege", stellte ein Mann fest.

„Ich bin krank gewesen", erwiderte Backster und versuchte sich zu entspannen.

„Nur die Ruhe", sagte jemand am Ende der Reihe gegenüber. „Wir landen gleich auf der Erde."

„Meine Mutter hat mich vor Spaßvögeln gewarnt", platzte Backster heraus, ohne es zu wollen.

„Hat sie auch was von Außerirdischen gesagt?" fragte der Mann, der ihm Feuer gegeben hatte.

Backster lachte leise, rauchte und erwiderte nichts, weil ihm nichts einfallen wollte.

„Was ist mit dir – sind dir einfache Komparsen zu blöd für 'ne Antwort?" fragte der andere.

„Entschuldigen Sie, ich habe an etwas anderes gedacht", erwiderte Backster leise. Er hatte den Eindruck, daß die Stimmung jetzt gegen ihn umgeschlagen war, obwohl niemand sonst etwas bemerkte.

„An was denn, darf man das erfahren?" bohrte der Invasor weiter.

„An meinen Tod", erwiderte Backster. Blitzartig war das Bild einer krebszerfressenen Frauenbrust vor seinem inneren Auge. „Ich werde bei den Filmaufnahmen sterben. Ich bin ein Realictim, wenn ihr wißt, was das ist."

„Er ist ein Realictim", wiederholte der lästige Frager unnötigerweise. „Habt ihr das gehört? – Wir können dir die Zeit verkürzen, wenn du Schiß hast."

Zu Backsters Entsetzen zog der Komparse eine Machete aus der Scheide, die unpassenderweise an der Seite seiner schwach schimmernden Raumfahrermontur befestigt war.

„Gib's ihm", murmelte ein Mann direkt neben Backster. „Er verpestet die Luft und stänkert doch nur rum."

Der Außerirdische hob die Machete.

Backster winselte auf und hob abwehrend die Hände ...

Da wurde er wach. Er war schweißgebadet. Er sah auf den Wecker. Es war fünf Uhr morgens.

Donnerstag

Obwohl sich der Traum entgegen seinen Befürchtungen nicht wiederholt hatte, schrak Backster jetzt schon zum drittenmal mitten in der Nacht aus dem Schlaf; naßgeschwitzt, mit angstvoll klopfendem Herzen und rasendem Puls, der sich nur langsam wieder normalisierte.

Er wußte, daß er nicht mehr einschlafen würde.

Lange blieb er reglos liegen, um Eileen neben ihm nicht zu wecken. Bis der Schweiß auf seiner Stirn getrocknet war und ein schwaches Kältegefühl hinterließ.

Dann ließ er sich vorsichtig aus dem Bett gleiten, tastete nach dem Morgenmantel, zog ihn an und ging leise die Treppe hinab ins Wohnzimmer.

Er stellte den Kaffeeautomat an, rasierte sich im Bad und zog sich vollständig an. Dann holte er das Werbekonzept für den *freshline*-Supermarkt aus der Aktentache und breitete die Entwürfe auf dem Couchtisch aus.

Die Handelskette klagte über kontinuierlich zurückgehende Umsätze. Backsters Firma, die *Creadvertising Society,* hatte dem Supermarkt empfohlen, mehr Gewicht auf kombinierte und Semi-Fertigprodukte zu legen, aber die *freshline*-Manager bestanden darauf, daß eine völlig neuartige Werbestrategie erforderlich sei.

Backster holte sich einen Kaffee und vertiefte sich in seine Aufgabe.

Auch bei der *freshline* war die bei stärkerem Andrang unweigerlich auftretende Warteschlange an den Kassen eine der Hauptsünden. Man konnte sie nicht ohne unverhältnismäßig hohe Kosten vermeiden; aber man konnte den Kunden bestimmt die leidige Warterei versüßen.

Zudem konnte man die Gänge der Kasse werbeintensiv nutzen und den Nutzen mit Zerstreuung kombinieren.

Fernsehen im Gang und Kinderhort, schrieb Backster auf seinen Notizblock.

Da hörte er tappende Schritte auf der Treppe.

„Was ist los?“ fragte Eileen, kam die letzten Stufen hinab und setzte sich neben Backster.

„Ich arbeite ein bißchen vor“, erwiderte er und schuf auf dem Tisch Platz für die Kaffeetasse seiner Frau.

„Hast du wieder schlecht geträumt?“ fragte sie und sah ihm prüfend ins Gesicht.

Er resignierte und erzählte ihr den Traum vom Samstag, in dem er Schauspieler in einem unglaublichen Film gewesen war.

„Und jetzt habe ich Angst, daß sich der Traum wiederholt“, schloß er seine Erzählung.

Sie lachte unvermittelt, und er starrte sie verblüfft an.

„Das mit den ... *Realictims* ist gut“, sagte sie schließlich. „Es brächte mehr *pep* in die Filme. Schlag' es doch deinem Boß vor.“

„Eileen – ich arbeite für ein Werbeunternehmen“, erinnerte er sie.

„Dann kündige doch und werde Regisseur“, erwiderte sie fröhlich. „Wir könnten das Geld gut gebrauchen; vielleicht könnten wir uns eine bessere Therapie für Godwin leisten...“

„Es gibt keine Therapie für Schwachsinnige“, erwiderte er ungehalten, weil sie diesen Punkt schon so oft diskutiert hatten.

Ihre Fröhlichkeit versiegte ebenso rasch, wie sie gekommen war. „In deinem Traum hatten wir keinen Sohn, aber ich hatte Krebs“, sagte sie und fing an zu weinen. „Bestimmt hat das etwas zu bedeuten. Vielleicht wünschst du dir insgeheim, daß ich tot wäre.“

Er wischte ihren Einwand mit einer halb ungeduldigen und halb beschwichtigenden Handbewegung zur Seite. „Das ist doch Unsinn“, sagte er sanft. „Träume haben nichts zu bedeuten.“ Er trank seinen Kaffee aus.

„Immerhin hat dir *dieser* Traum Angst gemacht“, wandte sie ein und stand auf, um sich noch Kaffee zu holen. „Willst du auch noch einen?“ fragte sie im Gehen.

„Nein, danke“, erwiderte er. „Ich weiß nicht, woher ich ihn habe.“

„Wen?“ erkundigte sie sich von der Anrichte her, wo der Kaffeeautomat vor sich hin blubberte.

„Den Traum. Meistens werden sie von etwas angeregt, das man am Tag vorher erlebt oder gehört hat.“ Er nahm sich eines der Schnittchen, die von gestern abend übriggeblieben waren, und biß hinein.

„Dann hast du es wohl aus den Nachrichten“, sagte sie auf dem Rückweg zu ihrem Sessel. Sie ging vorsichtig, um nichts aus der randvollen Tasse zu verschütten.

„Ich sehe im Büro keine Nachrichten“, erwiderte er. „Was war es?“

„Sie sprachen von einer Invasion Außerirdischer“, sagte sie kichernd.

Backster hörte auf zu kauen und legte das halbverzehrte Schnittchen weg.

Eileen schlug sich die Hand vor den Mund, und ihre Augen weiteten sich. „O Gott“, fuhr sie fort, „das hätte ich nicht sagen sollen. Verzeih; es war nur die Rede von ... einem sich nähernden Objekt aus dem Weltall. Irgendein Astronom hat es entdeckt.“

„Das sagst du mir erst jetzt?“ fragte er alarmiert. Sein Herz schlug wie verrückt.

„Ich dachte, du wüßtest es“, sagte sie mit erschrockenem Gesichtsausdruck. „Außerdem wollte ich dich nicht unnötig aufregen ... schließlich bist du noch nicht wieder völlig gesund.“

Backster griff automatisch nach der Perlmuttdose auf dem Tisch, öffnete sie, nahm eine Zigarette heraus und zündete sie mit dem schwersilbernen Tischfeuerzeug an.

Eileen, die seine Handlungen mit großen, noch tränennassen Augen verfolgt hatte, sagte: „Ich dachte, du rauchst nicht mehr? Der Arzt hat es dir doch bis auf weiteres verboten.“

„Ich muß mich beruhigen“, erwiderte er und stand auf. „Ich rufe meinen Freund Guzmán Lacampane an“, sagte er und ließ Asche auf den Teppich fallen. „Immerhin hat er in dem Traum mitgespielt. Vielleicht weiß er mehr über das ... Objekt.“

„Bist du verrückt?“ fragte sie. „Es ist noch nicht einmal sechs Uhr morgens. Und weshalb sollte *er* mehr wissen?“

„Weil er für die Regierung arbeitet“, erwiderte Backster und ließ sich langsam wieder in seinen Sessel sinken. „Ich ruf' ihn später in seinem Büro an. Ich muß Genaueres wissen; ich denke dabei auch an dich und Godwin.“

„Gleich kommen die Frühnachrichten“, sagte Eileen und erhob sich. „Vielleicht bringen sie Neuigkeiten.“ Sie ging zum Fernseher und schaltete ihn ein.

„... läßt das Militär verlauten“, verkündete ein ungefähr vierzig Jahre alter, sehr gepflegt aussehender Sprecher mit dröhnender Stimme, „daß sämtliche Schritte zur Verteidigung des Landes vorbereitet sind, falls dies erforderlich werden sollte. Zur Zeit besteht jedoch keine akute Gefahr.“

„Mein Gott“, sagte Backster. Er war im Sessel erstarrt. Seine Hand mit der Zigarette bebte leicht.

„... aber sehr wahrscheinlich, daß es sich bei dem Objekt um ein Raumschiff von einem fernen Planeten handelt“, fuhr der Sprecher fort. „Ob sich außerirdische Lebewesen darin befinden, wird sich möglicherweise noch im Verlauf des heutigen Tages herausstellen.“

„Godwin muß wieder am Lautstärkeregler gespielt haben“, sagte Eileen, stand auf und ging, um das Gerät leiser zu stellen.

Als sie zurückkam, sah sie, daß ihrem Mann die Zigarette aus der Hand gefallen war. Sie lag auf dem hochflorigen Teppich; eine dünne, blaue Rauchfahne stieg daraus empor.

„Sam!“ rief sie, sprang auf und trat den Schwelbrand mit dem Pantoffelabsatz aus. „Was ist denn bloß los mit dir?“ jammerte sie.

Backster sah sie starr an. „Wir müssen verschwinden. Wir packen nur das Nötigste in den Kofferraum - Kleidung und Konserven für eine Woche - und fahren in die Berge.“

„Und was ist mit der *Creadvertising?“* erkundigte sich Eileen scharf. „Willst du deinen Job verlieren?“

„Das Wichtigste habe ich im Kopf; ich kann es telefonisch durchgeben“, sagte er mit leuchtenden Augen. „Ich sage ihnen einfach, ich hätte einen leichten Rückfall ... Sie glauben mir schon ... Mein Nervenzusammenbruch letzte Woche ... Hol' schon mal Godwin.“

„Du wirst deine Karriere ruinieren“, rief Eileen jammernd. Sie war schon an der Treppe. „Der Junge erleidet vielleicht einen Schock!“

„Tu, was ich dir sage ... es geht möglicherweise um unser Leben“, brauste Backster auf. Die Knöchel seiner Fäuste auf der Glasplatte des Couchtischs waren weiß.

Eileen war mit einem klagenden Laut den Rest der Treppe hochgeeilt und im Schlafzimmer ihres mongoloiden Sohnes verschwunden.

Backster öffnete gewaltsam die Fäuste und zündete sich eine weitere Zigarette an.

Allmählich wurde er ruhiger.

Eileen kam kurz darauf wieder die Treppe hinab. Godwin, der schon fünfzehn war und wie ein sechsjähriges Wechselbalg aussah, stolperte hinter ihr her die Stufen hinab. Eileen sprach beruhigend auf ihn ein.

„... fahren bissi teitei“, verstand Backster. „Im Töfftöff. Wird ’ne feine Fahrt; wirst schon sehen ...“

„Mama hilf, böse Männer und viel viel Wasser ...“, brabbelte Godwin.

„Er spricht besser als du“, sagte Backster und drückte den Zigarettenstummel im Onyxascher aus. „Vielleicht solltest du vernünftiger mit ihm reden. Ich hole die Lebensmittel; wenn du dich um die Anziehsachen kümmern würdest ...“ Er stand auf, ging in die Küche und begann, systematisch Dosen und Gläser in einen *freshline*-Karton zu stapeln, während er vor sich hinmurmelte.

Als er mit dem hochvollen Karton aus der Küche kam, lag ein Haufen Kleider auf dem Tisch. Eileen saß mit im Schoß gefalteten Händen still auf der Couch und weinte lautlos.

„Meine Entwürfe ...“, begann er.

„Ich habe sie eingesammelt und wieder in Ordner verstaut“, erwiderte sie. „Er ist in deiner Tasche.“

„Dann können wir das Zeug ja in den Wagen bringen ...“, fing er an.

„Ich fahre nicht mit“, sagte sie. „Fahr nur allein.“

Backster stellte die Konserven auf einem Sessel ab und ging zu seiner Frau.

„Eileen ...“, sagte er und legte die Hand auf ihre schmale Schulter. Sie zog die Schulter hoch, neigte den Kopf und schmiegte ihre tränenfeuchte Wange an seinen Handrücken. „Mir zuliebe“, murmelte er.

„Liebst du mich denn überhaupt noch?“ fragte sie unter heftigem Schnüffeln.

„Mehr als mein Leben“, erwiderte er und meinte es ernst.

Godwin war damit beschäftigt, Arme voll Kleider in die Luft zu werfen. Er hatte rote Backen und krähte vor Vergnügen.

„Laß das, Liebling“, sagte Eileen, „und hilf Papa, die Sachen ins Auto zu bringen.“

„Große Wauwaus und viel viel Himbeermarmelade ...“, sagte Godwin begeistert.

„Seid mal eben still“, sagte Backster, der einen Blick auf den Bildschirm des Fernsehers geworfen hatte. Inmitten einer hügeligen Landschaft war dort ein Ding zu sehen, das wie ein Filmraumschiff der fünfziger Jahre aussah. Backster trat an das Gerät und drehte den Ton lauter.

„... Delegation der fremdartig aussehenden Außerirdischen das Schiff verlassen und in einen der Regierungswagen mit undurchsichtigen Fenstern gestiegen“, sagte der unsichtbare Sprecher. „Unser Kamerateam hat leider nur einen flüchtigen Blick auf die weitgereisten Besucher erhaschen können. Wir zeigen Ihnen jetzt den vor einer Stunde entstandenen Film, meine Damen und Herren.“

Godwin lag mit dem Bauch auf dem Teppich. Er kicherte und machte Schwimmbewegungen.

Eileen setzte sich neben ihren Mann auf die Couch und nahm seine Hand in ihre. „Jetzt ist alles in Ordnung“, sagte sie sanft.

Er küßte ihren Nacken und begann, das Oberteil ihres rosa Pyjamas aufzuknöpfen.

„Wo hast du Eileen gelassen?" fragte Guzmán Lacampane, als sich Backster neben ihn an die Theke stellte.

„Hallo, Gus", erwiderte Backster. „Sie mußte überraschend ins Krankenhaus. Hat einen Knoten in der Brust entdeckt."

„Das tut mir leid. Hoffentlich ist es nichts Ernstes", sagte Lacampane.

„Das hoffe ich auch. Sie wollen es sofort untersuchen." Backster hob die Hand, als der Barkeeper hersah. „Sieht so aus, als müßten wir unseren Ausflug allein unternehmen."

„Ist vielleicht besser so." Lacampane trank von seinem Bier. „Wo ist Godwin?"

„Bei Bekannten. Sie kennen ihn schon und wissen, wie sie ihn behandeln müssen." Backster nickte dem Barmann zu, der das Bier vor ihn auf die Theke stellte, und nahm gleich einen langen Zug. „Was weißt du über die Außerirdischen?" fragte er, als er das Glas wieder abgesetzt hatte.

Lacampane zuckte die Achseln. „Nicht mehr als die Medien", erwiderte er. „Sie sehen wirklich scheußlich aus; du hast sie ja im TV gesehen – wie Fledermäuse, die von Taranteln abstammen –, aber wenn sie uns nicht systematisch anlügen, sind sie die reinsten Engel. Sie sind nicht einfach *gut,* sondern richtig *gütig,* wenn du verstehst, was ich meine."

Backster nickte. „Anders als in meinem Traum ... da sahen sie uns Menschen zum Verwechseln ähnlich", erwiderte er und starrte auf das Zigarettenpäckchen, das vor Lacampane auf der Theke lag. „Gibst du mir auch eine?" fragte er.

Lacampane zog erstaunt eine Braue hoch, bot Backster eine Zigarette an und nahm sich selbst auch eine. „Ich dachte, du rauchst nicht mehr?" sagte er und gab seinem Freund Feuer.

Backster lachte bitter auf. „Die Zeiten ändern sich eben", murmelte er.

Lacampane entzündete seine eigene Zigarette und sagte: „Die Invasoren, die sich als Altruisten darstellen, haben der Regierung ein paar wirklich tolle Angebote gemacht. Kurz gesagt wollen sie für uns den Karren – *alle* Karren – aus dem Dreck ziehen. Und sie deuten mit keinem Wort an, daß sie eine Gegenleistung erwarten."

„Du glaubst ihnen aber nicht, oder?" fragte Backster.

„Ich weiß es nicht", erwiderte Lacampane nach einer Weile. „Ich möchte es gerne ... Sie klingen sehr überzeugend ... Aber ich war wohl zu lange in der Politik tätig."

„Was bieten sie denn zum Beispiel an?"

„Oh, nur ein paar wirklich unbedeutende Kleinigkeiten. Die nachhaltige Beendigung der Kriege. Billige Energiegewinnung. Umweltfreundliche Industrie. Lichtschnelle Raumfahrt. Nichts Aufregendes also." Lacampane lachte verächtlich auf. „Aber du hast eben von einem Traum gesprochen ..."

„Ist nicht so wichtig", sagte Backster. „Er handelte auch von einer Invasion Außerirdischer ... Das heißt, eigentlich ging es um einen Film über eine Invasion, an dem wir beide beteiligt waren ... Sie waren humanoid, aber sehr bösartig..."

„Jedenfalls ist die Regierung auf alles vorbereitet", unterbrach ihn Lacampane. „Für sie sind es Invasoren, auch wenn sie die Medien längst *Besucher* nennen. – Hast du übrigens gewußt, daß die Anti-Terror-Truppen neuerdings im Umgang mit Schwertern und Keulen geschult werden? Na ja, die alten Methoden ..." Er verstummte, als er Backsters Gesicht sah. „Was ist los, Alter?" fragte er beunruhigt.

„Nichts", erwiderte Backster und trank hastig von seinem Bier. „Es erinnert mich wieder an meinen Traum ... Brechen wir auf?"

„Laß mich nur rasch austrinken", sagte Lacampane. „Es ist ja nicht weit." Er trank und legte ein Geldstück auf die Theke.

Backster winkte dem Barkeeper, bezahlte ebenfalls und folgte seinem Freund aus der Bar.

Sie fuhren in Lacampanes Volkswagen.

Das Tal, in dem die Invasoren gelandet waren, war nur eine halbe Stunde entfernt.

Sie sahen es schon von weitem; eine Unmenge Wohnwagen und Trailer waren auf den umliegenden Feldern geparkt; der Club Puristischer Patrioten hatte mehrere Zelte aufgeschlagen, vor denen die langhaarigen und glatzköpfigen CPPs standen und Flugblätter verteilten.

Fahrbare Würstchenbuden und Trinkhallen hatten reichlich zu tun. Vertreter verschiedener Sekten schwärmten um die Neugierigen und redeten auf sie ein; die Bhagwans trugen Transparente mit dem Abbild ihres Gottes umher.

Im Hintergrund erhob sich die Silhouette des Raumschiffes in den wolkenlosen Himmel.

Als er und Lacampane ausgestiegen waren, sah Backster einen breiten Strom winziger Menschen die Rampe hochwallen und im Inneren des Sternenschiffes verschwinden.

„Zur Besichtigung freigegeben", murmelte Lacampane.

„Ob wir die Außerirdischen zu Gesicht bekommen?" fragte Backster.

„Wohl kaum; sie sitzen im weißen Haus und bringen ihr Schäfchen ins trockene."

„Immerhin zeigen sie Vertrauen", bemerkte Backster.

„Wir nicht ...", erwiderte Lacampane und warf sich in das Menschengewühl.

Backster eilte ihm nach, verlor ihn aber nach kurzer Zeit aus den Augen.

Er ließ sich vom Pilgerstrom auf das Raumschiff zutreiben.

Da erschien eine riesenhafte Flotte weiterer Flugkörper am Himmel. Sie kamen aus der Richtung einer der geostationären Orbitalstationen.

Das horizontweite Dröhnen, das Backster unbewußt schon seit einer Weile wahrgenommen hatte, wurde ohrenbetäubend. Es war diesig geworden; ein plötzlicher, heftiger Wind hatte sich erhoben, fegte um die Wohnmobile und wirbelte Staub und Papier auf.

Plötzlich waren die Menschen von der Rampe des Schiffes der Besucher verschwunden; statt ihrer strömte eine nicht enden wollende Schar der grotesk aussehenden Außerirdischen von ihr und ergoß sich um das metallene Ungetüm.

Als Backster näher kam, sah er, wie die Invasoren ihre vielgelenkigen

Hälse reckten, um die zur Landung ansetzende Flotte zu beäugen. Sie waren in ihren Posen erstarrt; die ankommenden Schiffe schienen sie zu überraschen.

Während Backster wie gebannt weiterging und zuweilen nach Lacampane Ausschau hielt, landeten die neuen Raumschiffe, wo es ihnen gerade beliebte; die versammelten Außerirdischen und Menschen machten ihnen hastig Platz.

Backster sah, wie ein Mann von den hellen, kurzen Flammen aus einem Triebwerk erfaßt wurde und brennend weiterlief.

Die Rampen der gelandeten Raumschiffe fielen dumpf auf den Sand, und menschenähnliche Gestalten in Raumanzügen quollen aus den rechteckigen Öffnungen.

Während die früheren Invasoren in ihr Schiff zurückeilten, zogen die neuen ihre Waffen und begannen sofort, auf die Fliehenden zu feuern.

Die Schützen schienen sehr gut ausgebildet zu sein; ihre Trefferquote war enorm, und nur wenige der Flüchtenden gelangten lebend in ihr Schiff zurück.

Der Sandboden des Tales bedeckte sich mit den Leichen der früheren Besucher.

Endlich hielt Backster inne.

Er sah, wie plumpe Geschützrohre aus mehreren der eben gelandeten Raumschiffen krochen und zu feuern begannen.

Sie hatten alle dasselbe Ziel: das am Tag zuvor gelandete Sternenschiff. Es glühte kirschrot auf, dann weiß; endlich gab es eine Detonation - sie war weit weniger heftig, als Backster erwartet hatte -, und das gewaltige Schiff zerfiel in abertausend Bruchstücke.

Sogleich schwenkten die Geschütze der angreifenden Schiffe um und bestrichen das Feld, ohne zwischen den Besuchern und Menschen zu unterscheiden. Die Humanoiden schritten weiter und weiter - unaufhaltsam -, ihre Waffen spien Flammen und hundertfachen Tod. Auch sie trafen keine Auswahl bei ihren Zielen.

Die vielen Menschen, die gekommen waren, um die unerwartet freundlichen Invasoren zu sehen, starben in Geschoßgarben und unter Hieben mit Macheten und Kampfkeulen.

Backster bemerkte benommen, daß die Leichen der ersten Besucher nicht zu brennen aufhören wollten. *Sie müssen Chitinpanzer haben wie die irdischen Insekten,* dachte er stumpfsinnig.

Einer der Maschinengewehrschützen kam direkt auf ihn zu.

Ohne seinen Schritt zu verlangsamen, wechselte er die ununterbrochen ratternde Waffe von einer Hand in die andere, nahm den Helm ab und warf ihn mit fast verächtlicher Geste auf den Sandboden.

Backster hatte ein merkwürdiges, traumhaftes Gefühl; so als gingen ihn die Ereignisse nicht viel an; so als sei er nur Schauspieler in einem überaus realistischen Film.

Der Humanoide war jetzt ganz nahe, und Backster konnte lesen, was auf seiner Armbinde stand: *Anti-Terror-Einheit der US-Armee – Orbitsektion.*

Der Killer starrte Backster ins Gesicht. Dann zog er mit der freien Hand seine Machete und holte zum Schlag aus.

Backster hob abwehrend die Hände …

Joseph H. Delaney

Meines Bruders Hüter

MY BROTHER'S KEEPER

Weyland Smith erwachte, streckte sich und kratzte sich mit beiden Händen den Brustkorb. Dann richtete er sich jählings auf und sprang aus dem Bett. Die Uhr auf der Kommode zeigte acht Uhr fünfunddreißig - er hatte um eine dreiviertel Stunde verschlafen. „Ich muß vergessen haben, den Wecker einzustellen."

Er vernahm ein leises, brummendes Geräusch, sah genauer hin und stellte fest, daß der Knopf heruntergedrückt war. Kaputt! Billiger rumänischer Ramsch. Sobald man das Zeug aus dem Laden herausgetragen hatte, funktionierte nichts mehr.

Er eilte ans Fenster und schaute hinaus in den sonnigen, klaren Dezembermorgen. Auf der anderen Straßenseite lag die Fabrik. Der Parkplatz stand voller Autos, und er erspähte Sam Solis' alten Lieferwagen. Er atmete auf. Wenn sein Vorarbeiter zur Stelle war, brauchte er sich keinerlei Sorgen zu machen. Sam wußte, wo er ihn fand, sollten irgendwelche Probleme auftauchen, und binnen weniger Minuten hätte er alles wieder ins rechte Lot gebracht.

Smith ging in die Küche, öffnete die Kühltruhe und holte ein Frühstück vom Typ 22-B heraus. Natürlich stammte es aus seiner eigenen Herstellung. Woraus die Ware bestand, die er verkaufte, wußte er. Die Zusammensetzung anderer Marken war ihm ein Geheimnis.

Er schob das Päckchen in den Mikrowellenherd, stellte die Uhr ein und betrat dann die Hygienezelle, um zu duschen und sich zu rasieren. Als er mit seiner Morgentoilette fertig war, hatte sich das Frühstück so weit abgekühlt, daß er es essen konnte.

Aus Zeitgründen beschloß er, es im Büro einzunehmen.

Mit dem Tablett überquerte er die Straße. Der Tag versprach warm zu werden. In der Nacht zuvor hatte es einen Unfall gegeben. Smith stieg über das umgekippte, zerborstene und schmutzverklebte Schild hinweg. Die Beschriftung konnte er noch lesen. „Hier beginnt Taft - die freundlichste Baumwollstadt in Texas."

Früher mochte das vielleicht gestimmt haben, dachte er, vor vielen Jahren. Natürlich baute man in geringem Maß Baumwolle an, denn Naturfasern wurden immer noch gebraucht, doch die meisten Leute trugen Kleidungsstücke aus synthetischem Material. Es stammte aus den Orbitalwerken, die die Fasern in schier unerschöpflichen Mengen mittels riesiger, geflügelter Kokons auf die Erde hinunterschickten.

Auf der Erde konnte das aus Mineralien gewonnene Material bei weitem nicht so billig hergestellt werden, da Energie und Rohstoffe bezahlt werden mußten. Das war auch in Texas der Fall, seit die Erdöl- und Erdgasvorräte nichts mehr hergaben.

Eine Ausnahme bildeten die Lebensmittel. Hier besaß die Erde noch das Monopol. Wie lange dies so bleiben würde, vermochte niemand zu sagen. Smith erinnerte sich noch an die Zeit von vor dreißig Jahren, als er noch ein Junge war. Damals hielten sich die Menschen Vieh und bauten Getreide an, um es damit zu füttern. Es gab echtes, gutes Fleisch zu essen.

Das alles hörte auf, als der Strom an verhältnismäßig billigen, aus Erdöl hergestellten Düngemitteln versiegte. Nun ernährten sich die meisten Leute aus Silos, wie dem, der sich hinter seiner eigenen kleinen Fabrik erhob.

Zur Zeit wurden die Silos noch über das Eisenbahnnetz beliefert. Dies würde sich in wenigen Monaten ändern, sobald die Pipeline von Clar-Dels großem Reaktor fertiggestellt war. Dann floß die proteinhaltige Brühe direkt in sein eigenes Produktionssystem, wo sie mit Aromastoffen versetzt, angedickt und geformt wurde. Das Enderzeugnis ähnelte grob den Nahrungsmitteln, wie man sie vor einigen Generationen noch auf natürlichem Wege gewonnen hatte.

Clar-Del hätte ohne weiteres selbst die abschließenden Arbeitsgänge durchführen können, und manchmal wunderte sich Smith, warum sie darauf verzichteten. Doch der Geschäftsführer, Delmar Schoonover, galt als seltsamer Kauz. Gleichgültig, aus welchen Beweggründen er es kleinen Krautern wie Smith gestattete, ihren eigenen Betrieb zu führen, Smith war ihm dankbar dafür.

Smith stieg die Treppe zu seinem Büroerker hinauf, von wo aus er die Fabrikanlage überblicken konnte.

Sam stand vor dem Monitor, in der Hand eine Liste, und prüfte den Nährstoffffluß. Er blickte hoch und winkte. Smith winkte zurück, betrat sein Büro, setzte das Frühstückstablett auf seinem Schreibtisch ab und begann zu essen. Hmpf – die Pampe schmeckte mit jedem Tag schlechter. Trotzdem verzehrte er die Hälfte, den Rest kippte er in den Müllschacht.

Es war keine sonderlich patriotische Geste, doch in diesem Augenblick war Smith nicht nach Patriotismus zumute. Dann begab er sich an die Arbeit.

Er schaltete seinen Tischcomputer ein und holte sich den Leseschirm näher heran. Der Gelenkarm bewegte sich mühelos, die Sichtscheibe begann in einem diskreten Gelbgrün zu leuchten. Ohne recht bei der Sache zu sein, programmierte er die Nachrichtensequenz ein. Das meiste war ohnehin Routine: Rechnungen, die er an seine Bankverbindungen weitergab; Reklameschreiben, die ihm eindringlich vor Augen hielten, warum er dieses oder jenes Produkt oder irgendeine bestimmte Maschine kaufen sollte. Er haßte es, sich um die Posten zu kümmern, doch damit begann für ihn jeder Tag.

Er empfing einen „persönlichen" Brief von Senator Ortiz, in dem ausführlich dargestellt wurde, wie wichtig seine Persönlichkeit für die Regierung sei und daß Smith ihn unbedingt wiederwählen müsse. Diese und ähnliche Post pflegte Smith automatisch aus dem Gedächtnisspeicher des Computers zu löschen.

Moment mal – was war denn das? „Lieber Steuerzahler", hieß es. Er blickte auf den Briefkopf. Das Schreiben stammte von seinem für ihn zuständigen Finanzamt in San Patricio. Er las:

„Rückwirkend vom 1. Januar 2019 an wird Ihre Vorauszahlung auf zweiundzwanzig Prozent des errechneten Betrages gekürzt. Bitte passen Sie Ihre Betriebsunterlagen dementsprechend an. Sollten Sie mit dieser Maßnahme nicht einverstanden sein, steht Ihnen die Möglichkeit offen, Einspruch zu erheben ..."

Und ob er einverstanden war! Welcher Verrückte würde gegen diesen Bescheid wohl Einspruch erheben? Die Steuern wurden gesenkt. Es mußte sich um einen Irrtum handeln. Smith betätigte das Videophon und ließ sich mit dem Finanzamt verbinden.

Auf dem Sichtschirm tauchte das Gesicht einer Frau mittleren Alters auf. Ihr Namensschild besagte, daß sie Vickie Garza hieß. „Guten Morgen, was kann ich für Sie tun?" grüßte sie.

„Hier spricht Weyland Smith von der Firma Smith Nutrionics in Taft. Ich erhielt einen Bescheid, in dem stand, meine Steuern würden gesenkt. Irgendwo muß ein Fehler unterlaufen sein. Ich möchte mit meinen Zahlungen nicht in Verzug geraten und hinterher einen Säumniszuschlag aufgebrummt bekommen."

„Wie lautet Ihre Steuernummer?"

Smith nannte sie, in der Überzeugung, die Dame würde die Angelegenheit prüfen und ihm dann verkünden, es handle sich um einen Computerfehler. Er mußte lange warten, ehe sie zurückkehrte.

„Das ist kein Irrtum, Mr. Smith. Ihr Index lautet jetzt null Komma zweiundzwanzig."

„Vielen Dank, Miss Garza." Smith unterbrach die Verbindung. Also hatte es doch seine Richtigkeit. Mit dem, was er durch die Steuersenkung einsparte, konnte er sich und seinen vierzehn Angestellten eine Gehaltserhöhung gewähren. Das mußte gefeiert werden.

Er trat an die Kaffeemaschine, nahm zwei Maß von seinem sorgsam gehüteten, echten kolumbianischen Kaffee und braute sich eine gute Tasse. Danach mußte er sich mit dem grauenhaft schmeckenden Kaffeeersatz begnügen.

Zurück an die Arbeit. Er schaltete noch einmal die Nachrichtensequenz ein und ließ das Speicherband abspulen. Während er an seinem Kaffee nippte, ging er die Schreiben einzeln durch.

Er zählte überraschend viele Neubestellungen, die er auf Sams Terminal umpolte, damit er sie bearbeiten konnte. Seine Stimmung hob sich. Das Geschäft lief ausgezeichnet.

Doch in jedem Paradies lauert eine Schlange. Hier tauchte sie in Form eines Briefs auf, der auf den ersten Blick nur aus einem Kopf zu bestehen schien. Die Anschrift des Absenders füllte den gesamten Bildschirm. Als Smith zu lesen begann, lief ihm eine Gänsehaut über den Rücken.

„Vereinigte Staaten von Amerika", lautete die erste Zeile. Das verhieß nichts Gutes. Jeder Brief, der so anfing, roch nach Ärger.

Sein Blick heftete sich auf die folgende Reihe. Ministerialamt, Abteilung für öffentliche Wohlfahrt, Soziales und Bürgerrehabilitation – es nahm kein Ende. Jetzt verspürte Smith echte Angst.

Er drückte auf den Beschleunigungsknopf. Unverzüglich erschien der Rest der Briefseite. Es handelte sich eindeutig um ein Formschreiben, und die schlimmsten Elaborate dieser Art verschickte die Regierung.

Liebe Mitbürgerin, lieber Mitbürger,

Gesetzeszusatz Nr. 1839 (Gesetz zur Hebung der sozialen Mitverantwortlichkeit) tritt rückwirkend vom 1. Januar 2019 an in Kraft. § 42, Absatz 9056, U.S. Code.

Unseren Angaben zufolge gehören Sie der Personengruppe an, die von dem o.a. Sozialprogramm erfaßt wird.

Mithin werden Sie gebeten, sich zwecks Registrierung bei der zuständigen Behörde einzufinden.

Termin: 20. Dezember 2019, 9.00 Uhr

Zimmer: 555

Bundeshaus, 100 North Mesquite Street, Corpus Christi, Texas.

Nichterscheinen und Versäumen des Ihnen zugeteilten Termins werden strafrechtlich verfolgt.

Mit freundlichen Grüßen
Israel Goltzman
Amtsleiter

Smith kochte. Erst eine gute Nachricht – dann eine schlechte, und er verstand beide nicht. Er schaltete sich in die Telefonzentrale ein. „Geben Sie mir die Nummer des Ministerialamts für öffentliche Wohlfahrt in Corpus Christi."

Beinahe sofort tauchte die Nummer auf seinem Sichtschirm auf. Er programmierte sie ein. Es meldete sich die Zentrale des Bundeshauses.

„Verbinden Sie mich bitte mit Mr. Goltzman."

„Es tut mir leid, Sir, aber Mr. Goltzman nimmt keine Anrufe entgegen."

„Ist er in seinem Büro?"

„Das kann ich leider nicht feststellen, Sir. Es wäre mir außerdem nicht gestattet, irgendwelche Informationen weiterzugeben."

„Hören Sie, heute früh erhielt ich ein von ihm unterzeichnetes Schreiben. Darin stand, ich solle mich bei seiner Behörde melden ..."

„Handelt es sich um eine Aufforderung, sich registrieren zu lassen?"

„Ja, aber ..."

„Mr. Goltzmans Büro erteilt hierüber keine Auskünfte. Ich kann Ihnen eine Telefonnummer in Houston geben."

„Ja, bitte."

Die Telefonistin nannte ihm die Nummer. Um ein Haar hätte Smith in Houston angerufen, doch dann besann er sich anders. Warum sollte er sich die Mühe geben? Er zahlte Hector DePena ein exorbitantes Honorar, damit er sich um derlei Probleme kümmerte. Er tippte Hectors Nummer ein. Auf dem Bildschirm erschien Rachel Gonzales. Sie erkannte ihn sofort.

„Guten Morgen, Mr. Smith."

„Guten Morgen, Rachel. Ich muß sofort mit Hector sprechen. Ist er im Hause?“

„Nein, er ist außer Haus, und heute kommt er auch nicht mehr zurück. Aber wenn es sehr wichtig ist, kann ich ihn wahrscheinlich erreichen.“

„Bitte, tun Sie das, Rachel. Heute erhielt ich einen äußerst merkwürdigen Brief von der Regierung - es ging da um irgendeine Sache, wegen der ich mich registrieren lassen soll.“

„Ach ja. Sicher. In diesem Fall verbinde ich Sie am besten mal mit Mr. DePena. Oder kann er Sie zurückrufen? Es wird nämlich eine Weile dauern.“

„Ja, er soll mich anrufen. Aber so schnell wie möglich, bitte. Das Schreiben hat mich nämlich wirklich beunruhigt.“

„Das kann ich mir vorstellen. Bleiben Sie in der Nähe Ihres Apparates, Mr. Smith.“ Sie hängte ein.

Dieses Mal schenkte sich Smith keinen Kaffee, sondern einen Whisky ein, und zwar einen großen. Als das Telefon klingelte, hatte er sein Glas beinahe geleert.

Der Monitor blieb leer, doch er hörte Hectors Stimme. „Weyland, ich bin mit meinem Boot draußen. Rachel hat mir gesagt, Sie hätten eine Aufforderung zum Registrieren erhalten.“

„Der Brief kam heute morgen, Hector. Was hat das zu bedeuten? Ich rief im Bundeshaus an, bekam aber keine Auskunft.“

„Es geht um ein neues Wohlfahrtsprogramm, Weyland. In den Nachrichten müssen Sie doch davon gehört haben.“

„Ich höre viel in den Nachrichten, doch das meiste interessiert mich nicht. Ich gebe auch nicht besonders gut acht. Im übrigen gibt es in meinem Betrieb keine Probleme. Meine sämtlichen Angestellten arbeiten bei mir, seit ich die Firma übernahm.“

„Darum geht es nicht, Weyland. Hören Sie, es ist wohl besser, wenn wir uns mal persönlich treffen. Bei Ihnen oder bei mir, gegen zwölf. Einverstanden?“

„Wir könnten zusammen zu Mittag essen - im Loose Caboose. Angeblich haben sie eine Lieferung australischer Steaks bekommen.“

„Wunderbar. Ich werde dort sein.“

Weyland wartete bereits im Lokal, als Hector mit einem blitzenden neuen Mallory Sportwagen vorfuhr. Mit der winzigen Passagierkabine und der langen Motorhaube wirkte das Fahrzeug ungeheuer kraftvoll. Es mußte zu drei Vierteln aus Spulen bestehen. Hector steckte noch in seiner Angelkleidung.

„Beißen sie?“

„Wenn ja, dann wäre ich jetzt nicht hier. Haben Sie einen Computerausdruck mitgebracht?“

„Nein. Daran hatte ich gar nicht gedacht.“

„Macht nichts. Ein paar dieser Schreiben habe ich schon gesehen. Den Inhalt kenne ich beinahe auswendig.“

„Was hat das zu bedeuten, Hector?“

Ihr Gespräch wurde von einer Kellnerin unterbrochen, die ihnen

Begrüßungsdrinks servierte und die Bestellung aufnahm. Hector nippte an seinem Glas und sagte mit feierlicher Miene:

„Willkommen im Kreis der Wohlhabenden, Weyland."

„Wie bitte? Ich weiß, daß dies hier ein Geschäftsessen ist, und die Rechnung dafür werden Sie mir schon präsentieren. Also zur Sache, bitte. Ich hätte gern eine Antwort auf meine Frage."

„Schlechte Nachrichten gebe ich nur ungern weiter, Weyland. Das liegt wohl an meiner spanischen Abstammung. Aber Sie haben recht, Sie brauchen eine Antwort. Vielleicht kommt ein Problem auf Sie zu, vielleicht auch nicht. Rechnen Sie damit, in diesem Jahr mehr als 175.000 Dollar zu verdienen?"

„Nein – das heißt, Moment mal. Heute erhielt ich einen Bescheid, daß meine Steuern gesenkt würden. Vielleicht erziele ich tatsächlich diesen Profit. Warum fragen Sie?"

„Weil das der springende Punkt ist. Wenn Sie unter dieser Grenze liegen, sind Sie vermutlich sicher, wenigstens vorläufig. Verdienen Sie mehr als diese Summe, gehören Sie zu den Wohlhabenden. Das bedeutet, daß Sie Ihren Reichtum mit Leuten teilen müssen, die nicht so privilegiert sind wie Sie."

„Hä?"

„Im Grunde hat sich nichts geändert, Weyland. An dem System wurde lediglich ein bißchen herumgebastelt, damit es anders funktioniert, das ist alles. Wissen Sie, warum man Ihre Steuern gesenkt hat?"

„Nein. Im übrigen habe ich mich sehr darüber gewundert. Wissen Sie es?"

„Ja. Das neue Sozialsystem soll den Staat entlasten. Und das Wohlfahrtsprogramm tritt rückwirkend vom ersten Januar dieses Jahres in Kraft."

„Ich verstehe nicht, was das mit mir zu tun hat."

„Ich kann mir denken, daß Sie das nicht verstehen. Passen Sie auf: Wie immer sollen die, die etwas besitzen, sich um diejenigen kümmern, die nichts haben. Diese Forderung ist so alt wie die Menschheit."

Smith sah Hector an, immer noch verwirrt, und fragte:

„Handelt es sich um eine neue Steuerart?"

„Nicht genau. Ich glaube, es ist ganz gut, wenn ich Ihnen mal Unterricht in Geschichte erteile, Weyland. Sonst begreifen Sie das, was jetzt passiert, nämlich nie. Hören Sie mir gut zu."

Smith nickte und leerte sein Glas. In seinem Angelanzug und mit dem zwei Tage alten Bart sah Hector wie ein Landstreicher aus, doch er lauschte aufmerksam.

„In jeder Gesellschaft gab es schon immer Menschen, die am Rande des Existenzminimums dahinvegetierten, Weyland. Alte, Kranke, Behinderte oder auch nur Dumme. Manchmal war eine Pechsträhne daran schuld, eine Mißernte, Überschwemmungen, ein Band oder irgendeine andere Katastrophe. Die Allgemeinheit übernahm es, sich um diese Leute zu kümmern.

Bis zu der großen Depression war die Wohlfahrt in den Vereinigten Staaten eine mehr oder weniger private, freiwillige Angelegenheit, die von den Kommunen nur unterstützt wurde. Das System funktionierte, weil die Kontrolle darüber in der sozialen Gemeinschaft blieb, und es ist nicht leicht, Menschen etwas vorzutäuschen, die einen ziemlich gut kennen.

Dann mischte sich der Staat ein. Irgendein Kongreßmitglied kam auf die schöne, noble Idee, die alten Leute brauchten etwas, auf das sie zurückgreifen könnten, wenn sie sich aus dem aktiven Arbeitsleben zurückzögen. So entstand das Gesetz zur Gewährleistung der sozialen Sicherheit.

Es funktionierte ganz simpel. Jeder zahlte laufend etwas ein, und wenn er dann in den Ruhestand trat, erhielt er vom Staat monatliche Zuwendungen. Es wurde haargenau berechnet, wie groß die jeweiligen Beiträge sein müßten, um dann später soundsoviel Geld herauszubekommen. Ungefähr zwanzig Jahre lang ging es gut. 1958 wurde das System jedoch geändert.

Die Änderung betraf erwerbsunfähige Arbeitnehmer über fünfzig. Jemand hielt es für richtig, daß Leute, die arbeitsunfähig geworden waren und keine Beiträge mehr entrichten konnten, trotzdem im Alter von fünfundsechzig soviel Rente erhielten, als ob sie ständig die vollen Beitragssätze geleistet hätten. Das System funktionierte immer noch. Sogar so gut, daß die Zinsen aus dem Fonds dazu benutzt werden konnten, um die Leistungen zu erhöhen. Man kaufte vom Staat herausgegebene Obligationen, um die Einnahmen zu steigern. Das System blieb trotzdem solvent.

Selbst dann noch, als man begann, Frührentner mit fünfzig in Pension zu schicken. Erst als die Altersgrenze aufgehoben wurde, fing es leicht an zu wackeln.

Dann hatte wieder jemand eine edelmütige Idee. Was passierte mit all den armen Leuten, die überhaupt keine Rente bekamen, weil sie entweder nie einen Beitrag entrichtet hatten oder zu wenige? Sie hatten doch auch Rechte, oder? Ein gesunder, zahlungskräftiger Fonds wartete doch nur darauf, angezapft zu werden.

Von dem Zeitpunkt an ging es bergab. Zusätzlich belastet wurde der Fonds durch politische Zusagen, die der Kongreß den Bürgern machte, um sich Wählerstimmen zu sichern. Gewiß, durch erhöhte Beiträge floß wiederum Geld ein, doch das Ungleichgewicht war hergestellt.

Das Unvermeidliche trat ein. Rentenerhöhungen waren an die Lebenshaltungskosten angepaßt, und die Preisspirale schraubte sich in die Höhe. Wie Sie wissen, brach das gesamte Rentensystem im Jahre 1987 zusammen.

Natürlich wirkte sich der Zusammenbruch auch auf andere soziale Systeme aus, da im Grunde alle miteinander gekoppelt waren. Lassen Sie mich kurz über die Wohlfahrt reden. Ein riesiger aufgeblähter Apparat, wo anonyme Empfänger mittels anonymer Beamter ohne echte Kontrolle staatliche Gelder erhielten.

Es gab allerhand Vergünstigungen. Lebensmittelschecks, monatliche finanzielle Zuwendungen, medizinische Fürsorge, soziale Betreuung, kostenlosen Rechtsbeistand. Die Liste war endlos, und genauso endlos war der Mißbrauch.

Sie zahlten in den Fonds ein, ich zahlte in den Fonds ein. Keiner wußte, wer wieviel daraus bekam, warum und ob es dem Betreffenden überhaupt nützte. Das System wurde so teuer, daß man es nur noch pauschal anwenden konnte, mit dem Ergebnis, daß jegliche Kontrolle entfiel. Der Fonds ging pleite.

Dann kam die Bevölkerungsexplosion. In den sechziger Jahren hatten wir eine äußerst hohe Geburtenrate. Eine Zeitlang wirkten sich die geburtenstarken Jahrgänge günstig aus, nämlich solange diese Leute in einem Arbeitsverhältnis standen und Sozialbeiträge zahlten. Doch dann ging die Anzahl der Geburten zurück, aus Gründen, auf die ich hier nicht näher eingehen möchte, die Beitragszahler wurden alt und selbst Rentenempfänger.

Der Staat gab jedoch nicht auf. Er überbrückte die neunziger Jahre, denn der amerikanische Steuerzahler war fleißig, ehrlich und geduldig. Im Jahre 2009 erholte sich der soziale Fonds wieder, nicht zuletzt dank der Tatsache, daß der Westen endlich klug wurde und die Kommunisten mit der einzig wirksamen Waffe bekämpfte: mit Geld.

Der Ostblock wurde wirtschaftlich ruiniert und brach zusammen. Die Gelder, die man früher in die Rüstung steckte, kamen nun Wohlfahrtsprogrammen zugute. Als politisch mächtigstes Land der Welt glaubten wir, es geschafft zu haben.

Das war ein Irrtum. Die osteuropäischen Staaten sind dabei, unseren Markt mit billigen Textilien und Konsumgütern zu überschwemmen. Und wo befinden sich die hochwertigen Produkte wie Qualitätsstähle, elektronische Geräte, das hochtechnologische Zeug? Droben im Weltraum, wo die Regierung so gut wie keine Steuern erheben darf, weil wir in den fünfziger Jahren, als die Sowjets führend in der Raumfahrt waren, irgendwelche unvernünftigen Verträge abschlossen."

Das Essen wurde serviert. Smith war froh, daß Hector endlich den Mund hielt.

Doch Hector verputzte sein Steak in Rekordzeit, bestellte Kaffee und fuhr fort:

„Was ist uns geblieben? Offiziell hat Amerika dreihundertundzehn Millionen Einwohner plus Gott weiß wie viele illegale Einwanderer. Arbeit gibt es nur für weniger als die Hälfte der Leute. Bei uns herrscht Energieknappheit. Der Ackerboden ist ausgelaugt, und wenn wir keine synthetischen Nahrungsmittel herstellen könnten, müßten wir hungern. Noch nie standen wir vor so großen sozialen Problemen, doch zum Glück haben wir dazugelernt.

Erstens zog sich der Staat im Jahre 2011 aus den öffentlichen Wohlfahrtsprogrammen zurück und überließ sie wieder den einzelnen Bundesländern. Die Regierung wußte, daß sie die Kontrolle darüber verloren hatte, und hoffte, die Bundesstaaten könnten das Ganze wieder ausbügeln. Sie versuchten es auch nach Kräften. Man zielte darauf ab, die Kontrolle abermals in die Hände der Kommunen zu legen, wie es früher der Fall gewesen war. Die Richtung stimmte also.

Doch ein Feilschen begann. Die Staaten, die zum Sonnengürtel gehören, schnitten am schlechtesten ab. Wir haben ein mildes Klima und sind wirtschaftlich generell begünstigt. Am schlimmsten traf es Texas. Hier befindet sich der größte Raumhafen der Welt, und neunzig Prozent aller Güter, die aus dem Orbit stammen, werden dort umgeschlagen. Die Menschen strömten in Scharen hierher.

Die Bundesländer wurden mit dem Problem nicht fertig und schrien nach dem Staat, er möge ihnen die Bürde wieder abnehmen. Die Regierung erhörte den Ruf. Deshalb wurden Ihre Steuern gesenkt, Weyland, und deshalb werden Sie sich wahrscheinlich registrieren lassen müssen."

„Hector, ich weiß Ihre Lektion zu würdigen. An Ihnen ist ein Lehrer verlorengegangen. Aber – wann kommen Sie endlich zur Sache?"

„Ich bin bei der Sache, Weyland. Ich finde, es ist sehr wichtig, daß Sie den ganzen Vorgang durchschauen. Die Idee klingt ganz einfach: Von jetzt an ist die Wohlfahrt eine persönliche Angelegenheit. Die Besitzenden kümmern sich um die Habenichtse – von Angesicht zu Angesicht."

„Hector!"

„Sie haben's begriffen, Weyland. Wenn Sie die festgesetzte Einkommensgrenze erreichen, müssen Sie sich registrieren lassen. Dann dürfen Sie sich Ihr Mündel aus der Schar von Wohlfahrtsempfängern heraussuchen. Das Spiel hat sogar schon einen Namen: Herren und Knechte."

„Ist das Ihr Ernst, Hector? Oder wollen Sie mich auf den Arm nehmen?"

„Ich mache keine Scherze. Sie werden mindestens eine, vielleicht sogar zwei Personen unterstützen müssen. Außerdem sieht das Gesetz vor, daß Sie sich um eine Umerziehung und Rehabilitation bemühen, damit Ihr Mündel eine Arbeit findet und das Programm nicht weiter belastet."

„Und wenn einem das gelingt?"

„Dann bekommt man sein nächstes Mündel zugeteilt."

„Das heißt also, daß ich mein Leben lang für irgendwelche fremden Leute sorgen muß?"

„Nicht unbedingt. Es gibt Möglichkeiten, sich dem zu entziehen. Wenn Sie bankrott machen zum Beispiel oder nach einer Wartezeit von fünf Jahren enge Angehörige unterstützen müssen. Die Wartezeit deshalb, um zu verhindern, daß aus pragmatischen Gründen übereilt Ehen geschlossen werden."

„Aber das ist doch verrückt, Hector. Es kann gar nicht klappen. Im übrigen ist es bestimmt nicht legal. Können Sie nicht irgend etwas unternehmen?"

„Eine Verfassungsklage wird bereits angestrengt, Weyland, doch man wird schon dafür sorgen, daß sie nicht durchkommt. Vergessen Sie nicht, der Oberste Gerichtshof hat das Gesetz schon immer gebeugt, wenn es darum ging, soziale Beschlüsse durchzusetzen, die der Staat für gut hielt.

Und so verrückt finde ich den Plan gar nicht. Ein paar wirklich kluge Köpfe stimmen für ihn. Man glaubt, dieses System verhindere den massenhaften Mißbrauch irgendwelcher Leistungen, durch den die vorhergehenden Programme ausgeblutet wurden. Vielleicht haben diese Leute recht. Auf jeden Fall hat bei dem neuen System der Geldgeber Einfluß auf den Lauf der Dinge. Wenn Ihr Mündel Sie betrügt und Sie können es nachweisen, werden sofort sämtliche Zuwendungen gestrichen."

„Und ich bin dann aus der Sache heraus?"

„Das nicht. Aber Sie bekommen ein neues Mündel."

„Was passiert, wenn ich mich nicht registrieren lasse oder wenn ich mich weigere, mir ein Mündel auszusuchen?"

„Erstens kann man Sie bestrafen. Das Strafmaß lautet fünf Jahre Gefängnis oder fünfzigtausend Dollar oder beides zusammen. Zweitens bekommen Sie einfach ein Mündel zugewiesen, ohne daß Sie irgendeinen Einfluß auf die Auswahl hätten. Aber vielleicht trifft das neue Gesetz gar nicht für Sie zu. Diese Möglichkeit besteht immerhin. Machen Sie sich doch jetzt noch keine Sorgen."

„Moment mal, Hector. Was ist denn mit Ihnen? Sie verdienen doch mindestens genausoviel wie ich."

„Ja, aber ich war schlauer als Sie, Weyland. Ich habe eine Ehefrau und vier Kinder zu unterstützen. Weitere finanzielle Belastungen kann ich nicht verkraften. Ich muß mich jetzt verabschieden, Weyland. Rufen Sie mich an, wenn Sie im Bundeshaus waren."

Weyland beobachtete, wie Hectors Sportwagen aus der Parklücke rollte. Ein Energieschub, und das Auto brauste mit quietschenden Reifen los. Er blickte zu der Kellnerin empor, die ihm lächelnd die Rechnung präsentierte.

Hector hat recht, dachte er. Er ist wirklich schlauer als ich.

Am zwanzigsten erschien Weyland im Bundeshaus. Er mußte sich einer langen Warteschlange anschließen und vergeudete den gesamten Vormittag. Als er endlich ins Zimmer gerufen wurde, stand er vor einem übellaunigen, pickeligen jungen Mann, der auf einen Monitor starrte und zur Begrüßung grunzte. Er hielt es nicht mal für nötig, Weyland seinen Namen zu nennen.

„Sieht ganz so aus, als ob Sie unter das Gesetz fallen, Mr. Smith. Ich habe Sie auf meiner Liste."

„Aber ich muß bereits für vierzehn Angestellte sorgen. Genügt das nicht?"

„Das ist unerheblich. Maßgeblich für die Registrierung ist Ihr Bruttogewinn vor Abzug der Steuern. Sie liegen mit Ihrem Einkommen so hoch, daß Sie an dem Programm teilnehmen müssen."

„Warum vor Abzug der Steuern? Ihre Behörde muß doch wissen, wie hoch meine Abgaben sind."

„Das berücksichtigen wir natürlich, Mr. Smith. Für Ihr Mündel erhalten Sie einen Pauschalfreibetrag. Sie können sich entscheiden, ob Sie den üblichen Prozentsatz wählen oder die tatsächlichen Kosten, die Ihnen durch das Mündel entstehen, von der Steuer absetzen lassen. Wir sind ja nicht herzlos."

Weyland hätte ihm gern widersprochen, doch er hielt den Mund. Dann fragte er:

„Möchten Sie sonst noch etwas von mir wissen?"

„Vorläufig nicht. Ich stufe Sie als registriert ein. Hier haben Sie eine Liste mit den Namen der Mündel, die am sechsten Januar zur Auswahl stehen. Auf der Rückseite steht der Gesetzestext und ein Hinweis auf Ihre Rechte. Zum Beispiel steht Ihnen die Möglichkeit offen, diese Registrierung anzufechten. Ich nehme an, Sie werden sich mit Ihrem Anwalt beraten."

„Ja, das hatte ich vor." Weyland fuhr geradewegs zu Hectors Büro. Da Rachel sich Krankenurlaub genommen hatte, konnte sich Hector nicht hinter ihrer Resolutheit verschanzen. Smith platzte ohne Präliminarien in sein Zimmer.

„Mich hat's erwischt, Hector. Ich bin geliefert, wenn Sie für mich nicht einen Ausweg finden."

„Sie sind so oder so geliefert, Weyland. Natürlich können wir die Registrierung anfechten, aber zuerst einmal halst man Ihnen das Mündel auf."

„Fechten Sie die Sache an, Hector." Weyland warf ihm die Liste auf den Schreibtisch.

„Gern. Aber möchten Sie die Liste nicht lieber behalten? Ich an Ihrer Stelle würde mir das Mündel selbst aussuchen."

„Was nützt das denn? Unterstützen muß ich jeden. Sorgen Sie nur dafür, daß es nicht bis an mein Lebensende so bleibt."

„Ich werde sehen, was ich tun kann, Weyland, aber zaubern kann ich auch nicht. Ich muß mit den Werkzeugen arbeiten, die das Gesetz mir in die Hand legt. Aber Ihr Anfechtungsschreiben geht heute noch raus, und wenn ich es selbst mit der Maschine tippen muß."

„Da wäre noch etwas, Hector. Neulich im Restaurant bezahlte ich doch Ihr Steak. Wieso setzen Sie es mir dann als Sonderausgabe auf die Rechnung?"

„Ein Versehen, Weyland. Ich bringe das in Ordnung. Machen Sie sich nur keine Sorgen."

Die Zeit verging. Der sechste Januar war bereits vorbei, und Weyland hatte weder von Hector noch von der Wohlfahrtsbehörde etwas gehört. Er faßte es als gutes Zeichen auf. Vielleicht hatte Hector ein Schlupfloch für ihn entdeckt.

Smith vergrub sich in seiner Arbeit. Aufträge gingen massenhaft ein, und die Herstellung lief auf Hochtouren. Dank der Steuersenkung hatten sämtliche Angestellten einen Lohnzuschlag von fünf Prozent erhalten, und er schielte mit einem Auge nach einem Mallory Sportwagen, wie Hector ihn besaß. Als bis zum dritten Februar nichts passiert war, kaufte er sich einen.

Tags darauf, gleich nach dem Mittagessen, stürmte Sam in sein Büro. Erschrocken blickte Weyland von seiner Arbeit hoch. Er beschäftigte sich mit neuen Dessertmischungen, die er demnächst produzieren wollte. „Was ist los, Sam?"

„Jemand hat sich an Ihrem neuen Wagen zu schaffen gemacht, Boß. Gus und Davey schnappten den Burschen und sperrten ihn unten in der Gefrierkammer ein."

Smith sprang auf und folgte Sam die Treppe hinunter. Ein lautes Hämmern übertönte den Lärm der Maschinen. „Machen Sie die Tür auf, Sam."

Flankiert von den drei anderen Männern, entriegelte Sam die Tür und öffnete sie.

„Das wurde aber höchste Zeit", schrie der ungepflegt aussehende Junge, der vor ihnen stand. „So etwas dürfen Sie mit mir nicht machen. Ich kenne meine Rechte."

„Wer ohne meine Erlaubnis mein neues Auto anfaßt, hat keine Rechte. Gehen Sie und rufen Sie die Polizei an, Sam." Smith kochte vor Wut. Der Gedanke, dieser widerliche Bengel habe sein Auto stehlen wollen, ließ ihn rot sehen.

Der Junge riß sich aus Sams Griff los, faßte in sein Hemd und zog einen feuchten, zerknitterten Briefumschlag hervor. „Hier steht, daß Sie sich um mich kümmern müssen. Sie sind doch Weyland Smith, oder?"

Mit spitzen Fingern nahm Smith den schmuddeligen Umschlag entgegen und holte angewidert ein Blatt Papier heraus. Es war zusammengefaltet und klebte, doch nach einigem Schütteln öffnete sich der Briefbogen.

Das Schreiben war adressiert an John Wayne Evans, AZ W-109-33-AfWSR-1-78336.

Sehr geehrter Mr. Evans,

aufgrund der neuen Gesetzesvorlage hat das Amt für Wohlfahrt, Soziales und Rehabilitation befunden, Sie als Mündel einer Person zu unterstellen, die im folgenden Vormund genannt wird.

Name des Vormundes:
Weyland Smith
AZ G-112-98 AfWSR-1-78336

Sie werden gebeten, sich spätestens am 4. Februar 2020, 17.00 Uhr, bei Ihrem Vormund zu melden. Ein Unterlassen dieser Pflicht wird strafrechtlich verfolgt.

Sollten Sie mit dieser Verfügung nicht einverstanden sein, steht Ihnen der Rechtsweg zwecks einer Eingabe offen (s. Rückseite dieses Schreibens). Die Inanspruchnahme dieser Möglichkeit entbindet Sie jedoch nicht von der Auflage, sich bis zum o.a. Zeitpunkt bei Ihrem Vormund zu melden.

Mit freundlichen Grüßen
I. Goltzman, Amtsleiter

Weyland blickte von dem Schreiben hoch. Sein Mündel grinste über das ganze Gesicht. „Was halten Sie davon, wenn Sie diesen schmierigen Typen sagen, sie sollen mich loslassen?"

„Gebt ihn frei. Aber keine Mätzchen, hast du mich verstanden?"

Der Junge nickte, behielt sein freches Grinsen jedoch bei.

„Und was soll ich jetzt mit dir anstellen?"

„Wissen Sie das nicht?"

„Nein. Ich wußte nicht mal, daß du herkommen würdest. Aber ich kam heute noch nicht dazu, die Post zu lesen. Paß auf, mein Vorarbeiter wird sich um dich kümmern. Sam, geben Sie dem Jungen eine Arbeit, am besten innerhalb des Fabrikgebäudes. Wenn ich ihn dabei erwische, wie er mein neues Auto auch nur anguckt, vergesse ich mich."

„Jawohl, Boß." Sam schob den Burschen in Richtung der Förderkette, und die anderen folgten ihnen.

Weyland ging nach oben in sein Büro, schaltete die Postsequenz ein und programmierte alles auf Ausdruck. Als der Computer schließlich zu drucken aufhörte, wühlte er sich durch den Stapel von Papieren hindurch, bis er sein eigenes Benachrichtungsschreiben fand.

Dort war genau aufgeführt, welche Rechte und Pflichten sowohl er als auch sein Mündel besaßen. Zum Beispiel mußte Weyland den Jungen mit Nahrung und Kleidung versorgen und ihm (innerhalb gewisser Grenzen) eine Erziehung bieten. Als Gegenleistung schuldete ihm sein Mündel Gehorsam, Dienstleistungen und jeglichen Verdienst.

Er merkte, daß die Unterbringung ein Problem darstellte. Vorläufig blieb ihm nichts anderes übrig, als den Jungen in seine eigene Wohnung einziehen zu lassen, doch dieser Gedanke stieß Weyland ab.

In dem Schreiben warnte man ihn jedoch, daß er für sämtliche Schäden, die sein Mündel verursachen mochte, zur Rechenschaft gezogen würde. Es war also ratsam, dessen Aktivitäten zu kontrollieren.

Weyland beschloß, den Burschen am kurzen Zügel zu halten. Tagsüber halfen ihm Sam und seine Arbeiter, auf den Jungen zu achten, und er war fest davon überzeugt, daß sie jede Situation meistern würden.

Gleich in der ersten Nacht begann der Ärger. Nach dem Abendessen schnappte sich der Junge sein Bündel und machte sich in Weylands Gästezimmer breit. Einen großen Teil des Abends verbrachte Weyland in seinem Betrieb. Er war emsig damit beschäftigt, Proben seines neuen Desserts herzustellen. Nach einer Weile stieg ihm ein eigenartiger, aromatischer Duft in die Nase, der nicht von seinen Zutaten stammte.

Neugierig ging er der Sache nach. Ihm fiel auf, daß die Tür zum Gästezimmer, die vor einiger Zeit offengestanden hatte, nun geschlossen war. Von drinnen drang kein Laut heraus. Vorsichtig drehte er am Knauf und öffnete die Tür einen Spaltbreit. Sehen konnte er nichts, im Zimmer herrschte eine Stockfinsternis, doch der Geruch warf ihn beinahe um. Ihm wurde seltsam leicht zumute.

Er schloß die Tür, hetzte zum nächsten Fenster, riß es auf und holte ein paarmal tief Luft. Danach öffnete er sämtliche Fenster in seiner Wohnung.

Eine steife Südostbrise verscheuchte den Gestank, und dann erst wagte er es, die Tür ein zweites Mal zu öffnen. In der Dunkelheit erspähte er einen glühenden Punkt, der aussah wie das Ende einer Zigarre. Als er das Licht anknipste, entdeckte er den Jungen, der im Lotossitz auf dem Fußboden hockte. Der Bursche hielt sich ein Schälchen unter die Nase, in dem ein grünliches Pulver brannte. Weyland wußte sofort, worum es sich handelte: Kosmoskraut.

Kosmoskraut war eine besonders gefährliche Haschischart, die zuerst im Orbit gezüchtet und später heimlich angebaut wurde. Die Bedingungen, die im Weltraum herrschten, ließen es zu, daß sich die giftigen Bestandteile optimal entfalteten.

Weyland nahm die Schale und kippte den Inhalt in die Toilette. Danach riß er das Fenster im Gästezimmer weit auf. Unbeweglich saß Evans da, starrte blicklos ins Leere und schien das, was in seiner Umgebung vor sich ging, gar nicht wahrzunehmen.

Weyland durchsuchte sein Bündel und fand eine Plastiktüte mit ungefähr einem halben Pfund dieses Stoffes, den er, zusammen mit ein paar losen roten Pillen, die er gleichfalls entdeckte, auch wieder in der Toilette abspülte.

An all dem nahm der Junge keinen Anteil. Smith schätzte ihn auf höchstens neunzehn Jahre, doch offenbar war er bereits rauschgiftsüchtig. Er fragte sich, welchen Lastern der Bursche wohl noch anhängen mochte. Vielleicht sollte er ihn der Polizei übergeben.

Doch er besann sich anders. Wenn er den Jungen wegen Rauschgiftbesitzes anzeigte, gab es vielleicht ein Gerichtsverfahren, und in dem Schreiben hieß es, für juristische Belange seines Mündels sei er zuständig. Es war besser und bestimmt billiger, wenn er das Problem selbst löste.

Aus der Küche holte er einen Hammer und Nägel. Er nagelte das Fenster zu, dann sperrte er die Tür des Gästezimmers von außen ab. Während des gesamten Vorgangs hockte der Junge auf dem Boden und rührte sich nicht.

„Er führt das aus, was ich ihm sage, Boß. So schlau ist er. Aber er verrichtet keinen Handschlag mehr, als unbedingt nötig. Und mit allem läßt er sich Zeit."

„Behalten Sie ihn gut im Auge, Sam."

Weyland drehte sich auf dem Absatz herum und marschierte die Treppe zu seinem Büro hinauf. Er verstand die junge Generation nicht. Ihr fehlte einfach der Schwung, die Lust, Verantwortung zu übernehmen, die Tugenden, die seine eigene Generation noch besessen hatte.

Er erinnerte sich an das Bild, das sich ihm des Morgens geboten hatte, als er die Tür zum Gästezimmer aufsperrte. Ausgestreckt auf dem Boden lag der Junge und schlief fest, bis Weyland mit der Schuhspitze seine Rippen berührte. Dann wachte er auf und erhob sich von seinem improvisierten Lager.

Kein Wort zu Smith über das, was in der vergangenen Nacht geschehen war. Er gab nicht einmal zu verstehen, daß er wußte, was Smith mit seinen Drogen getan hatte. Das Bündel jedoch lag aufgerollt auf dem Fußboden.

Weyland hatte in der Hygienezelle kurz das Wasser rauschen hören, aber bei weitem nicht lange genug, als daß es der äußeren Erscheinung des Burschen etwas hätte nützen können. Später verzehrte er schweigend sein Frühstück, dann folgte er Weyland gehorsam in die Fabrik.

Smith beschloß, Hector anzurufen und sich zu erkundigen, wie weit sein Einspruch gediehen war.

„So etwas dauert seine Zeit, Weyland. Bei der Behörde liegen eine Menge Einsprüche vor, und Sie müssen sich gedulden, bis Sie an die Reihe kommen. Sind Sie mit dem Ihnen zugewiesenen Mündel nicht so recht zufrieden?"

„Der Junge ist rauschgiftsüchtig. Gestern nacht warf ich ihm das Zeug fort. Sagen Sie, Hector, wie weit darf ich ihn in seiner Freiheit einschränken?"

„Darauf kann ich Ihnen keine rechtsverbindliche Antwort geben, Weyland. Man muß erst abwarten, bis ein paar Präzedenzfälle geschaffen werden. Ganz pauschal möchte ich Ihnen raten, den Jungen wie einen Halbwüchsigen zu behandeln, das heißt, gewähren Sie ihm nicht zu viele Freiheiten, fügen Sie ihm aber keinesfalls körperlichen Schaden oder Demütigungen zu. Beinfesseln oder Handschellen kommen also nicht in Frage, die Zimmertür dürfen Sie jedoch getrost abschließen. Wie benimmt er sich tagsüber?"

„Recht ordentlich, wie Sam mir sagte. Arbeitet zwar nicht fleißig, hat aber bis jetzt noch keinen Unfug angestellt. Ich ... einen Augenblick, bitte, Hector."

Eine ungewöhnliche Stille trat ein, in der Weyland nur gelegentliche Zurufe der Männer hören konnte. Was sie einander zubrüllten, verstand er nicht. Die Förderkette lag still. Smith rechnete jeden Moment damit, daß Sam in der Tür auftauchte. Als er jedoch nicht erschien, trat er auf den Balkon hinaus und verrenkte sich beinahe den Hals in dem Bemühen zu erkennen, was passiert sei. Er rannte ans Videophon zurück. „Ich rufe Sie später noch einmal an, Hector." Nachdem er die Verbindung unterbrochen hatte, stürmte er aus seinem Büro.

Er hatte kaum die Tür aufgerissen, da schwante ihm auch schon, daß etwas Katastrophales geschehen sein mußte. Aufgeregte Stimmen schnatterten etwas auf Spanisch. In beinahe jedem Satz kam das Wort „guajolote" vor, und dessen Bedeutung kannte er. „Sam! Was ist los?"

„Salz, Boß. Er ..." – Sam deutete auf den Jungen – „... öffnete ein Salzventil. Ungefähr fünf Tonnen Mixtur sind regelrecht vergiftet."

„El Guajolote" stand in einer Ecke, Hände in den Hosentaschen, Haarsträhnen in der Stirm. Er sah Weyland an. Weyland stieg die restlichen Stufen hinab, wobei er sich Zeit ließ. Er nahm sich vor, nicht die Beherrschung zu verlieren. Vor dem Jungen blieb er stehen.

„Wie kam das?"

„Er sagte mir, ich solle ein bißchen Salz zugeben, aber nicht, wieviel. Also ließ ich das Ventil offen und wartete darauf, daß er mir befahl, es zu schließen. Er ist schuld. Sam."

„Nun zu Ihnen, Mr. Solis. Erzählen Sie mir Ihre Version, Sam."

„Ich hielt mich, wie immer, am Schaltbrett auf, Boß. Ich sagte ihm, er solle das Ventil leicht öffnen, nicht ganz aufsperren. Er riß es jedoch weit auf und hörte nicht auf mich, als ich ihm zurief, er solle es wieder schließen."

„Davon weiß ich nichts." Trotzig schüttelte sich der Junge das Haar aus der Stirn, das ihm jedoch gleich wieder in die Augen fiel. Er schien gar nicht zu erwarten, daß Weyland ihm glaubte.

Was er auch nicht tat. „Wie schlimm ist der Schaden, Sam?"

„Sieht übel aus, Boß. Diesen Durchlauf müssen wir lagern, einen geringen Teil können wir verdünnen. Trotzdem sind mindestens ein paar Tonnen Rohmasse so verdorben, daß sie nicht mehr zu gebrauchen sind."

Im Geist rechnete Weyland schnell nach. Er kam auf einen Tag Verdienstausfall, vielleicht würden es sogar zwei. „Versuchen Sie, den Schaden so gering wie möglich zu halten, Sam. Und geben Sie John eine andere Arbeit." Zu dem Jungen gewandt sagte er: „Wir beide haben noch ein Wörtchen miteinander zu reden. Komm mit nach oben."

Im Büro hockte sich der Junge auf die äußerste Kante eines Plastikstuhls. Weyland nahm in seinem Sessel Platz, legte die Beine auf den Schreibtisch und bemühte sich, eine strenge Miene aufzusetzen.

„Hör mal, Junge", begann er, „ich weiß, daß du nicht gern hier bist. Du fühlst dich eingeengt. Aber vergiß nicht, ich habe dich nicht hergeholt, und im Grunde kann ich nichts mit dir anfangen."

Der Junge schwieg.

„Was tatest du, bevor du zu mir kamst?"

„Eigentlich nichts. Für mich gab es ja nichts zu tun."

„Tatsächlich? Hast du denn nie gearbeitet?"

„Nur als ich im Gefängnis war."

„Weshalb wurdest du eingesperrt?"

„Wollen Sie wissen, warum ich saß, ehe ich zu Ihnen kam, oder interessieren Sie auch meine anderen Vorstrafen?"

„Wie oft warst du denn im Gefängnis?"

„Augenblick mal." Der Bursche zählte an seinen Fingern ab. „Och, schon öfter."

Weyland drängte sich der Eindruck auf, daß zehn Finger nicht ausreichten, um die Zahl der Vorstrafen festzustellen.

„Und warum?"

„Meistens saß ich wegen Diebstahls, ein paarmal, weil ich gekifft hatte. Keine großen Sachen."

„Weil man dich dabei vielleicht nicht erwischt hatte. Paß gut auf, meine Junge. Deine Vergangenheit interessiert mich nicht. Ich will nur, daß du mir keine Scherereien machst, solange du bei mir wohnst. Wenn du dich gut führst, werden wir zwei ganz gut miteinander auskommen. Sam und meine Leute zeigen dir, wie die Maschinen bedient werden. Wenn du dich ordentlich benimmst, bekommst du bei mir eine richtige Arbeitsstelle."

„Diese Pampe anrühren nennen Sie Arbeitsstelle?! Ich mag das Zeug nicht mal ansehen, geschweige denn essen. Als ich auf mich selbst gestellt war, bekam ich wenigstens ab und zu etwas Vernünftiges zwischen die Zähne. Im übrigen paßt mir diese Art von Tätigkeit nicht."

„Diese Art von Tätigkeit wirst du aber ausüben müssen, solange du hier bist. Wenn du allerdings eine Möglichkeit weißt, wie ich dich loswerden könnte ..."

„Augenblick, wollen Sie mich etwa verkaufen oder so?"

„Nein, das wäre sicherlich illegal." (Irrte er sich, oder blickte der Junge tatsächlich ängstlich drein?) „Aber da du offensichtlich nicht bereit bist, in der Produktion zu arbeiten, werde ich Sam sagen, er soll dich in den Sanitärtrupp stecken. Farley ist dort Aufseher, und mit dem kommt jeder gut aus. Du wirst das tun, was er dir sagt, und nach einer Weile kannst du es vielleicht mit einer anderen Arbeit versuchen. Einverstanden?"

„Einverstanden. Aber sagen Sie ihm, er soll mich nicht anschreien. Ich habe auch Gefühle.“

Weyland nahm den Jungen mit nach unten und übergab ihn Homer Farley. Farley war nicht sonderlich begeistert von seinem neuen Schützling, doch Weyland kannte den Vorarbeiter als gutmütig und gewissenhaft. Er hoffte, der Junge würde diese Eigenschaften zu schätzen wissen und einiges daraus lernen.

Danach rief er Hector noch einmal an. „Kleines Problem mit der Förderkette, Hector, aber wir haben es gelöst. Ich wollte Sie noch etwas fragen. Gibt es eine Möglichkeit, sein Mündel loszuwerden?“

„Selbstverständlich, Weyland, es gibt sogar viele Wege. Sie sind in den Statuten festgelegt.“

„Ich besitze keine Kopie dieses Textes. Nennen Sie mir ein paar.“

„Tja, erstens könnten Sie sterben, was ein Extremfall wäre, zweitens könnte Ihr Mündel das Zeitliche segnen, was genauso extrem ist. Sie könnten bankrott gehen. Sie dürfen sich Ihres Mündels entledigen, falls es gegen Sie oder Ihre Firma kriminelle Aktivitäten entwickelt. Außerdem verliert man sein Mündel, sobald es einer geregelten Arbeit nachgeht und für seinen Lebensunterhalt selbst aufkommt. Dann ...“

„Das genügt. Was ist, wenn ich meinem Mündel eine feste Anstellung in meinem Betrieb gebe? Enthebt mich das meiner Verantwortung?“

„Eine Probezeit von einem Jahr ist vorgeschrieben. Danach erlischt Ihre Pflicht als Vormund. Das Gesetz sieht diese Frist vor, um Betroffene wie Sie daran zu hindern, Arbeitsplätze für Ihre Mündel aus dem Boden zu stampfen, nur um sich ihrer Verantwortung zu entledigen. So einfach ist das nicht, Weyland.“

Na schön, dachte Smith, *diese Möglichkeit kommt also nicht in Frage. Was gäbe es sonst noch?* „Hector, kann ich ihn vielleicht verkaufen?“

„Sie wollen Ihr Mündel verkaufen? Nein, das geht natürlich nicht. Das wäre ja Sklaverei. Nein - warten Sie. Wegen Sklaverei könnte man Sie nicht belangen, da Sie ja genauso unwillig sind wie Ihr Mündel. Das muß ich nachprüfen - bleiben Sie am Apparat, es dauert nur eine Minute.“ Hector verschwand vom Bildschirm.

Als er zurückkehrte, lächelte er. „Tatsächlich, Weyland, es ist nicht verboten - jedenfalls bis jetzt noch nicht. Meines Erachtens besteht kein Grund, weshalb Sie nicht mit jemandem einen Handel abschließen können - das heißt, zuerst einmal müßten Sie einen Interessenten finden. Aber - gänzlich entledigen können Sie sich eines Mündels nicht, es sei denn, auf Sie träfe ein Punkt zu, der in den Statuten behandelt wird. Was haben Sie vor?“

„Vielleicht unternehme ich gar nichts, Hector. Es war halt nur eine Idee. Mein Mündel brachte mich darauf. Vielen Dank für Ihren Rat.“

„Ich setze alles auf Ihre Rechnung, Weyland.“

Danach lief den ganzen Tag lang alles glatt. John Wayne machte keine Schwierigkeiten, mit Homer schien er sich sogar angefreundet zu haben. Abends saß er in seinem Zimmer und sah fern, ohne Weyland ein einziges Mal zu belästigen.

Die beiden folgenden Tage verliefen ähnlich ruhig. Weyland fragte sich, wie lange es gutgehen mochte. Der nächste Tag war ein Samstag, und in der Fabrik wurde nicht gearbeitet. Also hatte er den Burschen das gesamte Wochenende über am Hals.

Als am Samstag in aller Frühe das Telefon klingelte und Weyland aus dem Tiefschlaf riß, war er kaum in der Lage, Homers Frau zu verstehen.

„Warten Sie, Pearl. Sie sprechen zu schnell. Beruhigen Sie sich erst einmal, und dann erzählen Sie mir bitte ganz langsam und deutlich, was passiert ist."

„Homer sitzt im Gefängnis. Gestern nacht kam er nicht nach Hause. Die Polizei rief mich an und benachrichtigte mich, man habe ihn eingesperrt. Ich weiß nicht, was ich tun soll."

„Was wirft man ihm denn vor, Pearl?"

„Trunkenheit und unflätiges Benehmen. Aber Sie wissen doch, daß Homer sich niemals betrinkt. Wir sind seit zwanzig Jahren verheiratet, und noch nie kam er des Nachts nicht nach Hause."

Mittlerweile war Weyland hellwach und blickte sich um. Er nahm ein Handgerät, schaltete es ein und ging mit laufender Kamera zum Gästezimmer. Er öffnete die Tür, spähte in den Raum hinein und bemerkte unter der Zudecke einen seltsam reglosen Klumpen. Wegen der Dunkelheit konnte er nichts Genaues erkennen, doch er hätte seinen gesamten Besitz darauf verwettet, daß John Wayne Evans nicht unter der Decke lag.

„Pearl", sagte er im Zurückgehen, „ich rufe gleich Hector an und frage ihn, was sich machen läßt. Bleiben Sie in der Nähe des Videophons."

„Das ist gut", erwiderte sie aufatmend, „und vielen Dank auch, Mr. Smith. Ich wußte doch, daß ich mich auf Sie verlassen kann."

Smith unterbrach die Verbindung. Mit dem Anruf wollte er sich Zeit lassen. Als erstes interessierte ihn, was sich unter der Zudecke verbarg. Er fand zu einem Bündel zusammengerollte benutzte Handtücher und Decken. Keinen John Wayne Evans.

Als nächstes vermißte er sein Auto. Ein Blick auf den leeren Hof genügte ihm, und er wußte Bescheid. Der verdammte Bengel war mit seinem Wagen gefahren. Der neue Mallory war fort.

Er rief Hector an. Eines der Kinder ging an den Apparat. Es mußte eines der jüngeren sein, denn es plapperte eine Weile in einem Gemisch aus Englisch und Spanisch in die Sprechmuschel, ehe sich der verschlafen klingende Hector meldete und Weyland aus seinem Dilemma erlöste.

„Weyland! Was gibt's?"

„Ich habe Ärger mit dem Jungen. Und Homer Farley sitzt drüben im San Pat County Hotel."

„Was hat der Junge angestellt?"

„Er ist verduftet, und zwar mit meinem Wagen. Ich habe den Verdacht, daß er und Homer gestern abend einen Zug durch die Gemeinde machten, und ich möchte, daß Sie Farley aus dem Gefängnis holen. Ich muß unbedingt mit ihm reden."

„Okay, das läßt sich einrichten. Was haben Sie mit Evans im Sinn?"
„Das weiß ich noch nicht, Hector. Hören Sie, können Sie bei mir vorbeikommen und mich mitnehmen, wenn Sie zu Homer fahren? Ich bin nämlich nicht motorisiert."
„In einer halben Stunde bin ich bei Ihnen."

Das Gefängnis in San Patricio war ein altes, vierstöckiges Gebäude. Es stammte aus den frühen achtziger Jahren, die jetzt schon längst zur Geschichte zählten. Es handelte sich nicht um einen Ort, den Weyland frequentierte, er war jedoch schon einige Male dort gewesen. In dem Gefängnis ging es ständig sehr hektisch zu. Es war chronisch überfüllt und wirkte auf Weyland deprimierend.

Heute war es anders. Am Anmeldeschalter saß nur ein einziger Deputy, und Dennis Shay, der Sheriff, rekelte sich lässig in seinem Schreibtischsessel. Die Füße ruhten auf einer halb herausgezogenen Schublade, und er schmökerte in einem Magazin. Da Weyland nichts zu tun hatte, solange Hector dabei war, Homers Entlassung zu bewirken, schlenderte er zum Sheriff hinüber, um ihm guten Tag zu sagen.

„Hallo, Weyland", grüßte Dennis zurück. „Ich nehme an, Sie sind hier, um Homer herauszuholen, nicht wahr? Es tat mir leid, ihn einsperren zu müssen, aber er störte die öffentliche Ruhe."

„Hector bemüht sich gerade um seine Entlassung, Dennis. Ziemlich ruhig hier heute."

„Die Zeiten haben sich geändert, Weyland. Wir behalten die Leute nicht mehr so lange hier wie früher. Das entlastet die Steuerzahler ganz gewaltig. Es beruht auf dem Gesetz zur Förderung der sozialen Mitverantwortlichkeit, wissen Sie."

„Ich wußte nicht, daß es so breit gefächert angewandt wird."

„O doch! Wir haben eine Menge neuer Vorschriften bekommen. Die Gemeinde ist Vormund eines jeden Gefangenen, der zu mehr als dreißig Tagen Haft verurteilt wird. Natürlich lassen wir die Leute nicht in den Zellen herumsitzen. Wir bringen sie ans Arbeiten. Auf meinem Grundstück beschäftige ich auch ein paar. Ich bewirtschafte ja immer noch meine Farm, wissen Sie. Sie hacken Jojoba. Ohne die billigen Arbeitskräfte hätte ich das Zeug gar nicht anbauen können. Wie läuft es bei Ihnen?"

„Nicht schlecht, außer daß Sie Homer eingebuchtet haben und mein Auto verschwunden ist."

„Ihr Auto ist fort? Wie kam das denn?"

„Gestern nacht machte sich mein Mündel damit aus dem Staub."

„Wollen Sie damit sagen, daß er Ihren Wagen gestohlen hat?"

„Das weiß ich nicht genau. Ich kenne den Burschen erst seit einer Woche."

„Sie könnten eine Menge Ärger bekommen, wenn Ihr Mündel mit dem Auto irgendeinen Schaden anrichtet, Weyland. Haben Sie schon eine Anzeige erstattet?"

„Dazu hatte ich noch keine Zeit. Hören Sie, Dennis, könnten wir uns nicht inoffiziell einig werden? Helfen Sie mir, den Jungen zu finden, aber stellen Sie keinen Strafantrag."

Der Sheriff nahm die Füße von der Schublade, zog sich den Hut in die Stirn und schaute Weyland durch seine dicke Brille hindurch an. Hinter den starken Gläsern wirkten seine Augen unnatürlich groß.

„Ich habe keinen Einfluß auf die Rechtsprechung, Weyland, und ohne eine offizielle Anzeige darf ich keinen meiner Männer für eine Suche bereitstellen. Wenn Sie mir allerdings versprechen, sich umgehend an die städtische Polizei zu wenden, lasse ich einen Funkspruch durchgeben. Meiner Meinung nach ist der Junge mit dem Wagen schon über alle Berge."

„Abgemacht, Dennis." Er gab dem Sheriff eine Personenbeschreibung.

In der Tür tauchte Hector auf. Hinter ihm stand Homer Farley. Er blickte verlegen drein und versuchte, sein zerknittertes Hemd zu glätten. Er sah schrecklich aus.

Weyland nahm ihn zur Seite. „Wie konnte das nur passieren, Homer?"

„Das weiß ich selbst nicht, Boß. Wir arbeiteten hinten am Schlammfilter, ich und John. Kurz vor Schichtende bekam ich diese verfluchten Kopfschmerzen, und John Wayne gab mir ein paar Pillen. Ich schluckte sie, und von da ab kann ich mich an nichts mehr erinnern. Aber mein Geld ist futsch! Ich besitze keinen Cent mehr. Ich weiß nicht, wie ich das Pearl beibringen soll."

„Machen Sie sich deswegen keine Sorgen, Homer. Ich werde mit ihr reden. Kommen Sie, wir bringen Sie heim."

Er bugsierte Homer auf den Ausgang zu, und Hector schickte sich an, ihnen zu folgen. In diesem Moment rief Dennis:

„Weyland, wir haben sie!"

Smith lief zu dem Sheriff zurück, der ihn anstrahlte.

„Ich dachte mir, ich frage erst mal ein bißchen herum, ehe ich einen Funkspruch losschicke. John Wayne Evans, stimmt's? Ein roter Mallory, der auf den Namen Smith ausgestellt ist? Beide befinden sich drüben auf der Wache am Polecat Creek. Der Bengel fuhr bei Rot über eine Kreuzung, und die Jungs hielten ihn an. Sie buchteten ihn wegen Drogenmißbrauchs ein. Kein Alkohol. Sie müssen persönlich hin und den Jungen abholen. Wenn Sie das Auto jedoch als gestohlen melden, wird das Bürschchen festgehalten."

„Ist es denn überhaupt noch nötig, eine Meldung wegen Diebstahls zu erstatten?"

„Das bleibt Ihnen überlassen. Aber seien Sie vorsichtig, es könnte damit enden, daß man Ihnen den Wagen wegnimmt, wenn man Drogen darin findet. Der Junge brauchte nur zu behaupten, er hätte den Wagen mit Ihrer Erlaubnis benutzt. Ein Mallory ist ein feines Auto, und irgendwer könnte durchaus in Versuchung geraten, das Fahrzeug zu konfiszieren."

„Ich werde mit Hector darüber reden, Dennis. Vielen Dank für Ihre Hilfe."

„Es war mir ein Vergnügen, Weyland. Da wäre noch etwas. Kommen Sie später, wenn sich alles geklärt hat, wieder zu mir. Vielleicht finden wir eine Lösung, die uns beide zufriedenstellt. Okay?"

Die Bemerkung verblüffte Weyland, doch im Augenblick war er zu nervös, um ihr viel Beachtung zu schenken. Er folgte Hector und Homer nach draußen zum Wagen.

Nachdem er sich mit der Bürokratie herumgeschlagen und sein Auto zurückbekommen hatte, erzählte er Hector von Dennis' eigenartiger Äußerung.

„Hört sich fast so an, als habe Dennis eine Art Handel im Sinn, Weyland. Er besitzt kein kleines Stück Land, und das Zeug, das er anbaut, ist arbeitsintensiv. Alles muß per Hand beackert werden, und es ist eine Schinderei, die man früher von Angehörigen meines Volkès verrichten ließ. Ich habe den Verdacht, daß Dennis sich an dem neuen Wohlfahrtsprogramm gesundstoßen will. Aber vielleicht bietet sich hier für Sie eine Möglichkeit, den Jungen loszuwerden. Geben Sie mir ein bißchen Zeit zum Recherchieren."

Hector recherchierte. Am Montag morgen rief er Weyland an, strahlend und bestens aufgelegt. „Wenn Sie möchten, können Sie John Wayne einen Tritt geben, Weyland. Er hat Ihren Wagen gestohlen, und das gibt Ihnen dem Gesetz nach das Recht, den Jungen hinauszuwerfen. Wenn Sie diesen Grund geltend machen, brauchen Sie nur einen Teil der Anwaltskosten zu zahlen, die auf Sie zukommen werden, sollte es zu einem Gerichtsverfahren kommen.

Aber auch hier bietet sich ein Ausweg an. Dennis kann bewirken, daß die Klage fallengelassen wird. Er setzt den Jungen auf seiner Farm zum Arbeiten ein, und Sie bekommen dafür eines seiner Mündel."

„Und das läßt sich einrichten?"

„Dennis scheint davon überzeugt zu sein. Was haben Sie bei diesem Tausch schon zu verlieren?"

„Um ein Haar hätte ich meinen neuen Wagen verloren. Was raten Sie mir, Hector?"

„Ein neues Mündel erhalten Sie so oder so. Was spielt es für eine Rolle, ob der Staat Ihnen eines zuweist oder ob Dennis mit Ihnen ein Tauschgeschäft veranstaltet. Letzten Endes läuft alles auf Glück hinaus."

„Okay, Hector, ich bin mit allem einverstanden. Ich will nur nicht einen zweiten John Wayne Evans aufgehalst bekommen – das kann ich Ihnen sagen."

Es dauerte ein paar Tage, bis sich überhaupt etwas tat. Unterdessen erhielt Hector die Nachricht, daß Weylands Einspruch vom Verfassungsrichter abgelehnt worden war. Sie hatten dreißig Tage Zeit, mit dem Urteil in die Berufung zu gehen. Weyland sah keinen Sinn darin, den Rechtsweg noch weiter zu beschreiten, und bat Hector, er solle die Eingabe zurückziehen.

Er verwandte seine Kraft darauf, die Fabrik wieder auf das zufriedenstellende Produktionsniveau zu bringen, das sie gehabt hatte, ehe der Staat mit seinen Hilfsmaßnahmen eingriff.

Am Freitag rief Hector ihn wieder an. „John Wayne Evans sind Sie endgültig los, Weyland. Dennis macht Ihnen ein Angebot. Es ist nicht ganz das, was ich mir vorstellte, im Grunde eine Dreiecksangelegenheit.

Dennis schlägt sich mit Eheproblemen herum. Kennen Sie Ray Daunt?"

„Natürlich. Der größte Schuft in Südtexas. Was hat er mit der Sache zu tun?"

„Offenbar hat man Ray ein ziemlich altes Pärchen aufgebürdet, das er gern loswerden möchte. Keiner will sie ihm jedoch abnehmen, weil beide schon über achtzig sind. Unser guter Dennis hingegen hat irgendwo eine gewisse Antoinette Dudek aufgegabelt, die eine recht flotte Biene sein soll, sonst aber keine weiteren Vorzüge aufweist. Sie ist Dennis' persönliches Mündel, was Mrs. Shay gar nicht schätzt. Also tauscht er sie gegen Rays alte Leutchen ein. Für Dennis springt noch ein hübscher kleiner Bonus dabei heraus, und Ray wird für die junge Dame schon eine Verwendung finden."

Korruption an allen Ecken und Enden, ging es Weyland durch den Kopf.

„Ich weiß nicht recht, Hector. Alte Leute stellen wirklich ein Problem dar. Sie sind oft krank und brauchen Pflege. Von meiner Seite aus wäre das pure Nächstenliebe."

„Das gesamte System beruht auf Nächstenliebe, Weyland. Außer Leuten wie Shay und Daunt, die immer Mittel und Wege finden, jede beliebige Situation auszubeuten, wird kein Vormund von dem neuen Sozialprogramm profitieren. Auf der anderen Seite liegen alte Menschen nachts im Bett, anstatt mit geklauten Wagen herumzukutschieren. Ich an Ihrer Stelle würde mir die Sache gut überlegen."

Weyland dachte nach und gelangte zu dem Schluß, daß Hector recht hatte. Gewiß, nach dem Gesetz, das seine Einkommensverhältnisse zugrunde legte, brauchte er nur ein einziges Mündel aufzunehmen. Doch in diesem speziellen Fall stellte eine zweite Person keine große Mehrbelastung dar.

Er besaß ein Haus und die Nahrungsmittelfabrik. Alte Leute brauchten nicht viel an Kleidung. Arztrechnungen konnten zu Buche schlagen, doch wie lange mochte dieser Zustand überhaupt andauern? Diese alten Leutchen waren Eintagsmenschen. Er beschloß, sie zu sich zu holen.

Am kommenden Samstagmorgen hielt ein langes schwarzes Auto vor Weylands Haus. Der Fahrer stieg aus und öffnete eine der hinteren Türen. Heraus sprang ein alter Mann, mit der Behendigkeit eines Fünfundzwanzigjährigen. Er bückte sich und half einer zierlichen Frau aus dem Wagen.

Sie sahen zu, wie der Fahrer einen schäbigen Pappkartonkoffer aus dem Kofferraum wuchtete. Dann erklomm der Fahrer die Stufen zur Veranda und blieb abwartend dort stehen.

Weyland verließ seinen Platz am Fenster und öffnete die Tür. „Tragen Sie den Koffer ins Haus", befahl er dem Fahrer.

Der Mann schleppte das Gepäckstück ins Wohnzimmer und kam zu Weyland zurück. „Das sind Mr. und Mrs. Luker", sagte er. „Mehr Gepäck bringen sie nicht mit." Wortlos marschierte er an den alten Leuten vorbei, stieg wieder in sein Auto und fuhr los.

Die Szene hatte etwas Mitleiderregendes an sich, fand Weyland. Und es rührte ihn, mit anzuschauen, wie der alte Mann seiner Frau die drei Stufen zur Veranda hinaufhalf.

Der Alte wachte voller Fürsorge darüber, wie seine Frau vorsichtig erst einen, dann den nächsten Fuß auf eine Treppenstufe setzte. Er war von hagerer, drahtiger Gestalt, das Gesicht tiefgefurcht, das Haar schlohweiß. Dem hellen Teint nach zu schließen mußte es früher einmal rot gewesen sein.

Die Frau besaß ebenfalls schneeweißes Haar. Das runzlige, schmale Gesicht drückte Stolz und Entschlossenheit aus. Der Mann betrat als erster die Veranda, seine Frau folgte ihm. Durch die goldgerahmte Brille spähte sie Weyland prüfend an. „Ich heiße Harry Luker", stellte sich der Alte vor, „und das ist meine Frau, Kate. Sie sind sicher Mr. Smith?"

„Weyland - Weyland Smith", bekräftigte er, jedoch ohne an die vornehme Würde heranzureichen, die in der Stimme des alten Mannes mitschwang. „Bitte, treten Sie ins Haus."

Er schritt voran ins Wozhnzimmer und bat die alten Leutchen, auf dem Sofa Platz zu nehmen. Er hielt es für angebracht, sie nach den Strapazen der Fahrt eine Weile ausruhen zu lassen.

„Kate sieht nicht mehr besonders gut", erzählte Harry. „Sie hatte grauen Star. Die Implantate wurden vom Körper wieder abgestoßen, deshalb muß sie diese starke Brille tragen. Doch sie findet sich überall zurecht, es geht halt nur langsamer. Wir werden uns bemühen, Ihnen nicht zur Last zu fallen."

„Sie werden mir bestimmt nicht lästig, Harry. Tagsüber halte ich mich ohnehin die meiste Zeit nicht im Haus auf. Auf der anderen Straßenseite befindet sich meine Fabrik. Mein Haus ist vollautomatisiert, man braucht kaum zu putzen. Richtiges Kochen ist ebenfalls nicht nötig, das findet drüben im Betrieb statt."

„Ich mag Küchen", mischte sich Kate ein. „Als Harry und ich jung waren und es noch nicht diese Fertignahrung gab, besaßen wir immer eine richtige Küche. Ich stamme von einem Bauernhof, wissen Sie. Meine Eltern bauten Weizen an und züchteten Rinder. So was gibt's heute gar nicht mehr."

„Ich weiß", entgegnete Weyland. „Um hochwertiges Getreide anzubauen, ist der Boden mittlerweile zu ausgelaugt. Er trägt nur noch minderwertige Sorten. Doch wir können froh sein, daß der Boden überhaupt noch etwas hergibt, das wir dann zu Nahrung weiterverarbeiten können."

Er sah Harry an, der die Hand seiner Frau hielt. Weyland vermutete, daß Harry mit der Realität besser zurechtkam als seine Frau. Wahrscheinlich mußte er sich schon seit Jahren anhören, wie sie in Erinnerungen schwelgte.

„Wir hatten Kinder", bemerkte Harry. „Aber wir haben sie alle überlebt. Wir sind jetzt ganz auf uns allein gestellt. Die Enkel sind in alle Himmelsrichtungen verstreut. Sie zogen dorthin, wo sich ihnen eine Existenzmöglichkeit bot. Das ist verständlich. Wir bewohnten unser eigenes Häuschen, bis man uns die Rente strich. Dann wurden wir Wohlfahrtsempfänger. Aber Mr. Daunt wollte uns nicht haben."

„Darüber machen Sie sich jetzt keine Gedanken mehr, Harry, nun sind Sie hier, bei mir. Es wird schon alles gutgehen."

Glaubte er selbst an das, was er sagte? Weyland wußte es nicht. Die alte Dame blickte den Koffer an und machte eine Miene, als könne sie jeden Moment in Tränen ausbrechen. Vermutlich enthielt der Koffer ihre gesamte Habe.

Harry war ein Mensch, der im Alter gelernt hatte, seinen Stolz zu beugen. Man sah es ihm an, daß es ihm weh tat, hier sitzen zu müssen, von Weyland abhängig zu sein und keine Möglichkeit zu besitzen, eine Änderung der Situation herbeizuführen.

Später trug Weyland den Koffer ins Gästezimmer. Erst dann fiel ihm auf, wie klein das Gepäckstück im Grunde war. Er durfte nicht vergessen, die Nägel aus dem Fensterrahmen zu ziehen, damit sie das Fenster öffnen konnten. Schließlich nahmen sie von dem Zimmer Besitz, und es schien ihnen ein wenig besser zu gehen.

Unter einem Vorwand verließ Weyland das Haus; er behauptete, er müsse Einkäufe erledigen, ehe die Geschäfte schlössen. Harry ließ sich nicht hinters Licht führen. Er erriet Weylands wahren Grund, er wollte den alten Leuten Zeit geben, sich allein und in aller Ruhe häuslich einzurichten. Er blieb mehrere Stunden lang fort.

Als er zurückkehrte, traf er Harry im Wohnzimmer dabei an, wie er ein Fachbuch las. Es handelte über Fermentierungsprozesse und war aus dem Japanischen übersetzt. Weyland hatte seit Jahren nicht mehr hineingeschaut.

Harry wirkte ein wenig verschämt, so als sei er bei etwas Verbotenem ertappt worden. „Ich hoffe, Sie haben nichts dagegen, daß ich mich Ihrer Bibliothek bediente, Weyland. Kate schläft. Ich wollte mich irgendwie beschäftigen, und fernsehen mag ich nicht."

„Schon gut, Harry. Sie wohnen jetzt hier. Fühlen Sie sich ganz wie zu Hause. Bücher sind dazu da, um gelesen zu werden. Ich wundere mich nur ein bißchen über Ihre Auswahl. Das ist doch ziemlich langweiliges Zeug und dazu noch sehr speziell."

„Das habe ich gemerkt. Aber ..." – Harry blickte auf die erste Seite – „... als das Buch geschrieben wurde, war ich auch schon fünfzig Jahre aus der Schule."

„Was taten Sie beruflich, Harry?"

„Ach, ich tummelte mich in vielen Berufen. Zuerst arbeitete ich auf einer Ranch – eigenen Besitz hatten wir nicht –, mein Vater war Hufschmied. Von ihm lernte ich das Schmiedehandwerk. Danach schürfte ich eine Zeitlang Gold. Als in den sechziger Jahren ein Krieg ausbrach, wurde ich Soldat. Nach Kriegsende lernte ich Kate kennen. Wir besuchten beide die Technische Universität in Odessa. Ich wurde Erdölingenieur, Kate Lehrerin. Sie unterrichtete Geschichte.

Wir verdienten gut, zogen unsere Kinder groß, erlebten, wie sie ihr Elternhaus verließen, und schließlich begruben wir sie. Als die Erdöl- und Erdgasvorkommen sich erschöpften, gingen wir in den Ruhestand. Wir hätten beide gern weitergearbeitet, doch allmählich wurden wir für unsere Tätigkeiten zu alt. Jüngere Leute rückten nach.

Dann kam im Jahre 2005 die Depression. Meine Rente und ein Teil von Kates Pension wurden gestrichen. Es gab keine soziale Sicherheit mehr. Leute wie wir lebten nur noch von der Wohlfahrt. Und selbst die wurde jetzt abgeschafft. Kate fürchtet sich vor dem neuen Sozialprogramm. Sie besitzt ihren Stolz, und all dies Hin- und Hergeschiebe hat sie verwirrt und unsicher gemacht.“

Weyland stellte fest, daß er Harry sympathisch fand. Nach dem Jungen war er eine angenehme Abwechslung. Es spielte keine Rolle, daß er den alten Mann nicht in seiner Fabrik beschäftigen konnte. Hauptsache, er verursachte ihm keinen Ärger.

Danach ließ er Harry in Ruhe weiterlesen. Er selbst erledigte Büroarbeiten, die den Rest des Nachmittags in Anspruch nahmen.

Beim Abendessen herrschte eine etwas verlegene Atmosphäre. Harry verzehrte die abgepackte Standardmahlzeit, doch Kate nörgelte daran herum. „Ich will nicht undankbar sein, Mr. Smith, aber ich finde, selbst dieses Zeug könnte besser schmecken. Aber vielleicht bin ich auch nur so kritisch, weil ich schon so alt bin und mich noch gut erinnern kann, wie schmackhaft die Lebensmittel früher waren.“

In den folgenden Tagen spielte sich eine Art Routine ein, an die Weyland sich leicht gewöhnte. Im Grunde lebte er nun wieder seinen Alltagstrott, kam und ging, wie es ihm paßte, kümmerte sich um seinen Betrieb und überließ die alten Leute sich selbst. Die blieben im Haus und störten ihn nicht.

Harry vergrub sich in Weylands Bibliothek und machte sich sowohl über die gebundenen Bücher als auch über die Mikrofilme her. Er hatte gelernt, den Computer zu benutzen, der an die große öffentliche Stadtbibliothek angeschlossen war. Bald begann er Fragen zu stellen, die die Verfahrensweisen in der Fabrik betrafen, die Weyland ihm jedoch nicht immer beantworten konnte.

Deshalb stromerte Harry durch den Betrieb, um sich selbst einen Überblick zu verschaffen. Er freundete sich mit Sam und den Arbeitern an und überhäufte sie mit Fragen. Meistens sah er jedoch nur zu, wie die Leute ihre Routinearbeiten verrichteten.

Nicht lange danach suchte Harry täglich die Fabrik auf und blieb immer länger, bis es schließlich den Anschein hatte, als wäre er selbst wieder am Arbeitsprozeß beteiligt. Weyland hatte nichts dagegen einzuwenden. Der alte Mann richtete ja keinen Schaden an. Er stand niemandem im Weg, mischte sich nirgendwo ein, und die Belegschaft schien sich gut mit ihm zu verstehen.

Eines Morgens wartete Harry in der Küche auf Weyland. Er saß am Tisch und trank offenbar mit Genuß den synthetischen Kaffee, den Weyland verabscheute.

Weyland grüßte so munter, wie er es zu der frühen Stunde überhaupt vermochte, verzichtete allerdings darauf, Harry beim Kaffeetrinken Gesellschaft zu leisten.

Harry leerte seine Tasse und stellte sie auf dem Tisch ab. „Fassen Sie es nicht persönlich auf, Weyland, aber die Brühe schmeckt grauenhaft. Vielleicht liegt es auch an meinem Alter, daß ich an dem Zeug keinen Geschmack mehr finde.“

„Ab und zu kann ich mir echten Kaffee besorgen, Harry. Ich werde daran denken, welchen aus dem Büro mitzubringen.“ Plötzlich verspürte er Gewissensbisse, weil er einen privaten Schatz hortete, obwohl dieses Gefühl eigentlich unsinnig war.

„Wissen Sie, Weyland, Ihre Fabrik beginnt mich zu interessieren. Ich habe viel Zeit dort zugebracht und festgestellt, daß es dort ein Labor gibt.“

„Ja. Es wird nur nicht mehr benutzt. Wir schlossen es, als nach dem Tod meines Vaters Clar-Del die Qualitätskontrolle übernahm. Mein Vater war von Beruf Chemiker, und er führte gern eigene Tests durch.“

„Ich habe schon überlegt, Weyland, ob Sie etwas dagegen hätten, wenn ich es wieder benutzte, wieder in Betrieb nähme, sozusagen. Mit irgend etwas muß ich meine Zeit ausfüllen, und das wäre doch eine schöne Beschäftigung. Ich verspreche Ihnen, daß ich keine gefährlichen Experimente durchführe. Aber es gibt ein paar Tests, die mich wirklich ungemein interessieren.“

Weyland dachte kurz nach. Er konnte sich nicht vorstellen, daß jemand wie Harry in einem Labor Unfug stiften mochte. Dazu war er viel zu umsichtig und zu vernünftig.

„Warum nicht, Harry“, sagte er schließlich. „Aber ich kann nicht dafür garantieren, daß die Anlagen und Geräte noch funktionieren. Manches wurde jahrelang nicht benutzt. Von mir aus dürfen Sie im Labor herumwerkeln, soviel Sie wollen.“

Den ganzen Tag lang verschanzte sich Harry in dem Labor, reparierte Stromleitungen und prüfte die Apparaturen. Gegen Abend gesellte sich sogar Kate zu ihm. Es war das erste Mal, daß sie die Fabrik besuchte.

Als Weyland sich nach Schichtschluß nach Hause zurückzog, blieben die beiden noch im Labor. Über ein Spülbecken gebeugt, wuschen sie Gläser aus, während sie sich leise miteinander unterhielten.

Weyland lächelte ihnen zu, als er hinausging, und sie lächelten zurück. Angestrengt spähte Kate ihn durch ihre dicken Brillengläser hindurch an.

In den folgenden Tagen schaffte Harry immer mehr Ordnung. Jedesmal, wenn Weyland am Labor vorbeikam, hörte er einen anderen Apparat summen und surren, den Harry wieder in Gang gebracht hatte.

Ein paarmal betrat er das Labor. Stets war Harry dabei, irgendeine Reparatur oder Verbesserung an einem Maschinenteil vorzunehmen. Geduldig beobachtete er dann, wie das Gerät lief. Weyland staunte über die Ordnungsliebe des alten Mannes. Vor ihm, auf einem Lappen ausgebreitet, lagen die Werkzeuge, der Größe und Funktion nach geordnet. Ein Chirurg hätte seine Instrumente nicht präziser ausrichten können.

Weyland fragte Harry nicht, warum er sich so intensiv im Labor beschäftigte. Es freute ihn, daß der alte Mann einen glücklichen und zufriedenen Eindruck machte. Auf gar keinen Fall stellte er für den Betrieb eine Störung dar.

Kate gewöhnte es sich an, Harry regelmäßig zu besuchen. Mit ihrem langsamen und methodischen Schritt betrat sie das Labor, gelegentlich kleine Gegenstände bringend und andere dafür forttragend.

Weyland mischte sich niemals ein. Er wollte nicht, daß es aussähe, als spioniere er ihnen nach, und er mochte ihnen die Freude an ihrem Tun nicht verderben. Doch ihm fiel auf, daß Sam sich häufiger im Labor aufhielt, als eigentlich nötig zu sein schien.

Auch er schleppte irgendwelche Dinge hinein, trug allerdings niemals etwas hinaus, was in Weyland mäßige Neugier erregte. Er fühlte sich jedoch niemals bemüßigt, Sam nach seinem Treiben zu befragen.

Der kurze Winter zog vorüber, der Frühling brach mit aller Macht über das Land herein, und die erste von mehreren Ernten wurde fällig. Bei Clar-Del und demzufolge auch bei Smith Nutrionics stieg die Produktionsrate an. Für die Sommersaison stellte Weyland zwei zusätzliche Arbeiter und einen LKW-Fahrer ein. Er hatte alle Hände voll zu tun, und das würde auch so bis in den November hinein bleiben, wenn die lasche Wintersaison begann.

Seine Arbeitszeit betrug erst zehn, dann zwölf, dann vierzehn Stunden. Er hielt sich beinahe nur noch in seinem Betrieb auf. Wenn er Harry und Kate überhaupt noch begegnete, dann fanden diese Treffen in der Fabrik statt.

Eines Morgens jedoch schlurfte er müde in die Küche und traf dort Harry an.

„Guten Morgen, Weyland. Früh aufgestanden heute, was?"

„Viel zu tun, Harry. Manchmal befürchte ich, ich komme mit der Arbeit gar nicht nach." Aus dem Becher, den Harry in der Hand hielt, stieg ihm ein würziger Duft in die Nase.

„Möchten Sie einen Schluck probieren, Weyland? Es schmeckt gut."

„Gern."

Weyland nahm den Becher und trank. „Harry! Das ist doch echter Kaffee. Woher haben Sie ihn?"

„Schmeckt er Ihnen?"

„Und ob. Es ist Jahre her, seit ich das letzte Mal einen so köstlichen Kaffee getrunken habe." Er kostete noch einmal. Offenbar hatte er es hier mit einer Bohnenmischung zu tun. Er glaubte, die vollmundige kolumbianische Bohne und die kräftigere, den Geschmack abrundende afrikanische Sorte herauszuschmecken. Das Aroma mußte Kona sein. Nur Kona verströmte diesen Duft. Der Kaffee enthielt absolut keine Bitterstoffe.

Harry nippte an seinem eigenen Becher. Er hielt ihn mit beiden Händen umfaßt und trank genüßlich Schluck für Schluck. „Ich mag diese alten Sachen, Weyland. Vielleicht, weil ich sie noch kennengelernt habe und an sie gewöhnt bin. Neuerungen sind gut und auch notwendig, und ich habe in meinem Leben viele Veränderungen erlebt, doch für alles zahlt man seinen Preis. Wenn man lange genug und bereitwillig zahlt, gewöhnt man sich schließlich an diesen Zustand. Man vergißt, wie es früher war.

Sagen Sie, Weyland, haben Sie je eine Bäckerei besucht? Sind Sie schon einmal durch einen blühenden Orangenhain gewandert? Haben Sie jemals Bienenhonig aus einer echten Wabe geschleckt? Wissen Sie, wie richtiger Apfelwein hergestellt wird?"

Weyland schüttelte den Kopf.

„Als ich in Ihrem Alter war, Weyland, erstreckten sich von Texas bis Kanada Weizenfelder. Im Tal des Rio Grande gab es Citrusplantagen und Bauernhöfe. Damals war die Atmosphäre noch nicht mit Karbondioxid vergiftet, und das Waldsterben hatte noch nicht eingesetzt. Die Veränderungen, die dann kamen, behagten mir nicht, doch ich mußte mich anpassen. Ich begann selbst damit, für Neuerungen zu sorgen. Den Kaffee, den Sie gerade trinken, Weyland, habe ich zum Beispiel in Ihrem Labor hergestellt."

„Wie bitte?"

„Sie haben richtig gehört. Damit hatten wir uns die ganze Zeit über beschäftigt, Kate und ich. Meine Frau meint, das Aroma müsse noch verbessert werden, aber mit Nahrungsmitteln war sie schon immer etwas eigen."

„Harry, ist Ihnen überhaupt klar, was Sie getan haben?" In Weylands Kopf überschlugen sich die Gedanken. Wenn Kaffee dieser Qualität in großen Mengen produziert werden konnte, brauchte er sich um die Zukunft seiner Fabrik keine Sorgen zu machen. Er malte sich bereits die schönsten Phantasien aus. Doch als erstes mußte er das Rezept patentieren lassen.

„... wird ein kleines Stück Vergangenheit wieder lebendig", sagte Harry in seine Gedanken hinein. „Synthetische Nahrungsmittel sind eine gute Sache. Sie enthalten viele Kalorien und füllen den Magen. Aber sie schmecken abscheulich, und der Geruch stößt einen ab. Wir änderten lediglich hier und da etwas. Warten Sie, bis Sie erst eine von Kates neuen Abendmahlzeiten probiert haben."

„Heißt das, daß Sie die anderen Gerichte in ähnlicher Weise verändern können?"

„Mit der Zeit bestimmt, Weyland. Wir führen gerade ein paar vielversprechende Experimente durch. Sie dürfen aber nicht vergessen, daß wir auf diesem Gebiet ja Laien sind. In erster Linie verlassen wir uns auf Versuch und Irrtum. Vielleicht bleibt Kate und mir gar nicht genug Zeit, um einen echten Durchbruch auf diesem Sektor zu schaffen."

„Harry, diese Sache könnte Sie und Kate zu Millionären machen – denken Sie doch an die Folgen! Allein für diesen Kaffee steht ein Weltmarkt offen. Sie sind jetzt ein reicher Mann, Harry."

„Arm war ich niemals, Weyland, mein ganzes Leben lang nicht. Reichtümer erstrecken sich nicht ausschließlich auf Geld oder materiellen Besitz. Der größte Reichtum ist der Seelenfrieden, die Möglichkeit, seinen Interessen nachgehen zu dürfen. Diese Gelegenheit bot sich mir fast immer. Kate erging es ebenso. Erst im Alter litten wir eine Zeitlang Not. Doch Sie halfen uns, und Sie sollen wissen, daß wir Ihnen dafür dankbar sind. Was wäre nur aus uns geworden, wenn Sie uns nicht aufgenommen hätten."

Hector war tief beeindruckt. Strahlend sah Weyland zu, wie er seine Tasse Kaffee leerte.

„Ausgezeichnet. Woher stammt das Zeug?"

„Aus Harrys Labor."

Hector erlitt einen Hustenanfall. Ein Teil des Inhalts der zweiten Tasse spritzte über den Schreibtisch.

Weyland reichte ihm ein Papiertaschentuch. Er nahm sich selbst eines und tupfte die Kaffeetropfen von den Papieren, die auf der Tischplatte lagen. Mit weitaufgerissenen Augen starrte Hector ihn an.

„Soll das heißen, daß es sich um synthetischen Kaffee handelt? Wissen Sie, was das ...?"

„Ja, Hector. Ich weiß, daß Harrys Rezeptur ein Vermögen wert ist, daß wir vor einem Durchbruch auf dem Nahrungsmittelsektor stehen und daß meine Firma für den Rest dieses Jahrhunderts auf dem Gebiet der Fertignahrungsherstellung die Führung übernehmen wird. Das alles ist mir klar. Ich frage mich lediglich, können wir diesen Vorgang vor Mißbrauch durch andere schützen? Wegen dieses Problems habe ich Sie hergebeten. Ist es möglich, das Rezept patentieren zu lassen?"

„Keine Ahnung, Weyland. In dieser Sparte kenne ich mich nicht aus. Sie müssen sich an einen Patentanwalt wenden."

„Na schön. Besorgen Sie mir einen. Sie kennen doch sicher jemanden, oder?"

„Natürlich. Aber Sie müssen sich den richtigen aussuchen. Patentrecht ist genauso spezialisiert wie jedes andere juristische Gebiet. Sie brauchen einen Spezialisten."

„Woher nehme ich einen? Nennen Sie mir einen Namen."

„Auf Anhieb fällt mir nur Turner Miller ein. Ich meine, er wäre der richtige Mann für Sie. Ich kenne ihn recht gut. Turner gilt als ehrlich und tüchtig. Aber als Persönlichkeit ist er nicht leicht zu nehmen."

„Wie soll ich das verstehen?"

„Alle Patentanwälte sind die geborenen Skeptiker. Und Turner ist einer der schlimmsten. Ich habe es noch nie erlebt, daß er sich für irgend etwas begeistert hätte."

„Machen Sie mit dem Mann einen Termin aus, Hector. Seine Persönlichkeit interessiert mich nicht. Ich verlange von ihm nur, daß er seine Arbeit verrichtet."

In Turner Millers Büro sah es merkwürdig aus. Der Mann saß und arbeitete buchstäblich im Innern eines Computers, und er hatte kaum Platz, um die drei zusätzlichen Stühle für Weyland, Harry und Hector hineinzustellen. Miller besaß eine gedrungene, korpulente Statur und mochte etwa fünfzig Jahre alt sein. Er trug einen Vollbart und kleidete sich salopp, ohne nachlässig zu wirken.

Sie hatten ihm eine Kostprobe mitgebracht, und angespannt beobachteten sie ihn, wie er trank. Wie Hector prophezeit hatte, verriet Miller keinerlei Anzeichen von Überraschung. Ohne mit der Wimper zu zucken, nahm er den Geschmack zur Kenntnis, obwohl man ihm bereits vorher gesagt hatte, der Kaffee sei synthetisch.

„Gut", kommentierte er. „Sogar ausgezeichnet. Ich halte mich nicht für einen Gourmet, doch ich möchte behaupten, einen so guten Kaffee habe ich noch nicht getrunken. Und nun wollen wir mal sehen ... wir nehmen uns die Kategorie und die Unterkategorie vor und beginnen von dort aus, die elementarsten Verbindungen herzustellen."

Seine Finger tanzten über eine Armaturenkonsole, und der Bildschirm vor ihm leuchtete auf. Aus Zahlenkolonnen wählte er verschiedene Codes aus. Weiteres Eintippen von Daten ergab, daß sich Sequenzen von Moleküldiagrammen auf dem Monitor zeigten. Turner betrachtete sie voller Interesse.

„Nicht wenige", äußerte er.

„Was meinen Sie damit?" erkundigte sich Weyland.

„Formeln, Mr. Smith. Wie Sie wissen, ist das Aromatisieren von Nahrungsmitteln kein jungfräuliches Gebiet. Eine Schar von Lebensmittelchemikern beschäftigt sich damit. Clar-Del zum Beispiel besitzt zwei- bis dreihundert unterschiedliche Aromaformeln. Einige davon sind natürlich grundlegender Art, doch Ihr größtes Problem wird sein, daß Sie nicht nur mit anderen Erfindern, sondern mit der Natur selbst in Wettstreit treten. Können Sie beweisen, daß der Prozeß kein natürlicher Vorgang ist? Oder daß Ihre Aromatisierung tatsächlich eine absolute Neuerung darstellt?"

„Das weiß ich nicht", erwiderte Weyland verblüfft. „Ist das denn notwendig?"

„Ja, wenn Sie sich das Rezept patentieren lassen wollen. Aber so einfach ist das nicht. Darf es auch nicht sein, wenn das Patentamt den Schutz eines Erfinders tatsächlich gewährleisten will. Denken Sie nur an den Ärger, den James Watt mit seinem Motor bekam."

Als Miller merkte, daß Smith ihn nicht begriff, erklärte er: „Watt war derjenige, der die erste richtige Dampfmaschine herstellte. Sämtliche Maschinen, die vorher gebaut wurden, arbeiteten im Grunde nach dem atmosphärischen Prinzip und bezogen ihre Leistungen über den Luftdruck. Der Dampf diente lediglich dazu, Luft hinauszustoßen und ein Vakuum zu erzeugen, wenn er kondensierte.

Watt erteilte dem Kolben mittels eines Ventils eine doppelte Funktion, so daß er zu beiden Seiten wirksam werden konnte. Als sich abzeichnete, daß die Maschine tatsächlich zu benutzen sein würde, ließen sich ein paar raffinierte Ingenieure eine bestimmte Kurbelwelle patentieren. Sinn der Sache war es, daß Watt sich das Patent auf seine Maschine mit ihnen teilen müßte, wenn er als Antriebselement ihre Kurbelwelle benutzte.

Watt schlug ihnen jedoch ein Schnippchen, da er klüger war als alle seine Widersacher zusammen. Er erfand ein ganz neues System, um den Antrieb zu bewirken, ohne auf die Kurbelwelle zurückgreifen zu müssen.

Aus diesem Grund müssen Sie beweisen, daß Ihre Erfindung eine totale Neuerung darstellt, Mr. Smith. Das Patentamt läßt sich nicht auf Halbheiten wie Kurbelwellen ein." Er sagte es, ohne eine Miene zu verziehen.

Harry blickte betroffen drein. „Ich wußte gar nicht, daß dies alles so kompliziert ist, Mr. Miller. Jetzt sehe ich ein, daß ich manches verkehrt gemacht habe. Ich weiß, wie gewisse Wirkungen erzielt werden, wenn man dies und das mischt, aber ich habe keine Ahnung, *warum* es so ist. Ich bin Ingenieur, kein Chemiker."

„Das brauchen Sie auch nicht zu sein", beruhigte Miller ihn. „Können

Sie Diagramme der Moleküle zeichnen und die stattfindenden Reaktionen beschreiben? Wissen Sie, welche chemischen Stoffe für den Prozeß notwendig sind und welche nicht?"

„Nein. Muß ich das alles wissen?"

„Nicht wenn Sie den Rat befolgen, den ich Ihnen geben möchte. Ich glaube nicht, daß Sie wirklich ein Patent haben wollen."

„Doch, selbstverständlich", schnitt Weyland ihm das Wort ab. „Anders können wir uns die Konkurrenz doch gar nicht vom Leib halten. Sie hätten Harrys Erfindung in Zeit von nichts gestohlen."

„Die Gefahr besteht so oder so, Mr. Smith, sie wird sogar noch erhöht, wenn Sie sich das Rezept patentieren lassen. Die meisten Leute wissen gar nicht genau, was ein Patent eigentlich ist. Vielleicht verstehen Sie es besser, wenn ich Ihnen erkläre, was man von einem Patent *nicht* erwarten darf.

Vor allen Dingen sollte man ein Patent nicht mit einem Schutzschild verwechseln. Die Rechte des Erfinders werden durch ein Patent keineswegs garantiert. Er muß selbst dafür sorgen, daß kein Konkurrent hinter sein Geheimnis kommt. Ein Patent gewährt jemandem lediglich die Erlaubnis, etwas Bestimmtes herzustellen. Doch das nützt dem Erfinder wenig.

Lassen Sie mich ein paar Beispiele nennen. Haben Sie schon einmal von Elias Howe gehört? Oder von Isaac Singer?"

„War das nicht der Nähmaschinenhersteller?" fragte Harry.

„Richtig. Einer unter vielen. Und Howe war einer der Erfinder dieser Maschinen. Er tüftelte einen Mechanismus aus, der einen Hinterstich ermöglichte. Die herkömmlichen Nähmaschinen waren nur für Kettenstich konzipiert.

In erster Linie unterschieden sich die beiden Männer dadurch, daß Howe ein begabter Ingenieur und arm, Singer hingegen Geschäftsmann und reich war.

Jahrelang prozessierten sie wegen dieses Patents. Am Ende hätte der wohlhabende Singer vermutlich gewonnen, wäre Howe nicht so hartnäckig gewesen. Er ließ sich auf einen Vergleich ein, weil es die billigere Lösung war.

Aus dieser Geschichte sollte man die Lehre ziehen, daß es nicht genügt, eine gute Idee zu haben und sie vor aller Welt hinauszuposaunen. Denn auf der Welt wird mit harten Bandagen gekämpft. Man versucht, Ihnen die Idee zu stehlen, wenn Sie sich nicht ständig und mit aller Macht dagegen wehren.

Nicht nur Ihre amerikanischen Konkurrenten werden Sie bedrängen, das Ausland schläft auch nicht. Und die Regierung krümmt keinen Finger, um einem Erfinder zu seinem Recht zu verhelfen.

Es gab eine Zeit, da kaufte unsere Regierung pharmazeutische Artikel von italienischen Herstellern, ungeachtet der Tatsache, daß diese Ausländer eben durch die Produktion dieser Waren die Rechte amerikanischer Patentinhaber verletzten. Aber die ausländischen Erzeugnisse waren billiger, verstehen Sie?

Nein, ich glaube, ein Patent wäre in Ihrem speziellen Fall nicht das richtige."

„Welche Möglichkeiten stehen uns dann offen, um uns zu schützen, Mr. Miller?“ fragte Weyland.

„Was halten Sie von einem Betriebsgeheimnis?“

„Schön und gut - solange es ein Geheimnis bleibt.“

„Manche Firmen haben es länger als hundert Jahre geschafft, ein Geschäftsgeheimnis zu wahren. Denken Sie nur an Coca-Cola oder Angostura Bitters. Beide Produkte sind nach wie vor Renner auf dem Markt, und Konkurrenten sind immer noch emsig dabei, sie nachzuahmen, ohne es jedoch zu schaffen. Einen echten Favoriten erkennt man immer an der Anzahl seiner Imitatoren. Ich schlage vor, Sie überlegen es sich. Wenn Sie sich zu einem Betriebsgeheimnis entschließen sollten, werden Hector und ich einen Weg austüfteln, wie Sie und Harry optimal geschützt werden können.

Der Kaffee schlug auf dem Markt ein wie eine Bombe. Anfangs lancierten sie das Produkt als Luxusgut und brachten nur geringe Mengen in den Verkauf. Das Vertriebssystem lief über komplizierte Kanäle, und die Rohstofflieferungen wurden bewußt umständlich gestaltet, damit die Konkurrenz die einzelnen Zutaten nicht so rasch identifizieren konnte.

„Zuerst wird man versuchen, Ihnen das Rezept zu stehlen“, ließ sich Weyland von Miller belehren. „Wenn das nicht gelingt, wird man an Sie herantreten und es kaufen wollen. So gehen Konkurrenzfirmen im allgemeinen vor. Ich rate Ihnen, sich einen wirklich tüchtigen Privatdetektiv zu nehmen, der Ihnen ein Sicherheitssystem ausklügelt.“

Weyland protestierte und hielt Miller entgegen, er leite einen kleinen Betrieb. Daraufhin lautete dessen kurze und bündige Antwort:

„Die Firma wird auch winzig bleiben, wenn Sie nicht für Sicherheitsmaßnahmen sorgen. Ich gebe Ihnen nur einen Rat. Ob Sie ihn befolgen, interessiert mich nicht.“

Weyland hörte auf Miller und stellte Brack Warden ein. Außerdem kaufte er das Grundstück neben seinem Betrieb und begann anzubauen. Für die Kaffee-Erzeugung brauchte er eine eigene Halle und noch ein paar Räume dazu.

Unterdessen hatte Harry und Kate eine neue Überraschung zusammengebraut.

„Wir nannten es Pastetenfüllung, als ich noch ein junges Mädchen war“, erzählte Kate. „Sie enthielt echte Früchte, und meine Mutter fügte noch Fleisch hinzu. Wie schmeckt es Ihnen?“

„Köstlich, Kate. Etwas so Delikates habe ich noch nie zuvor gegessen. Wie bringt ihr zwei das nur zuwege?“

„Ich glaube, ich weiß mittlerweile, woran es liegt“, antwortete Harry. „Es liegt an unserem Alter. Die Leute haben entweder vergessen, wie gutes Essen schmeckt, oder sie sind so jung, daß sie nie welches kosteten. Aber Kate und ich, wir können uns noch ausgezeichnet daran erinnern.“

„Und das ganze Zeug besteht aus der Fondsmasse, die bei mir verarbeitet wird?“ vergewisserte sich Weyland.

„Ja“, gab Harry zurück. „Das ist dieselbe Pampe, die normalerweise über Ihre Förderbänder läuft. Im Grunde taten wir nichts weiter, als Geschmacks- und Aromastoffe hinzuzufügen."

Sie begannen mit der Pastetenproduktion. Wie beim Kaffee deklarierten sie den Artikel zu Anfang als Luxusgut, doch Weyland rechnete fest damit, daß die Ware ihren Markt finden würde.

Er mußte neue Arbeitskräfte einstellen. Trotz Bracks eisern durchgeführter Sicherheitsmaßnahmen schaffte es die Konkurrenz, einen Werkspion einzuschmuggeln. Der machte sich an das schwächste Glied in der Kette heran, an Homer Farley.

Homer war ein umgänglicher Mensch und fand jeden sympathisch. Doch durch seine schlechte Erfahrung mit John Wayne Evans gewitzt, war das Mißtrauen in ihm so weit geweckt, daß er Sam anvertraute: „Dieser Neue, Hunter, hat sich an meinen Schlüsseln zu schaffen gemacht."

Sam erzählte es Weyland, Weyland informierte Brack, und von da an postierten sie jeden Abend nach Betriebsschluß eine Wache im Fabrikgebäude.

Und tatsächlich, ein paar Nächte später rief der Wachmann Weyland an und berichtete, er habe Hunter an das Rohrleitungssystem gekettet. Beim Durchsuchen seiner Taschen fand er Schlüssel zu den meisten der abgesperrten Räume.

Weyland hastete in die Fabrik. Wenige Minuten später traf Brack ein. Hunter wollte nicht reden, auch dann nicht, als man ihm androhte, ihn der Polizei zu übergeben. Wer immer ihn für seine Dienste bezahlte, sein Lohn war so hoch, daß er jedes Risiko dafür einging.

Brack zog Weyland auf die Seite. „Passen Sie auf, Weyland. Wir können dreierlei unternehmen. Erstens könnten wir versuchen, die Wahrheit aus ihm herauszuprügeln. Abgesehen davon, daß das kriminell wäre, wäre es vermutlich auch sinnlos, da er seinen Auftraggeber wahrscheinlich gar nicht kennt. Ich würde mich jedenfalls anonym halten, wenn ich einen gedungenen Spion brauchte.

Zweitens steht Ihnen die Möglichkeit offen, den Mann anzuzeigen. Wegen unerlaubten Aufenthalts in der geschlossenen Fabrik, wenn Sie Glück haben sogar wegen Einbruchs. Doch welchen Nutzen zögen Sie daraus? Keinen. Die Konkurrenz wird weiterhin versuchen, Werkspione einzuschmuggeln. Ich finde, Sie sollten den Kerl laufenlassen."

„Ihn laufenlassen? Wieso?"

„Weil sein Auftraggeber ohnehin keine Information bekommt und weil Sie nun gewarnt sind. Anstatt ein großes Gezeter anzustellen, sollten Sie lieber dazu übergehen, ein wirklich effektives Sicherheitssystem anzulegen. Eine Stimmencodierungsanlage zum Beispiel. Oder Sensoren. Mann, mit dem Geld, das Sie verdienen werden, ist es doch kein Problem, die Fabrik abzusichern wie einen Safe. Die Investition lohnt sich bestimmt. Außerdem wirkt das auf die Konkurrenz wie ein Schuß vor den Bug."

Weyland befolgte den Rat. Der Einbau der Sicherheitsanlagen kostete ein Vermögen, doch Brack behielt recht. Die Konkurrenz reagierte mit Vorsicht. Man nahm Kontakte mit Weyland auf, diskret und mit der gebotenen Sorgfalt. Als Vermittler dienten Geschäftsfreunde, die mit der Firma Smith Nutrionics bereits seit langem in Verbindung standen.

Weyland unterhielt sich darüber mit Hector, und Hector hatte eine Idee. Er erkannte Turner Millers Handschrift, als sein Anwalt ihm auseinandersetzte:

„Verteilen Sie Konzessionen, Weyland. Binden Sie diese Leute durch Verträge. Versorgen Sie sie mit der Technik und den fertigen Aromen, lassen Sie sie jedoch die Produktionskosten tragen. Alles, was Sie noch brauchen, ist lediglich ein Betrieb, der sich ausschließlich mit Forschung und Entwicklung beschäftigt. Und den haben Sie ja bereits."

„Wäre das nicht zu riskant? Ich meine, es könnte für uns gefährlich werden, wenn wir sie mit den Rohstoffen beliefern. Was ist, wenn sie sie analysieren und feststellen, was darin steckt?"

„Turner hält das für ausgeschlossen. Die Formel von Coca-Cola wurde doch auch nie geknackt, oder? Er behauptet, genauso unmöglich sei es, hinter Harrys Geheimrezept zu kommen. Harry kann eine Menge inaktiver Stoffe unter die Masse mischen, um die wirklich wirksamen Bestandteile zu tarnen."

Weyland war skeptisch, sagte jedoch: „Okay, wenn Turner glaubt, daß es so sei." Er hatte gelernt, sich auf Millers Urteil zu verlassen.

„Da wäre noch etwas, Weyland. Ich finde, daß Sie aus dieser Geschichte ein ganz hübsches Kapital schlagen. Das gleiche gilt für Harry und Kate. Vielleicht sollten Sie sich diesbezüglich ein paar Gedanken machen. Denken Sie an das AfWSR."

Es dauerte eine Weile, bis Smith begriff, daß Hector das Amt für Wohlfahrt, Soziales und Rehabilitation meinte. „Ach so, daran dachte ich selbst schon, Hector. Ich habe bereits in die Wege geleitet, daß meine Angstellten in Form von Aktien an dem Profit beteiligt sind. Vielleicht sollte ich für die Firma eine Gesellschaftsform wählen, die es erlaubt, daß der Gewinn breiter gestreut wird. Auf diese Weise müßte man es schaffen, sich das AfWSR vom Hals zu halten."

„Die Idee ist gut, Weyland, trotzdem wird es nicht möglich sein, die einzelnen Gewinnspannen niedrig genug zu halten. Wenn Sie nicht achtgeben, dann müssen Sie eines Tages eine ganze Horde von John Wayne Evanses unterstützen."

O nein, dachte Weyland. *Nur das nicht – nicht noch einmal. Ich habe meine Lektion gelernt.*

„Was meinen Sie, Harry? Wir müssen uns für mindestens fünf entscheiden."

„Mal überlegen, Weyland. Wiederholen Sie den Durchlauf."

Weyland gehorchte. Das Videogerät in Israel Goltzmans Büro war eines der größten und modernsten, finanziert vom unwissenden und geduldigen Steuerzahler. Weyland stellte es auf langsame Sequenz ein.

Harry bediente das Steuergerät, mit dem man das Bild festhalten konnte. Während das Band ablief, traf er die Auswahl. Zum Schluß behielt er fünfzehn Kandidaten, die in die Endrunde kamen. Dann ließ er Weyland den Durchgang noch einmal wiederholen.

„Was halten Sie von dieser, Weyland?"

Auf dem Großbildschirm erschien das Gesicht einer alten Frau. Sie hieß Mary Walker und war neunundsiebzig Jahre alt. Sie blickte freundlich drein.

„Wir wollen uns mal ihren Lebenslauf ansehen, Harry."

Sofort verschwand das Gesicht, und ein neues Bild tauchte auf. „Nicht schlecht, Harry. 1966 Graduierung in Anthropologie, Northwestern Universität. 1971 Magister der Naturwissenschaften, Universität zu Heidelberg. 1980 schien sie ein neues Studium begonnen zu haben. Examen in Physik - und was ist das? Dr. theol. ist sie auch noch? Außerdem scheint sie etwas erfunden zu haben, das sich ‚Wurmtod' nennt."

„‚Wurmtod' ist ein Firnis, Weyland, eine Art Lack zum Versiegeln von Pipelines. Als ich noch Petroingenieur war, benutzten wir es auch. Gewisse wurmförmige Bakterien bohrten sich in die Rohre hinein und fraßen sie mitsamt dem Erdöl buchstäblich auf. Nicht einmal spezialgehärteter Stahl war vor ihnen sicher, bis man ihn mit diesem Lack beschichtete."

„Trotzdem - ich weiß nicht recht, Harry. Lesen Sie dies: Eine Zeitlang war sie in einer Klapsmühle untergebracht."

„Ja, ich weiß. Aber das ist doch schon lange her."

„Sie wollen sie haben, Harry."

„Jawohl. Ich bevorzuge sie, weil sie Bildung besitzt. Ich respektiere, was sie bereits geleistet hat, und ich setze viel Hoffnung auf ihren Einfallsreichtum. Ich nahm sie in die engere Auswahl, weil sie noch eine Menge Zeit vor sich hat. Doch in erster Linie ist sie mir sympathisch, weil sie einen sprunghaften Geist zu besitzen scheint. Sehen Sie sich doch den Rest der Liste mal genau an, Weyland. Sie interessiert sich für alles."

„Na schön, Harry, Sie können sie haben. Zum nächsten. Wie finden Sie diesen Tattergreis?"

„So tatterig kommt er mir gar nicht vor. Immerhin wurde er vor vier Jahren von einem Gericht verurteilt, weil er einen Polizisten tätlich angriff. Damals war er neunzig. Alle Achtung."

„Sicher. Aber ansonsten bin ich nicht sonderlich von ihm beeindruckt. Eine einzige unbedeutende Graduierung im Jahre 1949. Universität Michigan, philosophische Fakultät. Schrieb allerdings eine Menge. Barney Robins - hmm. Der Name kommt mir irgendwie bekannt vor."

„Ich habe viel von ihm gelesen, meistens Science Fiction. Wir können ihn gut gebrauchen, Weyland. Er bringt Leben ins Haus."

„Wie meinen Sie das?"

„Er wirkt wie ein Katalysator. Hören Sie, Weyland, was wollen Sie eigentlich? Einen Haufen zahmer, pflegeleichter Mummelgreise? Oder Leute, die gelegentlich noch der Hafer sticht? Sie können welche von beiden Sorten haben." Harry war nicht ärgerlich, das verriet sein Lächeln. Er behandelte Weyland wie einen Sohn, und Weyland mochte das. „Ich nehme die, die der Hafer sticht, Harry."

„Nun?" fragte Harry. „Sieht doch ganz hübsch aus, nicht?"

Weyland sah sich um. Auf dem Grundstück, das er gekauft hatte, um die Fabrik zu erweitern, stand nun ein langes, einstöckiges Gebäude. Es lag inmitten eines Gartens und besaß einen überdachten Innenhof. Von dem Patio aus führte ein Wandelgang zu einem anderen großen, niedrigen Gebäude.

„Wer hätte je gedacht, daß ich ein Altersheim bauen würde, Harry?"

„Das hier ist kein Altersruhesitz, Weyland. Es ist eine Denkfabrik. Ähnliche Einrichtungen kannte man früher, als ich noch ein junger Mann war. Die fähigsten Köpfe wirkten dort. Vielleicht ist diese Einrichtung noch besser, als es die alten Institutionen waren. Sind Sie sich eigentlich dessen bewußt, was Sie tun, Weyland?"

Weyland begriff nicht, was Harry meinte.

„Vielleicht hätte ich fragen sollen, ob Ihnen klar ist, daß Sie womöglich den Gang der Weltgeschichte ändern? Es handelt sich um eine rhetorische Frage, und ich werde Ihnen gleich etwas erklären. Der Kreis hat sich endlich geschlossen. Wir sind zu einer alten Gesellschaftsform zurückgekehrt, zu einer, die wirklich funktioniert."

„Sie sprechen in der Gegenwart?"

„Jawohl." Harry gab sich Mühe, nicht selbstgefällig dreinzublicken. „Ich glaube, daß die alten Menschen im Begriff sind, ihren rechtmäßigen Platz in dieser Gesellschaft wieder einzunehmen, Weyland. Den Platz, den sie noch bis vor kurzem innehatten. Ich selbst habe den Wandel miterlebt. Meiner Meinung nach handelte es sich um ein Experiment, das fehlschlug, fehlschlagen mußte, weil es auf Verschwendung basierte und viel menschliches Elend schuf.

Ich finde, man muß alten Leuten Verantwortung übertragen. Nicht weil wir Senioren intelligenter, sondern weil wir erfahrener sind. Aus diesem Grund gab es früher Ältestenräte und Stadtväter. Aus diesem Grund respektierten die Griechen die Weisheit des Alters und gründeten die Römer den Senat.

Alten Menschen kann man vieles nachsagen, Weyland, aber gewiß nicht, daß sie hitzköpfig handeln. Sie haben gelernt, ersten Eindrücken zu mißtrauen, sie geben Impulsen nicht so rasch nach.

Warum? Weil die Menschen die Zeit als etwas Relatives empfinden. Sie verläuft nicht gleichmäßig. Je länger man lebt, desto schneller geht sie vorbei. Auf einen alten Menschen stürmen die Konsequenzen seines Tuns ein. Das Alter verleiht einem die Fähigkeit, auf lange Sicht hin zu planen, Weyland. Nicht für einen selbst, sondern für die nachfolgenden Generationen. Das macht uns ja so wertvoll.

Meine Generation vergaß dies alles. Wir sind schuld an dem schrecklichen Zustand, in dem die Welt sich jetzt befindet. Wir pferchten die alten Leute in Heime ein, ließen sie körperlich verkommen und geistig stagnieren. Warum? Weil wir sie für nutzlos hielten.

Nach einer Weile hielten sie sich selbst für nutzlos. Die Kränklichen gaben einfach auf und starben. Die Gesunden wurden krank, weil sie dann einen Grund hatten, sich nutzlos zu fühlen.

Wir begingen einen schweren Fehler, Weyland. Wir gaben dem gesellschaftlichen Druck nach, der von uns verlangte, tüchtige, kreative Menschen zum alten Eisen zu werfen. Uns war jedes Mittel recht, um die alten Leute abzuschieben. Wir verstießen sie aus unserer Gemeinschaft oder versprachen ihnen das Blaue vom Himmel wie einen goldenen Lebensabend oder ein beschauliches Pensionärsdasein, während wir sie in Wirklichkeit dazu verdammten, seelisch und körperlich zu verrotten.

Wir brachten sie um, Weyland. Das war das Schlimmste daran. Wie viele bahnbrechende Ideen mögen uns verlorengegangen sein, nur weil wir auf Bismarck hörten, der behauptete, mit fünfundsechzig Jahren sei ein Mensch verbraucht? Er erfand die soziale Alterssicherung, ein preußischer Politiker, dessen Idee mich dorthin brachte, von wo Sie mich holten, Weyland.

Wahrscheinlich war ich genauso skeptisch wie Sie, als ich von dem neuen Sozialprogramm erfuhr. Es klang nach einer weiteren politischen Tollheit, die der Kongreß ausgeheckt hatte. Doch mittlerweile glaube ich, daß dieses System funktionieren wird. Ich glaube, die gesamte Menschheit wird davon profitieren. Sie sehen ja, wie es bei uns läuft: Leistungsprinzipien kristallisieren sich heraus, und die Leute, die etwas Positives produzieren, werden dafür belohnt."

„Ich wußte gar nicht, daß Sie ein Philosoph sind, Harry. Sie überraschen mich."

„Tatsächlich? Das höre ich gern, Weyland. Es zeigt mir, daß ich noch lebe. Aber ich bin kein Philosoph, meine Ansichten entspringen lediglich dem gesunden Menschenverstand. Unsere Nation braucht eine Rückbesinnung auf das Wesentliche, auf das, was wirklich funktioniert. Vielleicht hat Kain gefragt: ‚Bin ich meines Bruders Hüter?' Ich weiß es nicht. Doch wenn er es tat, führte er sich selbst ad absurdum. Ja, er war seines Bruders Hüter. Sie, ich, wir alle sind unseres Bruders Hüter."

„Das ist ein ernüchternder Gedanke, Harry."

„Richtig. Doch betrachten Sie es mal von der Warte aus: Eines Tages werden auch Sie alt, Weyland. Sie fangen an zu kränkeln, werden nörglerisch, der Körper gehorcht Ihnen nicht mehr, und zum Lesen brauchen Sie eine Brille. Doch sind Sie deshalb ein geringerer Mensch? Was zählt es, wie lange Sie dazu brauchen, eine Treppe hinaufzusteigen – wichtig ist nur, daß Sie oben ankommen. Produzieren Sie nur deshalb keine brauchbaren Ideen mehr, weil irgendwer behauptet, mit fünfundsechzig hörten die Denkprozesse auf?"

„Nein, Harry. Ich glaube nicht, daß es so ist. Ich *hoffe,* daß es nicht so ist."

„Das ist gut, Weyland. Wissen Sie, was ich gleich tun werde? Ich scheuche meine Schäfchen in Ihr neues Zentrum und sehe zu, ob ich die ersten Früchte ernte. Gestern abend kamen einigen der alten Leute ein paar interessante Geistesblitze. Manches hörte sich regelrecht verrückt an, vor allen Dingen das, was dieser Barney Robins von sich gab. Ach ja, soll ich Ihnen verraten, weshalb er den Polizisten tätlich angriff? Der Beamte wollte ihn aus einem Bordell hinauswerfen, und er wehrte sich. Egal, ich schätze, daß wir alle zusammen an die tausend Jahre wissenschaftlicher Erfahrung und technischer Praxis aufbringen …"

Doch Weyland hörte gar nicht mehr zu. Er hing seinen eigenen Gedanken nach. *Mein Gott,* dachte er, *wie soll ich je mit diesen Leuten Schritt halten?*

John Shirley

Unter dem Sternenbanner – 2076

TRICENTENNIAL 2076

„Und was genau schlägst du vor, sollte ich deswegen unternehmen?" fragte Ollie.

„Du willst Zeit schinden. Du weißt genau, was zu tun ist. Du mußt eines herbeischaffen", entgegnete seine Schwester Lem kalt.

„Hör zu ... wir könnten ihm eines aus Pappe machen ..."

„Nein. Darauf würde er nicht hereinfallen, er muß das echte haben. Stoff. Mit einer echten Dreihundertjahr-Plakette. *So* hinüber ist er noch nicht. Und wenn wir es nicht schaffen, dann wird Paps die Überschreibung nicht unterzeichnen, und wir bekommen die Klitsche nicht, wenn er stirbt. Dann stehen wir auf der Straße. Und du bist der älteste, Ollie-*boy*. Also wurdest du ausgewählt."

„Ich weiß nicht, ob ich überhaupt in dieser freudlosen Unterkunft bleiben möchte. Ich könnte zu den Angels. Ich habe ein Patent der Hells Angels Officer's School, und ich sehe keinen Grund, weshalb ich nicht ..."

„Weil es *noch* schlechter wäre, deshalb. Du glaubst doch selbst nicht alles, was sie dir im Rekrutierungsbüro der Angels über das Cycle Corps erzählen, oder? Bei ihnen ist es noch schlimmer als in der Armee, nur haben sie das Vergewaltigungsgesetz, womit sie alles rechtfertigen können, was sie tun. Eigentlich ein gutes Geschäft. Du legst die Streifen ab und bekommst dafür einen annehmbaren Schlafplatz."

„Okay. Okay, einverstanden. Aber ... ich gehe nicht allein. Niemals. Wenn wir es für ihn holen, dann wirst *du* mich begleiten, als Unterstützung. Es ist nämlich unmöglich, zwei Schritte auf der 53sten zu gehen, ohne eins auf die Rübe zu bekommen ... Bist du sicher, daß wir in Gebäude Drei keine bekommen können?"

„Ganz sicher. Ich habe mich umgehört. Alle Hehler sind fort, außer in Elf."

„Vielleicht können wir den alten Mann im hundertsten Stock schnappen, der eine hat ..."

„Der hat Mikrowellenbarrieren. Wir würden geröstet werden."

Ollie seufzte. „Gehen wir. Und wenn wir es zurückbringen, dann hoffe ich bei Gott, daß der Alte damit zufrieden ist. Denn wenn nicht, Vater oder nicht, dann ..."

„Okay, reg dich nicht auf. Gehen wir."

Zuerst schienen die Metallstraßen fast verlassen. Die Wegelagerer und Lustknabenbanden, die Nutten und Schieber waren da, hielten sich aber außer Sichtweite. Vielleicht ließ sie auch der Sicherheitsdienst wegen der Prozession zur Dreihundertjahrfeier nicht auf die Straße.

Ollie hatte gehört, daß sie vielleicht durch die 53ste Ebene kommen würde, hatte aber angenommen, daß sie sich durch einen weniger verrufenen Abschnitt der Straße bewegen würde. Aber vielleicht sah sie überall so aus.

Die Fiberglaswände der fünf Stockwerke, die auf der 53sten Ebene sichtbar waren, waren mit grau-weißen Ablagerungen von den Ausdünstungen der Methanmotoren und menschlichen Poren überzogen. Sie wölbten sich unter dem Gewicht der Menschenmassen, die darin wohnten, leicht nach außen. Jede Wohnung beherbergte mindestens fünf Menschen mehr, als die Sicherheitsbestimmungen zuließen. Ollie streichelte die Smith & Wesson .44 Magnum, die er als Vierzehnjähriger an seinem Waffentag erhalten hatte. Heute, fünf Jahre später, hielt er sie, wie ein Mann früherer Zeiten ein Kruzifix gehalten haben mochte, und er flüsterte ihr gottesfürchtig zu, während er die rostzerfressenen Straßen überblickte und die Müllberge im Auge behielt, die auf die Müllabfuhr warteten, die Berge von Unrat und das halbe Dutzend Leichen, die ebenso zum Straßenbild gehörten wie die regelmäßig angebrachten Hydranten. Die Laternen, die von den abblätternden und bröckelnden Fassaden der Gebäude hervorragten, funktionierten alle, und die Ventile unter der Decke, zwischen den Plastistahlverstrebungen und Stützen der 54sten Ebene, inhalierten kräftig, wie man aus den ausgesprochen dünnen Smogfahnen schließen konnte, die vor den dünnen Toröffnungen waberten. Nur etwa fünfundzwanzig Fußgänger waren auf der Straße zu sehen, keine Autos – beinahe völlige Leere, verglichen mit anderen Zeiten. Offensichtlich war die Prozession nahe.

Ollie und Lem, die beide unter der Tür ihres Heimathauses kauerten, überprüften die Waffen nochmals, während sie die Gehwege nach Fußangeln absuchten. „Ich sehe nichts, womit wir nicht fertig werden können“, sagte Lem.

„Du bist naiv. Wir können nicht in die Türen sehen, auch nicht in diesen Tunnelzugang. Und ...“ Ollie wurde vom Heulen einer Sirene unterbrochen. Beim ersten Aufheulen der Lautsprecher sprangen einige zerlumpte Silhouetten auf und suchten in Torbögen Zuflucht. Andere sahen kaum auf. „Sieht so aus, als wären nur Kiffer übrig, die keinen Scheiß mehr kapieren. Himmel, die sind so weit weg, daß sie nicht mal das Signal zur Räumung der Straße befolgen, wenn sie es hören.“

Als die Sirene abgeklungen war, fragte Lem: „Wann warst du zum letzten Mal auf der Straße?“

„Dies ist das erste Mal seit drei Jahren. Hat sich nicht viel verändert. Noch mehr Kiffer.“

„Die werden immer mehr. Die überfällt auch keiner, weil sie sowieso nie Geld haben.“

„Hm. Los, vielleicht können wir die zwei Blocks entlanglaufen. Die Straßen sind ja fast verlassen ...“

„Wer ist jetzt naiv? Du warst seit drei Jahren nicht mehr auf der Straße. Du weißt nicht ...“, begann Lem.

„Komm mir nicht so altklug“, unterbrach Ollie sie. „Man ist ein Arschloch, wenn man auf die Straße geht, ohne einen triftigen Grund zu haben. Wir haben auf unserer Ebene alles, was wir brauchen, sämtliche Verteiler und Spas sind da, und so ist es überall. Und da man die Zone nicht ohne Erlaubnis verlassen darf, es sei denn mit den Truppen, was soll's?"

„Wir haben eine halbe Stunde, um Gebäude Elf zu erreichen. Also gehen wir."

Beide waren zur besseren Tarnung in grau-weißen Stoff gekleidet, zusätzlich hatten sie die Gesichter mit Asche eingerieben, um vor dem Hintergrund der Fassaden möglichst wenig aufzufallen.

Lem, groß und hager, das Feuer ihres roten Haares durch Asche gedämpft, blieb stehen und überprüfte ihre Wurfmesser, sah nach der Thompson Maschinenpistole, die sie vor zwei Jahren an ihrem Waffentag bekommen hatte, und begutachtete die Dosen mit Säurebomben, die an zwei Khakigürteln befestigt waren, welche ihre Brust überkreuzten.

Ollie betrachtete seine Ausrüstung glcichermaßen, stellte sicher, daß die Ersatzpistole im Achselhalfter geladen und bereit war und die mit Springfedern an seinem Unterarm befestigten Messer funktionierten. Seine .44 war geladen und gespannt.

Lem hielt sich hinter ihm und ging rückwärts, um ihnen den Rücken freizuhalten, und so machten sie sich auf den Weg. Sie erinnerten an ein seltsames doppelköpfiges Wesen aus der Vorzeit. Die Charakterzüge der kahlen Metallstraßen bestanden aus einem Wirrwarr von Straßenlampen, Balkenbrücken, Treppenfluchten und verstohlenen Gestalten, die in der staubschwangeren Luft und der trüben, schleimgelben Beleuchtung seltsam irreal wirkten. Das Panorama, das in der Ferne zwischen Straße und Metalldecke verschmolz, hatte den Charme eines von der Schrottpresse zu einem Würfel gepreßten Automobils. Ollie justierte die Infrarotbrille, mit der er in dunkle Winkel sehen konnte. Dort, rechts, eine Gestalt. Die Gestalt war eine Frau, deren linke Brust weggebrannt war, um einem Gewehrriemen Platz zu machen. Sie trug eine Augenklappe über dem rechten Auge. Sie lehnte wartend an der Wand, ihr Unterleib war von aufgeschichtetem Abfall verborgen. Ollie war seit drei Jahren nicht mehr auf der Straße gewesen, aber die Anzeichen waren immer noch dieselben. Die Verdächtige sah gelassen und ruhig aus – und das war schlecht. Hätte sie nicht vorgehabt, sie anzugreifen, dann hätte sie angespannt und defensiv ausgesehen. Sie richtete sich auf den Sprung ein.

Sie war etwa sechs bis sieben Meter entfernt und stand unter einer verbarrikadierten Toröffnung.

Sie hatten vierzig Dollar dabei, um ihrem alten Herrn sein Spielzeug zum vierten Juli kaufen zu können. Wegelagerer rochen das Geld. Doch selbst ohne Geld hätte man sie ihrer Kleidung wegen überfallen. Oder einfach aus Prinzip.

Sie tat so, als müßte sie den Schuh binden. Ein Signal. „Runter!" brüllte Ollie.

Lem und Ollie duckten sich, während die Frau, die, wie sich herausstellte, noch eine Komplizin hatte, aus dem Torbogen sprang, sie mit dem Feuer ihrer M-16 aber verfehlte. Lem sprang auf sie zu und führte von unten her mit dem Stilett einen Hieb, bevor die andere nach einer weiteren Waffe greifen konnte. Als diese endlich ein anderes Gewehr herumschwang und auf sie zielte, hatte Ollie die .44 schon gezückt.

Er zog am Abzug, die Pistole knallte, der Rückstoß tat seinem Handgelenk weh. Die Frau wurde zurückgeschleudert, prallte gegen die Wand und fiel vornüber aufs Gesicht.

Er hörte Lem, die auf andere Wegelagerer schoß, welche der Lärm der Schüsse angelockt hatte. Ein junger Mann fiel, seine Pistole polterte in den Rinnstein. Die anderen fanden Deckung.

„Los!“ Sie rannten geduckt weiter und legten so etwa zwanzig Meter zurück. Nun lagen drei Viertel des ersten Blocks hinter ihnen. Noch eineinviertel Blocks, dachte Ollie. Etwas flog in hohem Bogen durch die Luft und landete auf dem Plastistahlgehweg, wo es weiterrollte. Ollie drehte sich um, packte Lem am Arm und zerrte sie in den Schutz einer Toreinfahrt. Die Granate explodierte an der anderen Seite der Mauer. Splitter der Fiberglaswand wurden durch die Luft geschleudert, Gelächter der Wegelagerer wurde in den nahen Nischen laut und hallte von der Decke zurück, Gelächter, das so gleichgültig war wie der Sprengkörper, der zwei Kiffer gegenüber zerrissen hatte. Der blaue Rauch verzog sich.

Eine Kugel schlug über Ollie in die Mauer ein, Splitter regneten auf seinen Schädel herab. Seine Furcht hinunterschluckend - immerhin war es drei Jahre her -, kauerte er sich nieder und schwang die Waffe zielend über die ganze Breite seines Gesichtsfeldes. Heckenschützen? Von wo? Er sah auf. Ein Fenster, oben im vierten Stock. Das Schimmern eines Gewehrlaufs. Er löste eine Säurebombe und befestigte sie hastig am Katapult an der Unterseite des Griffs seiner Pistole. Er spannte, blinzelte und schoß. Gleichzeitig schoß das Gewehr des Heckenschützen zum zweitenmal, wieder zu hoch. Dann explodierte die Säurebombe in der Wohnung des Schützen. Ein Schrei, der als tiefes Brüllen begann, wurde hochfrequentiger und endete in einem schmerzerfüllten Winseln, das vom erneuten Heulen der Straßensirenen übertönt wurde, einem durchdringenden, die Ohren schmerzenden Laut. Der Heckenschütze, der seine brennende Haut rieb, stürzte sich aus dem Fenster und fiel drei Stockwerke herab, wo er mit dem Kopf zuerst aufschlug. Die Plünderer waren eine Weile damit beschäftigt, die Leichen des Heckenschützen, der Lustknaben sowie der beiden toten Frauen auszuplündern. Daher rannten Ollie und Lem im Zickzack weiter, um möglichst schwierige Ziele abzugeben.

Als sie die Kreuzung überquerten, wurde wieder auf sie geschossen. Vier Knalle, viermaliges Aufheulen, kein Treffer. Sie erreichten die gegenüberliegende Ecke. Hinter einem konischen Berg aus Exkrementen und Plastikdosen kauerten sie sich nieder, auf der anderen Seite von der ansteigenden Metallwand einer Treppe geschützt. „Noch drei Viertel eines Blocks“, stellte Lem fest.

Aber die Wegelagerer kreisten sie ein. Wenigstens ein Dutzend kahlköpfige Gestalten krochen wie Küchenschaben von Schatten zu Schatten.

Als einer von ihnen einen Augenblick unachtsam war, warf Lem ein

Messer. Sie hörten einen gurgelnden Laut. „Einer weniger", sagte Lem. „Aber sie werden zusammenhalten, um uns zu töten, bevor sie wieder übereinander herfallen."

Eine krächzend aufgenommene Fanfare kündete vom Herannahen der Dreihundertjahr-Prozession.

Von Rinnstein zu Rinnstein war die Straße etwa zwanzig Meter breit. Die Prozession war etwa einen halben Block lang. Zwei lange, sechsrädrige, gepanzerte blau-rot-weiße Sedans, die von zwölf Motorradwachen umgeben waren. Eine Tonbandstimme aus dem ersten Sedan verkündete immer wieder:

FEIERT DEN UNABHÄNGIGKEITSTAG ... FEIERT DEN UNABHÄNGIGKEITSTAG ... FEIERT DEN UNABHÄNGIGKEITSTAG ... DER BÜRGERMEISTER HEISST ALLE BÜRGER UM VIER UHR NACHMITTAGS IM SEYMOUR COLLOSEUM WILLKOMMEN WO ÖFFENTLICHE VERBRENNUNGEN UND OPFER STATTFINDEN ... FEIERT DEN UNABHÄNGIGKEITSTAG ... FEIERT DEN UNABHÄNGIGKEITSTAG ... FEIERT ...

Durch die grüngetönten Scheiben der gepanzerten Limousine konnte Ollie verschwommen das Gesicht des Hohenpriesters der Internationalen Kirche von Sonne und Mond ausmachen, der neben dem Mann saß, der als Bürgermeister vorgestellt wurde, an dessen Name Ollie sich aber nicht erinnern konnte. Einige Geschosse prallten von der Scheibe der Limousine ab. Die Silhouetten im Inneren winkten den an den Fenstern gedrängten Gesichtern zu. Exkremente wurden auf die Fahrzeuge geschleudert, aber wenige Augenblicke später gleich von Wasserspritzdüsen wieder weggewischt. Eine der Motorradwachen schoß eine Mikrowellenbombe in das Fenster, aus dem die Exkremente geworfen worden waren. Es folgten ein greller Blitz und ein Schrei, dann ein Rauchwölkchen aus dem geborstenen Fenster.

Bei den Motorrädern handelte es sich um dreirädrige Fahrzeuge, die wie die Limousinen über Methanmotoren verfügten, welche von aus menschlichen Exkrementen gewonnenen Gasen angetrieben wurden. Blaue Flatulenz ausstoßend, rollten sie langsam an Ollie und Lem vorbei. Die Bullen, ganz in schwarzes Leder gekleidet, die Köpfe völlig unter schwarzen Helmen verborgen, wurden von Kuppeln aus transparentem Plastistahl geschützt, aus denen die zahlreichen Waffen wie Kobraköpfe hervorstarrten. Der Bulle, der Ollie am nächsten war, feuerte methodisch auf Kiffer und achtlose Wegelagerer, die er mit der frei drehbaren Mikrowellenwaffe aufs Korn nahm. „He", stieß Ollie hervor. „Vielleicht helfen sie uns. Sie kommen nicht, wenn man sie ruft, aber da sie nun schon mal hier sind, können sie sich nicht weigern, wenn wir sie bitten, uns bis zur nächsten Ecke zu bringen. Wir stehen schließlich direkt vor ihnen, der Hohepriester sieht zu und ..."

„Ollie, sei kein Arsch ..."

Aber Ollie war bereits auf die Straße gelaufen, winkte mit den Armen und rief: „Wir brauchen eine Eskorte, nur ein kleines Stück. Wir sind Bürger, wir müssen zum Gebäude Elf, um eine ..."

Er warf sich flach hin und rollte sich winselnd weg, als der unsichtbare Mikrowellenstrahl seinen Rücken verbrannte. Der Bulle feuerte nochmals, aber Lem hatte eine Rauchbombe geworfen, und Ollie zog sich im Schutz der dichten gelben Schwaden wieder in die Deckung zurück.

„Wenn ich mir nur auch so ein Mikrowellengewehr leisten könnte“, bemerkte Lem sehnsüchtig.

„He, Lem, wenn wir uns dicht hinter der Prozession halten, können wir sie vielleicht als Deckung benutzen und bis zu unserem Ziel vordringen.“

Lem nickte. Sie sprinteten los.

Die meisten Wegelagerer hatten sich flach zu Boden geworfen, um den Mikrowellenstrahlen zu entgehen, und die Polizisten kümmerten sich nicht um ihre gepanzerten Rücken, daher hatten Lem und Ollie auch von ihnen nichts zu befürchten. Sie spurteten, bis Gebäude Elf vor ihnen aufragte. Da! Die Treppe!

Sie hasteten gerade die Freitreppe hinauf, als die Tür aufschwang und ein Rudel Lustknaben, keiner älter als zwölf Jahre, herauskam. Lem und Ollie feuerten instinktiv. Aber es waren zu viele, als daß man auf kurze Entfernung alle hätte umbringen können. Fünf stürzten hin, zehn weitere stürzten auf sie zu – alle nackt, bis auf Gürtel, an denen Messer funkelten. Sie sperrten die Münder auf, heulten, unterhielten sich abgehackt miteinander oder tuschelten wütend. Ihre ausgemergelten, grimmigen Gesichter, die die beiden jetzt nur noch als verschwommene Schemen voller Aggression wahrnahmen, waren pockennarbig, die Augen blutunterlaufen vom Dope. Mit der rechten Hand den Gewehrkolben schwingend, die Messerklingen an der anderen ausgeklappt, schlug Ollie auf die kleinen Gesichter ein, diese kleinen, bösartigen Gesichter, und die Zeit schien langsamer zu verstreichen.

Ollie warf sich nach vorne, wobei er mit Füßen und Ellbogen um sich hieb. Eine gedrehte Metallklinge drang tief in seinen Oberschenkel ein, eine zweite unterhalb des linken Schulterblatts, die dritte in die rechte Brusthälfte. Er war noch zwei Schritte von der Tür entfernt. Er sah zu Lem. Drei von ihnen klammerten sich wie junge Schimpansen an ihren Rücken, krallten sich in ihrem Haar fest und bissen mit gelben Zähnen nach ihren Ohren. Er zog sie mit der Linken von ihr herunter, während er wütend um sich schlug, um sie sich selbst vom Leib zu halten, bis sie endlich zur Tür vorgedrungen waren.

Drinnen war es kühl und ruhig.

Ein junger Mann, ein Aufseher, der Synthabetel kaute und sie anblinzelte, stellte fest: „Sie sind aber gehörig durchlöchert.“

„Wo …“, begann Ollie, aber er mußte erst Luft holen. Er fühlte sich schwach. Blut troff am rechten Bein hinab. Ich werde das abbinden müssen, ehe wir uns auf den Rückweg machen, dachte er. Dann versuchte er es noch einmal. „Wo können wir … Flaggen kaufen?“

„Vierundfünfzigster Stock, wenn noch welche da sind.“

Sie hatten Glück. Sie konnten mit nur zwei weiteren Verwundungen zurückkehren. Eine .22 schoß in Lems rechten Oberarm, ein Widerhaken in Ollies linke Hand.

Lem sank vor der Tür nieder, um ihre Wunden zu verbinden und auszuruhen. Ollie nahm die Flagge an sich und betrat das Zwei-Zimmer-Apartment, stieg behutsam über zwei Kinder, die auf dem Fußboden schliefen, und bemühte sich, nicht zu stolpern. Er war benommen, ihm war übel. Die winzige Wohnung schien sich zu drehen und umherzuwirbeln, die vergilbten Vorhänge im Alkoven, wo sein Vater sterbend auf einem Armeefeldbett lag, wurden zu leprösen Armen, die nach ihm zu greifen schienen. Er fluchte und umklammerte die zusammengerollte Flagge mit der rechten Hand. Ihm war, als könnte er keinen Schritt mehr gehen.

Ollie sank auf einen freien Platz auf dem Fußboden nieder. Erschöpft schob er eines der schlafenden Kinder beiseite, die acht Jahre alte Sandra. Sie erwachte, ein blasses, hohlwangiges Kind, fast kahl, nur einige Strähnen dünnen, flachsblonden Haares. „Bring das zu Paps", befahl er ihr. „Die Flagge. Sag ihm, er soll die verdammte Wohnung überschreiben."

Als das kleine Mädchen die Flagge sah, leuchteten ihre Augen auf. Sie schnappte das Sternenbanner und rannte auf den Flur hinaus, ohne auf Ollies Rufe zu achten.

Von einem Mann im hundertsten Stock bekam sie drei Scheine dafür.

Einen Penny pro Jahr.

SCIENCE FICTION

Nur wenige sind auserwählt, in die höchste Kaste der Gesellschaft vorzudringen. Und wer versagt, wird von den Assassinen gnadenlos getötet.
3609 DM 5,80/öS 45,–

Menschen leben auf Blättern riesiger Pflanzen und stellen ihr Leben in den Dienst eines Seeungeheuers.
3509 DM 6,80/öS 55,–

Dieser Band vereinigt die berühmtesten Kurzgeschichten der „Hugo-Award"-Preisträgerin Joan D. Vinge.
3615 DM 6,80/öS 55,–

Joan D. Vinge stellt zwei ihrer besten Kurzromane mit faszinierenden Charakteren vor: „Das Kind der Priesterin" und „Der Supermann".
3570 DM 5,80/öS 45,–

Joan D. Vinge
In den Trümmern des Himmelsystems
Joan D. Vinge beschreibt die Hölle von Asteriodenbewohnern, deren Sonne Himmel heißt.
3545 DM 5,80/öS 45,–

Cherry Wilder
Das Feuer, das am nächsten liegt
Ein Teufel von einer anderen Welt – das ist Scott Gale, irdischer Schiffbrüchiger auf Torin, in den Augen seiner mächtigen Feinde.
3569 DM 6,80/öS 55,–

James White
Das Ambulanzschiff
James White wollte Arzt werden. Jetzt schreibt er SF über Ärzte.
3507 DM 6,80/öS 55,–

William Jon Watkins
Klickpfiff
William Jon Watkins hält den Roman für den besten, den er geschrieben hat.
3526 DM 5,80/öS 45,–

Roger Zelazny
Die Türen seines Gesichts
Diese Titelstory wurde mit dem „Nebula" ausgezeichnet.
3505 DM 6,80/öS 55,–

Roger Zelazny
Straße nach überallhin
Es gibt eine Straße, die in die Vergangenheit führt. Doch führt sie auch in die Zukunft und zu alternativen Zeitströmen.
3542 DM 6,80/öS 55,–

Miniaturisierung ist der einzige Weg für die Gegner der Diktatur, die Amerika in den Klauen hält.
3546 DM 6,80/öS 55,–

Die Fremden meinen den „Krebs Erde" eindämmen zu müssen.
3568 DM 5,80/öS 45,–

Notlandung auf einem unbekannten Planeten – da braucht man Glück, zumal wenn es sich um eine Gesellschaft handelt, in die ein Mann von der Erde hineigerät.
3558 DM 6,80/öS 55,–

Die Geschichte der Menschheit reicht weiter als das Ende des Universums. Dafür sorgen die geklonten Mitglieder des Bulero-Klans.
3549 DM 7,80/öS 65,–

Der Edelstein von den Sternen öffnet neue Welten, und wer ihn stiehlt, dem heften sich unzählige seltsame Verfolger an die Fersen …
3525 DM 6,80/öS 55,–